TRANZLATY

Sprache ist für alle da

Jezik je za vse

Der Ruf der Wildnis

Klic divjine

Jack London

Deutsch / Slovenščina

Ins Primitive
V primitivno

Buck las keine Zeitungen
Buck ni bral časopisov.
Hätte er die Zeitung gelesen, hätte er gewusst, dass Ärger im Anzug war.
Če bi bral časopise, bi vedel, da se pripravljajo težave.
Nicht nur er selbst, sondern jeder einzelne Tidewater-Hund bekam Ärger.
Težave niso bile samo zanj, ampak za vsakega psa, ki je živel v plimni vodi.
Jeder Hund mit starken Muskeln und warmem, langem Fell würde in Schwierigkeiten geraten.
Vsak pes, močan v mišicah in s toplo, dolgo dlako, bi bil v težavah.
Von Puget Bay bis San Diego konnte kein Hund dem entkommen, was auf ihn zukam.
Od Puget Baya do San Diega se noben pes ni mogel izogniti temu, kar je prihajalo.
Männer, die in der arktischen Dunkelheit herumtasteten, hatten ein gelbes Metall gefunden.
Moški, ki so tipali v arktični temi, so našli rumeno kovino.
Dampfschiff- und Transportunternehmen waren auf der Jagd nach der Entdeckung.
Parniki in transportna podjetja so zasledovala odkritje.
Tausende von Männern strömten ins Nordland.
Na tisoče mož je hitelo v Severno deželo.
Diese Männer wollten Hunde, und die Hunde, die sie wollten, waren schwere Hunde.
Ti možje so si želeli pse, in psi, ki so si jih želeli, so bili težki psi.
Hunde mit starken Muskeln, die sie zum Arbeiten brauchen.
Psi z močnimi mišicami, s katerimi se lahko trudijo.
Hunde mit Pelzmantel, der sie vor Frost schützt.
Psi s kosmatim kožuhom, ki jih ščiti pred zmrzaljo.

Buck lebte in einem großen Haus im sonnenverwöhnten Santa Clara Valley.

Buck je živel v veliki hiši v sončni dolini Santa Clara.

Der Ort, an dem Richter Miller wohnte, wurde sein Haus genannt.

Sodnikova hiša, tako se je imenovala.

Sein Haus stand etwas abseits der Straße, halb zwischen den Bäumen versteckt.

Njegova hiša je stala umaknjena od ceste, napol skrita med drevesi.

Man konnte einen Blick auf die breite Veranda erhaschen, die rund um das Haus verläuft.

Videti je bilo mogoče široko verando, ki se razteza okoli hiše.

Die Zufahrt zum Haus erfolgte über geschotterte Zufahrten.

Do hiše so vodili gramozni dovozi.

Die Wege schlängelten sich durch weitläufige Rasenflächen.

Poti so se vile skozi široko razprostirajoče se travnike.

Über ihnen waren die ineinander verschlungenen Zweige hoher Pappeln.

Nad njimi so se prepletale veje visokih topolov.

Auf der Rückseite des Hauses ging es noch geräumiger zu.

V zadnjem delu hiše je bilo še bolj prostorno.

Es gab große Ställe, in denen ein Dutzend Stallknechte plauderten

Bili so veliki hlevi, kjer se je klepetalo ducat ženinov

Es gab Reihen von weinbewachsenen Dienstbotenhäusern

Bile so vrste hišic za služinčad, odetih z vinsko trto

Und es gab eine endlose und ordentliche Reihe von Toilettenhäuschen

In tam je bila neskončna in urejena vrsta stranišč

Lange Weinlauben, grüne Weiden, Obstgärten und Beerenfelder.

Dolgi vinogradi, zeleni pašniki, sadovnjaki in jagodičevje.

Dann gab es noch die Pumpanlage für den artesischen Brunnen.

Potem je bila tu še črpalna naprava za arteški vodnjak.

Und da war der große Zementtank, der mit Wasser gefüllt war.

In tam je bil velik cementni rezervoar, napolnjen z vodo.

Hier nahmen die Jungs von Richter Miller ihr morgendliches Bad.

Tukaj so se fantje sodnika Millerja zjutraj potopili v vodo.

Und auch dort kühlten sie sich am heißen Nachmittag ab.

In tudi tam so se ohladili v vročem popoldnevu.

Und über dieses große Gebiet herrschte Buck über alles.

In nad to veliko domeno je bil Buck tisti, ki je vladal vsemu.

Buck wurde auf diesem Land geboren und lebte hier sein ganzes vierjähriges Leben.

Buck se je rodil na tej zemlji in tukaj živel vsa svoja štiri leta.

Es gab zwar noch andere Hunde, aber die spielten keine wirkliche Rolle.

Res so bili še drugi psi, vendar niso bili zares pomembni.

An einem so riesigen Ort wie diesem wurden andere Hunde erwartet.

Na tako ogromnem kraju so pričakovali tudi druge pse.

Diese Hunde kamen und gingen oder lebten in den geschäftigen Zwingern.

Ti psi so prihajali in odhajali ali pa so živeli v živahnih pesjakih.

Manche Hunde lebten versteckt im Haus, wie Toots und Ysabel.

Nekateri psi so živeli skriti v hiši, kot sta Toots in Ysabel.

Toots war ein japanischer Mops, Ysabel ein mexikanischer Nackthund.

Toots je bil japonski mops, Ysabel pa mehiška gola psica.

Diese seltsamen Kreaturen verließen das Haus kaum.

Ta čudna bitja so le redko stopila iz hiše.

Sie berührten weder den Boden noch schnüffelten sie draußen an der frischen Luft.

Niso se dotaknili tal niti vohali odprtega zraka zunaj.

Außerdem gab es Foxterrier, mindestens zwanzig an der Zahl.

Bili so tudi foksterierji, vsaj dvajset jih je bilo.

Diese Terrier bellten Toots und Ysabel im Haus wild an.
Ti terierji so v zaprtih prostorih divje lajali na Tootsa in Ysabel.
Toots und Ysabel blieben hinter Fenstern, in Sicherheit.
Toots in Ysabel sta ostala za okni, varna pred nevarnostjo.
Sie wurden von Hausmädchen mit Besen und Wischmopps bewacht.
Varovale so jih gospodinjske pomočnice z metlami in krpami.
Aber Buck war kein Haushund und auch kein Zwingerhund.
Ampak Buck ni bil hišni pes in tudi ni bil pes za pse.
Das gesamte Anwesen gehörte Buck als seinem rechtmäßigen Reich.
Celotno posestvo je pripadalo Bucku kot njegovo zakonito kraljestvo.
Buck schwamm im Becken oder ging mit den Söhnen des Richters auf die Jagd.
Buck je plaval v akvariju ali pa je hodil na lov s sodnikovimi sinovi.
Er ging in den frühen oder späten Morgenstunden mit Mollie und Alice spazieren.
Z Mollie in Alice se je sprehajal v zgodnjih ali poznih urah.
In kalten Nächten lag er mit dem Richter vor dem Kaminfeuer der Bibliothek.
V hladnih nočeh je ležal s sodnikom pred kaminom v knjižnici.
Buck ließ die Enkel des Richters auf seinem starken Rücken herumreiten.
Buck je na svojem močnem hrbtu vozil sodnikove vnuke.
Er wälzte sich mit den Jungen im Gras und bewachte sie genau.
Valjal se je po travi s fanti in jih skrbno stražil.
Sie wagten sich bis zum Brunnen und sogar an den Beerenfeldern vorbei.
Podali so se do vodnjaka in celo mimo jagodnih polj.
Unter den Foxterriern lief Buck immer mit königlichem Stolz.
Med foxterierji je Buck vedno hodil s kraljevskim ponosom.

Er ignorierte Toots und Ysabel und behandelte sie, als wären sie Luft.

Tootsa in Ysabel je ignoriral in ju obravnaval, kot da bi bila zrak.

Buck herrschte über alle Lebewesen auf Richter Millers Land.

Buck je vladal vsem živim bitjem na zemlji sodnika Millerja.

Er herrschte über Tiere, Insekten, Vögel und sogar Menschen

Vladal je živalim, žuželkam, pticam in celo ljudem.

Bucks Vater Elmo war ein großer und treuer Bernhardiner gewesen.

Buckov oče Elmo je bil ogromen in zvest bernard.

Elmo wich dem Richter nie von der Seite und diente ihm treu.

Elmo ni nikoli zapustil sodnikove strani in mu je zvesto služil.

Buck schien bereit, dem edlen Beispiel seines Vaters zu folgen.

Zdelo se je, da je Buck pripravljen slediti očetovemu plemenitemu zgledu.

Buck war nicht ganz so groß und wog hundertvierzig Pfund.

Buck ni bil tako velik, tehtal je sto štirideset funtov.

Seine Mutter Shep war eine schöne schottische Schäferhündin gewesen.

Njegova mama, Shep, je bila odlična škotska ovčarka.

Aber selbst mit diesem Gewicht hatte Buck eine königliche Ausstrahlung.

Toda tudi pri tej teži je Buck hodil s kraljevsko prezenco.

Dies kam vom guten Essen und dem Respekt, der ihm immer entgegengebracht wurde.

To je izhajalo iz dobre hrane in spoštovanja, ki ga je vedno prejemal.

Vier Jahre lang hatte Buck wie ein verwöhnter Adliger gelebt.

Štiri leta je Buck živel kot razvajen plemič.

Er war stolz auf sich und sogar ein wenig egoistisch.

Bil je ponosen nase in celo rahlo egoističen.

Diese Art von Stolz war bei den Herren abgelegener Landstriche weit verbreitet.

Takšna vrsta ponosa je bila pogosta med oddaljenimi podeželskimi gospodi.

Doch Buck hat es vermieden, ein verwöhnter Haushund zu werden.

Toda Buck se je rešil pred tem, da bi postal razvajen hišni pes.

Durch die Jagd und das Training blieb er schlank und stark.

Z lovom in vadbo je ostal vitek in močan.

Er liebte Wasser zutiefst, wie Menschen, die in kalten Seen baden.

Globoko je ljubil vodo, tako kot ljudje, ki se kopajo v hladnih jezerih.

Diese Liebe zum Wasser hielt Buck stark und sehr gesund.

Ta ljubezen do vode je Bucka ohranjala močnega in zelo zdravega.

Dies war der Hund, zu dem Buck im Herbst 1897 geworden war.

To je bil pes, v katerega se je Buck spremenil jeseni 1897.

Als der Klondike-Angriff die Menschen in den eisigen Norden trieb.

Ko je napad na Klondike potegnil moške na zamrznjeni sever.

Menschen aus aller Welt strömten in das kalte Land.

Ljudje so se z vsega sveta zgrinjali v mrzlo deželo.

Buck las jedoch weder die Zeitungen noch verstand er Nachrichten.

Buck pa ni bral časopisov niti ni razumel novic.

Er wusste nicht, dass es nicht gut war, Zeit mit Manuel zu verbringen.

Ni vedel, da je Manuelova slaba družba.

Manuel, der im Garten half, hatte ein großes Problem.

Manuel, ki je pomagal na vrtu, je imel velik problem.

Manuel war spielsüchtig nach der chinesischen Lotterie.

Manuel je bil zasvojen z igrami na srečo v kitajski loteriji.

Er glaubte auch fest an ein festes System zum Gewinnen.

Prav tako je trdno verjel v fiksni sistem za zmagovanje.

Dieser Glaube machte sein Scheitern sicher und unvermeidlich.
Zaradi tega prepričanja je bil njegov neuspeh gotov in neizogiben.
Um ein System zu spielen, braucht man Geld, und das fehlte Manuel.
Igranje sistema zahteva denar, ki ga Manuelu ni bilo.
Sein Gehalt reichte kaum zum Überleben seiner Frau und seiner vielen Kinder.
Njegova plača je komaj preživljala ženo in številne otroke.
In der Nacht, in der Manuel Buck verriet, war alles normal.
Tisto noč, ko je Manuel izdal Bucka, je bilo vse normalno.
Der Richter war bei einem Treffen der Rosinenanbauervereinigung.
Sodnik je bil na srečanju Združenja pridelovalcev rozin.
Die Söhne des Richters waren damals damit beschäftigt, einen Sportverein zu gründen.
Sodnikova sinova sta bila takrat zaposlena z ustanovitvijo atletskega kluba.
Niemand sah, wie Manuel und Buck durch den Obstgarten gingen.
Nihče ni videl Manuela in Bucka odhajati skozi sadovnjak.
Buck dachte, dieser Spaziergang sei nur ein einfacher nächtlicher Spaziergang.
Buck je mislil, da je ta sprehod le preprost nočni sprehod.
Sie trafen nur einen Mann an der Flaggenstation im College Park.
Na postaji za zastave v College Parku so srečali le enega moškega.
Dieser Mann sprach mit Manuel und sie tauschten Geld aus.
Ta mož je govoril z Manuelom in zamenjala sta denar.
„Verpacken Sie die Waren, bevor Sie sie ausliefern", schlug er vor
»Zavij blago, preden ga dostaviš,« je predlagal.
Die Stimme des Mannes war rau und ungeduldig, als er sprach.
Moški je govoril hrapav in nepotrpežljiv glas.

Manuel band Buck vorsichtig ein dickes Seil um den Hals.
Manuel je Bucku previdno zavezal debelo vrv okoli vratu.
„Verdreh das Seil, und du wirst ihn gründlich erwürgen"
"Zasukaj vrv in ga boš precej zadavil."
**Der Fremde gab ein Grunzen von sich und zeigte damit,
dass er gut verstanden hatte.**
Neznanec je zamrmral, kar je pokazalo, da dobro razume.
**Buck nahm das Seil an diesem Tag mit ruhiger und stiller
Würde an.**
Buck je tisti dan sprejel vrv mirno in tiho dostojanstveno.
**Es war eine ungewöhnliche Tat, aber Buck vertraute den
Männern, die er kannte.**
Bilo je nenavadno dejanje, toda Buck je zaupal možem, ki jih je
poznal.
**Er glaubte, dass ihre Weisheit weit über sein eigenes
Denken hinausging.**
Verjel je, da njihova modrost daleč presega njegovo lastno
razmišljanje.
**Doch dann wurde das Seil in die Hände des Fremden
gegeben**
Nato pa je bila vrv izročena v roke neznanca.
**Buck stieß ein leises, warnendes und zugleich bedrohliches
Knurren aus.**
Buck je tiho zarenčal, kar je s tiho grožnjo pomenilo opozorilo.
**Er war stolz und gebieterisch und wollte seinen Unmut zum
Ausdruck bringen.**
Bil je ponosen in ukazovalen ter je želel pokazati svoje
nezadovoljstvo.
**Buck glaubte, seine Warnung würde als Befehl verstanden
werden.**
Buck je verjel, da bodo njegovo opozorilo razumljeno kot
ukaz.
**Zu seinem Entsetzen zog sich das Seil schnell um seinen
dicken Hals zusammen.**
Na njegovo presenečenje se je vrv močno zategnila okoli
njegovega debelega vratu.

Ihm blieb die Luft weg und er begann in plötzlicher Wut zu kämpfen.

Zmanjkalo mu je zraka in v nenadni jezi se je začel boriti.

Er sprang auf den Mann zu, der Buck schnell mitten in der Luft traf.

Skočil je na moškega, ki je v zraku hitro srečal Bucka.

Der Mann packte Buck am Hals und drehte ihn geschickt in der Luft.

Moški je zgrabil Bucka za grlo in ga spretno zasukal v zraku.

Buck wurde hart zu Boden geworfen und landete flach auf dem Rücken.

Bucka je močno vrglo na tla in pristal je na hrbtu.

Das Seil würgte ihn nun grausam, während er wild um sich trat.

Vrv ga je zdaj kruto dušila, medtem ko je divje brcal.

Seine Zunge fiel heraus, seine Brust hob und senkte sich, doch er bekam keine Luft.

Jezik mu je izpadel, prsi so se mu dvignile, a ni mogel zadihati.

Noch nie in seinem Leben war er mit solcher Gewalt behandelt worden.

Še nikoli v življenju ni bil deležen takšnega nasilja.

Auch war er noch nie zuvor von solch tiefer Wut erfüllt gewesen.

Prav tako ga še nikoli ni preplavila tako globoka jeza.

Doch Bucks Kraft schwand und seine Augen wurden glasig.

Toda Buckova moč je zbledela in njegove oči so postale steklene.

Er wurde ohnmächtig, als in der Nähe ein Zug angehalten wurde.

Omedlel je ravno takrat, ko je v bližini ustavil vlak.

Dann warfen ihn die beiden Männer schnell in den Gepäckwagen.

Nato sta ga moška hitro vrgla v prtljažni vagon.

Das nächste, was Buck spürte, war ein Schmerz in seiner geschwollenen Zunge.

Naslednja stvar, ki jo je Buck začutil, je bila bolečina v oteklem jeziku.

Er bewegte sich in einem wackelnden Wagen und war nur schwach bei Bewusstsein.

Premikal se je v tresočem se vozičku, le megleno pri zavesti.

Das schrille Pfeifen eines Zuges verriet Buck seinen Standort.

Oster krik vlakovne piščalke je Bucku povedal, kje je.

Er war oft mit dem Richter mitgefahren und kannte das Gefühl.

Pogosto je jahal s sodnikom in je poznal ta občutek.

Es war der einzigartige Schock, wieder in einem Gepäckwagen zu reisen.

Spet je bil to edinstven sunek potovanja v prtljažnem vagonu.

Buck öffnete die Augen und sein Blick brannte vor Wut.

Buck je odprl oči in njegov pogled je gorel od besa.

Dies war der Zorn eines stolzen Königs, der vom Thron gejagt wurde.

To je bila jeza ponosnega kralja, ki je bil odstavljen s prestola.

Ein Mann wollte ihn packen, doch stattdessen schlug Buck zuerst zu.

Moški je stegnil roko, da bi ga zgrabil, toda Buck je namesto tega udaril prvi.

Er versenkte seine Zähne in der Hand des Mannes und hielt sie fest.

Z zobmi se je zaril v moško roko in jo močno držal.

Er ließ nicht los, bis er ein zweites Mal ohnmächtig wurde.

Ni ga izpustil, dokler ni drugič izgubil zavesti.

„Ja, hat Anfälle", murmelte der Mann dem Gepäckträger zu.

„Ja, ima krče," je moški zamrmral prtljagarju.

Der Gepäckträger hatte den Kampf gehört und war näher gekommen.

Prtljažnik je slišal pretep in se je približal.

„Ich bringe ihn für den Chef nach Frisco", erklärte der Mann.

»Peljem ga v 'Frisco k šefu,« je pojasnil moški.

„Dort gibt es einen tollen Hundearzt, der sagt, er könne sie heilen."

"Tam je dober pasji zdravnik, ki pravi, da jih lahko ozdravi."

Später in der Nacht gab der Mann seinen eigenen ausführlichen Bericht ab.

Kasneje tistega večera je moški podal svojo podrobno izjavo.

Er sprach aus einem Schuppen hinter einem Saloon am Hafen.

Govoril je iz lope za saloonom na pomolu.

„Ich habe nur fünfzig Dollar bekommen", beschwerte er sich beim Wirt.

»Dobil sem le petdeset dolarjev,« se je pritožil prodajalcu v saloonu.

„Ich würde es nicht noch einmal tun, nicht einmal für tausend Dollar in bar."

"Tega ne bi ponovil, niti za tisoč dolarjev v gotovini."

Seine rechte Hand war fest in ein blutiges Tuch gewickelt.

Njegova desna roka je bila tesno ovita v krvavo krpo.

Sein Hosenbein war vom Knie bis zum Fuß weit aufgerissen.

Hlačnico je imel raztrgano od kolena do peta.

„Wie viel hat der andere Trottel verdient?", fragte der Wirt.

„Koliko je dobil drugi vrček?" je vprašal gostilničar.

„Hundert", antwortete der Mann, „einen Cent weniger würde er nicht nehmen."

„Sto," je odgovoril moški, „ne bi vzel niti centa manj."

„Das macht hundertfünfzig", sagte der Kneipenmann.

„To pride skupaj sto petdeset," je rekel gostilničar.

„Und er ist das alles wert, sonst bin ich nicht besser als ein Dummkopf."

"In vreden je vsega, sicer nisem nič boljši od bedaka."

Der Mann öffnete die Verpackung, um seine Hand zu untersuchen.

Moški je odprl ovoj, da bi si pregledal roko.

Die Hand war stark zerrissen und mit getrocknetem Blut verkrustet.

Roka je bila hudo raztrgana in prekrita s posušeno krvjo.

„Wenn ich keine Tollwut bekomme …", begann er zu sagen.

»Če ne dobim hidrofobije …« je začel govoriti.

„Das liegt wohl daran, dass du zum Hängen geboren wurdest", ertönte ein Lachen.

„To bo zato, ker si se rodil za obešanje," se je zaslišal smeh.

„Komm und hilf mir, bevor du gehst", wurde er gebeten.

„Pridi mi pomagat, preden greš," so ga prosili.

Buck war von den Schmerzen in seiner Zunge und seinem Hals benommen.

Buck je bil omamljen od bolečine v jeziku in grlu.

Er war halb erwürgt und konnte kaum noch aufrecht stehen.

Bil je napol zadavljen in komaj je stal pokonci.

Dennoch versuchte Buck, den Männern gegenüberzutreten, die ihm so viel Leid zugefügt hatten.

Vseeno se je Buck poskušal soočiti z moškimi, ki so ga tako prizadeli.

Aber sie warfen ihn nieder und würgten ihn erneut.

Vendar so ga vrgli na tla in ga spet zadavili.

Erst dann konnten sie sein schweres Messinghalsband absägen.

Šele takrat so mu lahko odžagali težko medeninasto ovratnico.

Sie entfernten das Seil und stießen ihn in eine Kiste.

Odstranili so vrv in ga potisnili v zaboj.

Die Kiste war klein und hatte die Form eines groben Eisenkäfigs.

Zaboj je bil majhen in oblikovan kot groba železna kletka.

Buck lag die ganze Nacht dort, voller Zorn und verletztem Stolz.

Buck je ležal tam vso noč, poln jeze in ranjenega ponosa.

Er konnte nicht einmal ansatzweise verstehen, was mit ihm geschah.

Ni mogel začeti razumeti, kaj se mu dogaja.

Warum hielten ihn diese fremden Männer in dieser kleinen Kiste fest?

Zakaj so ga ti čudni možje zadrževali v tej majhni kletki?

Was wollten sie von ihm und warum diese grausame Gefangenschaft?

Kaj so hoteli od njega in zakaj to kruto ujetništvo?
Er spürte einen dunklen Druck, das Gefühl, dass das Unglück näher rückte.
Čutil je temen pritisk; občutek bližajoče se katastrofe.
Es war eine vage Angst, die ihn jedoch schwer belastete.
Bil je nejasen strah, a močno ga je prizadel.
Mehrmals sprang er auf, als die Schuppentür klapperte.
Nekajkrat je poskočil, ko so se vrata lope zatresla.
Er erwartete, dass der Richter oder die Jungen erscheinen und ihn retten würden.
Pričakoval je, da se bo pojavil sodnik ali fantje in ga rešili.
Doch jedes Mal lugte nur das dicke Gesicht des Wirts hinein.
A vsakič je noter pokukal le debeli obraz lastnika krčme.
Das Gesicht des Mannes wurde vom schwachen Schein einer Talgkerze erhellt.
Moški obraz je osvetljevala šibka svetloba lojne sveče.
Jedes Mal verwandelte sich Bucks freudiges Bellen in ein leises, wütendes Knurren.
Vsakič se je Buckovo veselo lajanje spremenilo v tiho, jezno renčanje.

Der Wirt ließ ihn für die Nacht allein in der Kiste zurück
Lastnik saluna ga je pustil samega za noč v kletki.
Aber als er am Morgen aufwachte, kamen noch mehr Männer.
Ko pa se je zjutraj zbudil, je prihajalo še več mož.
Vier Männer kamen und hoben die Kiste vorsichtig und wortlos auf.
Prišli so štirje moški in brez besed previdno pobrali zaboj.
Buck wusste sofort, in welcher Situation er sich befand.
Buck je takoj vedel, v kakšnem položaju se je znašel.
Sie waren weitere Peiniger, die er bekämpfen und fürchten musste.
Bili so nadaljnji mučitelji, s katerimi se je moral boriti in se jih bati.

Diese Männer sahen böse, zerlumpt und sehr ungepflegt aus.

Ti moški so bili videti hudobni, razcapani in zelo slabo urejeni.

Buck knurrte und stürzte sich wild durch die Gitterstäbe auf sie.

Buck je zarenčal in se srdito pognal vanje skozi rešetke.

Sie lachten nur und stießen mit langen Holzstöcken nach ihm.

Samo smejali so se in ga zbadali z dolgimi lesenimi palicami.

Buck biss in die Stöcke, dann wurde ihm klar, dass es das war, was ihnen gefiel.

Buck je grizel palice, nato pa spoznal, da jim je to všeč.

Also legte er sich ruhig hin, mürrisch und vor stiller Wut brennend.

Tako je tiho legel, mrk in goreč od tihe jeze.

Sie hoben die Kiste auf einen Wagen und fuhren mit ihm weg.

Zaboj so dvignili na voz in se z njim odpeljali.

Die Kiste mit Buck darin wechselte oft den Besitzer.

Zaboj, v katerem je bil Buck zaklenjen, je pogosto menjal lastnika.

Express-Büroangestellte übernahmen die Leitung und kümmerten sich kurz um ihn.

Uradniki ekspresne pisarne so prevzeli pobudo in ga na kratko obravnavali.

Dann transportierte ein anderer Wagen Buck durch die laute Stadt.

Nato je Bucka čez hrupno mesto peljal še en voz.

Ein Lastwagen brachte ihn mit Kisten und Paketen auf eine Fähre.

Tovornjak ga je skupaj s škatlami in paketi odpeljal na trajekt.

Nach der Überquerung lud ihn der Lastwagen an einem Bahndepot ab.

Po prečkanju ceste ga je tovornjak raztovoril na železniški postaji.

Schließlich wurde Buck in einen wartenden Expresswagen gesetzt.

Končno so Bucka posadili v čakajoči ekspresni vagon.

Zwei Tage und Nächte lang zogen Züge den Schnellzug ab.

Dva dni in noči so vlaki vlekli ekspresni vagon.

Buck hat während der gesamten schmerzhaften Reise weder gegessen noch getrunken.

Buck med celotno bolečo potjo ni ne jedel ne pil.

Als die Expressboten versuchten, sich ihm zu nähern, knurrte er.

Ko so se mu hitri sli poskušali približati, je zarenčal.

Sie reagierten, indem sie ihn verspotteten und grausam hänselten.

Odgovorili so tako, da so se mu posmehovali in ga kruto dražili.

Buck warf sich schäumend und zitternd gegen die Gitterstäbe

Buck se je vrgel na rešetke, penil se je in tresel

Sie lachten laut und verspotteten ihn wie Schulhofschläger.

Glasno so se smejali in se mu posmehovali kot šolski nasilneži.

Sie bellten wie falsche Hunde und wedelten mit den Armen.

Lajali so kot lažni psi in mahali z rokami.

Sie krähten sogar wie Hähne, nur um ihn noch mehr aufzuregen.

Celo peti so kot petelini, samo da bi ga še bolj razburili.

Es war dummes Verhalten und Buck wusste, dass es lächerlich war.

To je bilo neumno vedenje in Buck je vedel, da je smešno.

Doch das verstärkte seine Empörung und Scham nur noch.

A to je le še poglobilo njegov občutek ogorčenja in sramu.

Der Hunger plagte ihn während der Reise kaum.

Med potovanjem ga lakota ni preveč motila.

Doch der Durst brachte starke Schmerzen und unerträgliches Leiden mit sich.

Toda žeja je prinašala ostro bolečino in neznosno trpljenje.

Sein trockener, entzündeter Hals und seine Zunge brannten vor Hitze.

Suho, vneto grlo in jezik sta ga pekla od vročine.

Dieser Schmerz schürte das Fieber, das in seinem stolzen Körper aufstieg.

Ta bolečina je hranila vročino, ki je naraščala v njegovem ponosnem telesu.

Buck war während dieses Prozesses für eine einzige Sache dankbar.

Buck je bil med tem sojenjem hvaležen za eno samo stvar.

Das Seil um seinen dicken Hals war entfernt worden.

Vrv mu je bila odstranjena z debelega vratu.

Das Seil hatte diesen Männern einen unfairen und grausamen Vorteil verschafft.

Vrv je tem možem dala nepošteno in kruto prednost.

Jetzt war das Seil weg und Buck schwor, dass es nie wieder zurückkommen würde.

Zdaj vrvi ni bilo več in Buck je prisegel, da se ne bo nikoli vrnila.

Er beschloss, sich nie wieder ein Seil um den Hals legen zu lassen.

Odločil se je, da mu nobena vrv ne bo nikoli več ovila vratu.

Zwei lange Tage und Nächte litt er ohne Essen.

Dva dolga dneva in noči je trpel brez hrane.

Und in diesen Stunden baute sich in ihm eine enorme Wut auf.

In v teh urah je v sebi nabral ogromno besa.

Seine Augen wurden vor ständiger Wut blutunterlaufen und wild.

Njegove oči so od nenehne jeze postale krvave in divje.

Er war nicht mehr Buck, sondern ein Dämon mit schnappenden Kiefern.

Ni bil več Buck, temveč demon s šljaščečimi čeljustmi.

Nicht einmal der Richter hätte dieses verrückte Wesen erkannt.

Celo sodnik ne bi prepoznal tega norega bitja.

Die Expressboten atmeten erleichtert auf, als sie Seattle erreichten

Hitri sli so si olajšano vzdihnili, ko so prispeli v Seattle

Vier Männer hoben die Kiste hoch und brachten sie in einen Hinterhof.

Štirje moški so dvignili zaboj in ga prinesli na dvorišče.

Der Hof war klein und von hohen, massiven Mauern umgeben.

Dvorišče je bilo majhno, obdano z visokimi in trdnimi zidovi.

Ein großer Mann in einem ausgeleierten roten Pullover kam heraus.

Ven je stopil velik moški v povešeni rdeči puloverski srajci.

Mit dicker, kühner Handschrift unterschrieb er das Lieferbuch.

Z debelo in krepko roko se je podpisal v dobavnico.

Buck spürte sofort, dass dieser Mann sein nächster Peiniger war.

Buck je takoj začutil, da je ta moški njegov naslednji mučitelj.

Er stürzte sich heftig auf die Gitterstäbe, die Augen rot vor Wut.

Z rdečimi od besa očmi se je silovito pognal proti rešetkam.

Der Mann lächelte nur finster und holte ein Beil.

Moški se je le mračno nasmehnil in šel po sekiro.

Er brachte auch eine Keule in seiner dicken und starken rechten Hand mit.

V svoji debeli in močni desnici je prinesel tudi palico.

„Wollen Sie ihn jetzt rausholen?", fragte der Fahrer besorgt.

„Ga boš zdaj peljal ven?" je zaskrbljeno vprašal voznik.

„Sicher", sagte der Mann und rammte das Beil als Hebel in die Kiste.

„Seveda," je rekel moški in zataknil sekiro v zaboj kot vzvod.

Die vier Männer stoben sofort auseinander und sprangen auf die Hofmauer.

Štirje moški so se v trenutku razbežali in poskočili na dvoriščni zid.

Von ihren sicheren Plätzen oben warteten sie, um das Spektakel zu beobachten.

Z varnih mest zgoraj so čakali, da si ogledajo spektakel.

Buck stürzte sich auf das zersplitterte Holz, biss und zitterte heftig.

Buck se je pognal na razcepljen les, grizel in se silovito tresel.

Jedes Mal, wenn die Axt den Käfig traf, war Buck da, um ihn anzugreifen.

Vsakič, ko je sekira zadela kletko, jo je Buck napadel.

Er knurrte und schnappte vor wilder Wut und wollte unbedingt freigelassen werden.

Z divjo jezo je zarenčal in zagrizel, željan, da bi ga izpustili.

Der Mann draußen war ruhig und gelassen und konzentrierte sich auf seine Aufgabe.

Moški zunaj je bil miren in stabilen, osredotočen na svojo nalogo.

„Also gut, du rotäugiger Teufel", sagte er, als das Loch groß war.

„No, prav, ti rdečeoki hudiček," je rekel, ko je bila luknja velika.

Er ließ das Beil fallen und nahm die Keule in die rechte Hand.

Spustil je sekiro in v desno roko vzel palico.

Buck sah wirklich aus wie ein Teufel; seine Augen blutunterlaufen und lodernd.

Buck je bil resnično videti kot hudič; oči so bile krvave in so gorele.

Sein Fell sträubte sich, Schaum stand ihm vor dem Mund, seine Augen funkelten.

Dlaka se mu je ježila, pena se mu je brizgala na usta, oči so se mu lesketale.

Er spannte seine Muskeln an und sprang direkt auf den roten Pullover zu.

Napel je mišice in skočil naravnost proti rdečemu puloverju.

Hundertvierzig Pfund Wut prasselten auf den ruhigen Mann zu.

Sto štirideset funtov besa je poletelo na mirnega moža.

Kurz bevor er die Zähne zusammenbiss, traf ihn ein schrecklicher Schlag.

Tik preden so se mu čeljusti stisnile, ga je zadel grozen udarec.

Seine Zähne schnappten zusammen, nur Luft war im Spiel.

Zobje so mu švignili skupaj, ne da bi se dotaknili ničesar drugega kot zraka.

ein Schmerz durchfuhr seinen Körper

sunek bolečine je odmeval po njegovem telesu

Er machte einen Überschlag in der Luft und stürzte auf dem Rücken und der Seite zu Boden.

V zraku se je prevrnil in padel na hrbet in bok.

Er hatte noch nie zuvor einen Knüppelschlag gespürt und konnte ihn nicht begreifen.

Še nikoli prej ni občutil udarca s palico in ga ni mogel dojeti.

Mit einem kreischenden Knurren, das teils Bellen, teils Schreien war, sprang er erneut.

Z vriskajočim renčanjem, delno laježem, delno krikom, je spet skočil.

Ein weiterer brutaler Schlag traf ihn und schleuderte ihn zu Boden.

Zadel ga je še en brutalen udarec in ga vrgel na tla.

Diesmal verstand Buck – es war die schwere Keule des Mannes.

Tokrat je Buck razumel – bila je to moževa težka palica.

Doch die Wut machte ihn blind, und an einen Rückzug dachte er nicht.

Toda bes ga je zaslepil in ni pomislil na umik.

Zwölfmal stürzte er sich in die Luft, und zwölfmal fiel er.

Dvanajstkrat se je pognal in dvanajstkrat je padel.

Der Holzknüppel traf ihn jedes Mal mit unbarmherziger, vernichtender Kraft.

Lesena palica ga je vsakič znova zdrobila z neusmiljeno, drobilno silo.

Nach einem heftigen Schlag kam er benommen und langsam wieder auf die Beine.

Po enem samem silovitem udarcu se je opotekajoče postavil na noge, omamljen in počasen.

Blut lief aus seinem Mund, seiner Nase und sogar seinen Ohren.

Kri mu je tekla iz ust, nosu in celo ušes.

Sein einst so schönes Fell war mit blutigem Schaum verschmiert.

Njegov nekoč lepi plašč je bil premazan s krvavo peno.

Dann trat der Mann vor und versetzte ihm einen heftigen Schlag auf die Nase.

Nato je moški stopil naprej in ga hudo udaril v nos.

Die Qualen waren schlimmer als alles, was Buck je gespürt hatte.

Bolečina je bila hujša od vsega, kar je Buck kdajkoli občutil.

Mit einem Brüllen, das eher an ein Tier als an einen Hund erinnerte, sprang er erneut zum Angriff.

Z rjovenjem, bolj zverinskim kot pasjim, je znova skočil v napad.

Doch der Mann packte seinen Unterkiefer und drehte ihn nach hinten.

Toda moški ga je zgrabil za spodnjo čeljust in jo zvil nazaj.

Buck überschlug sich kopfüber und stürzte erneut hart auf den Boden.

Buck se je prevrnil čez ušesa in spet močno padel.

Ein letztes Mal stürmte Buck auf ihn zu, jetzt konnte er kaum noch stehen.

Še zadnjič se je Buck pognal vanj, komaj še stoj na nogah.

Der Mann schlug mit perfektem Timing zu und versetzte den letzten Schlag.

Moški je udaril s strokovnim tempom in zadal zadnji udarec.

Buck brach bewusstlos und regungslos zusammen.

Buck se je zgrudil na kup, nezavesten in negiben.

„Er ist kein Stümper im Hundezähmen, das sage ich", rief ein Mann.

»Ni ravno slab pri krojenju psov, to pravim,« je zavpil moški.

„Druther kann den Willen eines Hundes an jedem Tag der Woche brechen."

"Druther lahko zlomi voljo psa vsak dan v tednu."

„Und zweimal an einem Sonntag!", fügte der Fahrer hinzu.

„In dvakrat v nedeljo!" je dodal voznik.

Er stieg in den Wagen und ließ die Zügel knacken, um loszufahren.

Zlezel je na voz in potegnil vajeti, da bi odpeljal.

Buck erlangte langsam die Kontrolle über sein Bewusstsein zurück

Buck je počasi povrnil nadzor nad svojo zavestjo

aber sein Körper war noch zu schwach und gebrochen, um sich zu bewegen.

toda njegovo telo je bilo še vedno prešibko in zlomljeno, da bi se premaknilo.

Er blieb liegen, wo er hingefallen war, und beobachtete den Mann im roten Pullover.

Ležal je tam, kjer je padel, in opazoval moškega v rdečem puloverju.

„Er hört auf den Namen Buck", sagte der Mann und las laut vor.

„Odziva se na ime Buck," je rekel moški in bral na glas.

Er zitierte aus der Notiz und den Einzelheiten, die mit Bucks Kiste geschickt wurden.

Citiral je iz sporočila, poslanega z Buckovim zabojem, in podrobnosti.

„Also, Buck, mein Junge", fuhr der Mann freundlich fort,

„No, Buck, fant moj," je moški nadaljeval s prijaznim tonom,

„Wir hatten unseren kleinen Streit, und jetzt ist es zwischen uns vorbei."

"Imela sva najin majhen prepir in zdaj je med nama konec."

„Sie haben Ihren Platz kennengelernt und ich habe meinen kennengelernt", fügte er hinzu.

„Spoznal si svoje mesto, jaz pa svoje," je dodal.

„Sei brav, dann wird alles gut und das Leben wird angenehm sein."

"Bodi priden in vse bo dobro in življenje bo prijetno."

„Aber wenn du böse bist, schlage ich dir die Seele aus dem Leib, verstanden?"

"Ampak bodi slab, pa te bom pretepel do smrti, razumeš?"

Während er sprach, streckte er die Hand aus und tätschelte Bucks schmerzenden Kopf.

Medtem ko je govoril, je iztegnil roko in potrepljal Bucka po boleči glavi.

Bucks Haare stellten sich bei der Berührung des Mannes auf, aber er wehrte sich nicht.

Bucku so se ob moškem dotiku dvignili lasje, a se ni upiral.

Der Mann brachte ihm Wasser, das Buck in großen Schlucken trank.

Mož mu je prinesel vodo, ki jo je Buck pil v velikih požirkih.

Dann kam rohes Fleisch, das Buck Stück für Stück verschlang.

Nato je prišlo surovo meso, ki ga je Buck požrl kos za kosom.

Er wusste, dass er geschlagen war, aber er wusste auch, dass er nicht gebrochen war.

Vedel je, da je pretepen, a vedel je tudi, da ni zlomljen.

Gegen einen mit einer Keule bewaffneten Mann hatte er keine Chance.

Proti moškemu, oboroženemu s palico, ni imel nobene možnosti.

Er hatte die Wahrheit erfahren und diese Lektion nie vergessen.

Spoznal je resnico in te lekcije ni nikoli pozabil.

Diese Waffe war der Beginn des Gesetzes in Bucks neuer Welt.

To orožje je bilo začetek prava v Buckovem novem svetu.

Es war der Beginn einer harten, primitiven Ordnung, die er nicht leugnen konnte.

To je bil začetek surovega, primitivnega reda, ki ga ni mogel zanikati.

Er akzeptierte die Wahrheit; seine wilden Instinkte waren nun erwacht.

Sprejel je resnico; njegovi divji nagoni so se zdaj prebudili.

Die Welt war härter geworden, aber Buck stellte sich ihr tapfer.

Svet je postal krutejši, a Buck se je z njim pogumno soočil.

Er begegnete dem Leben mit neuer Vorsicht, List und stiller Stärke.

Življenje je srečal z novo previdnostjo, zvitostjo in tiho močjo.

Weitere Hunde kamen an, an Seilen oder in Kisten festgebunden, so wie Buck.

Prispelo je še več psov, privezanih v vrveh ali kletkah, kot so nekoč privezali Bucka.

Einige Hunde kamen ruhig, andere tobten und kämpften wie wilde Tiere.

Nekateri psi so prišli mirno, drugi so besneli in se borili kot divje zveri.

Sie alle wurden der Herrschaft des Mannes im roten Pullover unterworfen.

Vsi so bili podrejeni vladavini moža v rdečem puloverju.

Jedes Mal sah Buck zu und sah, wie sich ihm die gleiche Lektion erschloss.

Buck je vsakič opazoval in videl, kako se odvija ista lekcija.

Der Mann mit der Keule war das Gesetz, ein Herr, dem man gehorchen musste.

Mož s palico je bil zakon; gospodar, ki mu je bilo treba ubogati.

Er musste nicht gemocht werden, aber man musste ihm gehorchen.

Ni mu bilo treba biti všečen, ampak ubogati ga je bilo treba.

Buck schmeichelte oder wedelte nie mit dem Schwanz, wie es die schwächeren Hunde taten.

Buck se ni nikoli prilizoval ali mahal z rokami, kot so to počeli šibkejši psi.

Er sah Hunde, die geschlagen wurden und trotzdem die Hand des Mannes leckten.

Videl je pretepene pse in še vedno lizal možavo roko.

Er sah einen Hund, der überhaupt nicht gehorchte oder sich unterwarf.

Videl je psa, ki sploh ni ubogal ali se ni podredil.

Dieser Hund kämpfte, bis er im Kampf um die Kontrolle getötet wurde.

Ta pes se je boril, dokler ni bil ubit v bitki za nadzor.

Manchmal kamen Fremde, um den Mann im roten Pullover zu sehen.

Včasih so k moškemu v rdečem puloverju prihajali neznanci.

Sie sprachen in seltsamem Ton, flehten, feilschten und lachten.

Govorili so s čudnimi toni, prosili, se pogajali in smejali.

Als das Geld ausgetauscht wurde, gingen sie mit einem oder mehreren Hunden.

Ko so zamenjali denar, so odšli z enim ali več psi.

Buck fragte sich, wohin diese Hunde gingen, denn keiner kam jemals zurück.

Buck se je spraševal, kam so šli ti psi, saj se nobeden ni nikoli vrnil.

Angst vor dem Unbekannten erfüllte Buck jedes Mal, wenn ein fremder Mann kam

Strah od neznanega je Bucka preplavil vsakič, ko je prišel neznan moški.

Er war jedes Mal froh, wenn ein anderer Hund mitgenommen wurde und nicht er selbst.

Vsakič je bil vesel, ko so vzeli še enega psa, namesto sebe.

Doch schließlich kam Buck an die Reihe, als ein fremder Mann eintraf.

Končno pa je prišel na vrsto tudi Buck s prihodom čudnega moškega.

Er war klein, drahtig und sprach gebrochenes Englisch und fluchte.

Bil je majhen, žilav in je govoril v polomljeni angleščini ter preklinjal.

„Heilig!", schrie er, als er Bucks Gestalt erblickte.

„Sacredam!" je zavpil, ko je zagledal Buckovo postavo.

„Das ist aber ein verdammter Rüpel! Wie viel?", fragte er laut.

„To je pa res prekleto pes, ki te je nagajiv! Kaj? Koliko?" je vprašal na glas.

„Dreihundert, und für diesen Preis ist er ein Geschenk."

"Tristo, pa je za to ceno darilo,"

„Da es sich um staatliche Gelder handelt, sollten Sie sich nicht beschweren, Perrault."

„Ker gre za državni denar, se ne bi smel pritoževati, Perrault."

Perrault grinste über den Deal, den er gerade mit dem Mann gemacht hatte.

Perrault se je zarežal ob dogovoru, ki ga je pravkar sklenil z moškim.

Aufgrund der plötzlichen Nachfrage waren die Preise für Hunde in die Höhe geschossen.

Cena psov je zaradi nenadnega povpraševanja močno narasla.

Dreihundert Dollar waren für so ein tolles Tier nicht unfair.

Tristo dolarjev ni bilo nepošteno za tako fino zver.

Die kanadische Regierung würde bei dem Abkommen nichts verlieren

Kanadska vlada s tem dogovorom ne bi izgubila ničesar.

Auch ihre offiziellen Depeschen würden während des Transports nicht verzögert.

Prav tako se njihove uradne pošiljke ne bi zavlekle med prevozom.

Perrault kannte sich gut mit Hunden aus und erkannte, dass Buck etwas Seltenes war.

Perrault je dobro poznal pse in je videl, da je Buck nekaj redkega.

„Einer von zehntausend", dachte er, als er Bucks Körperbau betrachtete.

„Eden od desetih deset tisoč," je pomislil, medtem ko je preučeval Buckovo postavo.

Buck sah, wie das Geld den Besitzer wechselte, zeigte sich jedoch nicht überrascht.

Buck je videl, kako je denar menjal lastnika, vendar ni pokazal nobenega presenečenja.

Bald wurden er und Curly, ein sanfter Neufundländer, weggeführt.

Kmalu so njega in Kodrastija, nežnega novofundlandca, odpeljali stran.

Sie folgten dem kleinen Mann aus dem Hof des roten Pullovers.

Sledili so možicu z dvorišča rdečega puloverja.

Das war das letzte Mal, dass Buck den Mann mit der Holzkeule sah.

To je bil zadnjič, kar je Buck kdaj videl moža z leseno palico.

Vom Deck der Narwhal aus beobachtete er, wie Seattle in der Ferne verschwand.
Z Narwalove palube je opazoval, kako Seattle izginja v daljavi.
Es war auch das letzte Mal, dass er das warme Südland sah.
To je bil tudi zadnjič, da je kdaj videl toplo Južno deželo.
Perrault brachte sie unter Deck und ließ sie bei François zurück.
Perrault jih je odpeljal pod palubo in jih pustil pri Françoisu.
François war ein Riese mit schwarzem Gesicht und rauen, schwieligen Händen.
François je bil črnoličen velikan z grobimi, žuljastimi rokami.
Er war dunkelhäutig und hatte eine dunkle Hautfarbe, ein französisch-kanadischer Mischling.
Bil je temnopolt in zagorel; mešanec Francosko-kanadskega porekla.
Für Buck waren diese Männer von einer Art, die er noch nie zuvor gesehen hatte.
Bucku se je zdelo, da so ti možje takšni, kot jih še ni videl.
Er würde in den kommenden Tagen viele solcher Männer kennenlernen.
V prihodnjih dneh bo spoznal veliko takšnih mož.
Er konnte sie zwar nicht lieb gewinnen, aber er begann, sie zu respektieren.
Ni jih imel rad, a jih je začel spoštovati.
Sie waren fair und weise und ließen sich von keinem Hund so leicht täuschen.
Bili so pošteni in modri ter jih noben pes ni zlahka prevaral.
Sie beurteilten Hunde ruhig und bestraften sie nur, wenn es angebracht war.
Pse so sodili mirno in jih kaznovali le, če so si to zaslužili.
Im Unterdeck der Narwhal trafen Buck und Curly zwei Hunde.
V spodnji palubi Narvala sta Buck in Kodrasti srečala dva psa.
Einer war ein großer weißer Hund aus dem fernen, eisigen Spitzbergen.
Eden je bil velik beli pes iz oddaljenega, ledenega Spitzbergna.

Er war einmal mit einem Walfänger gesegelt und hatte sich einer Erkundungsgruppe angeschlossen.

Nekoč je plul s kitolovcem in se pridružil raziskovalni skupini.

Er war auf eine schlaue, hinterhältige und listige Art freundlich.

Bil je prijazen na prebrisan, zahrbten in zvit način.

Bei ihrer ersten Mahlzeit stahl er ein Stück Fleisch aus Bucks Pfanne.

Pri prvem obroku je iz Buckove ponve ukradel kos mesa.

Buck sprang, um ihn zu bestrafen, aber François' Peitsche schlug zuerst zu.

Buck je skočil, da bi ga kaznoval, toda Françoisov bič je udaril prej.

Der weiße Dieb schrie auf und Buck holte sich den gestohlenen Knochen zurück.

Beli tat je kriknil in Buck je dobil nazaj ukradeno kost.

Diese Fairness beeindruckte Buck und François verdiente sich seinen Respekt.

Ta pravičnost je na Bucka naredila vtis in François si je prislužil njegovo spoštovanje.

Der andere Hund grüßte nicht und wollte auch nichts zurück.

Drugi pes ni pozdravil in ga ni hotel pozdraviti v zameno.

Er stahl weder Essen noch beschnüffelte er die Neuankömmlinge interessiert.

Ni kradel hrane niti z zanimanjem ni vohal novih prišlekov.

Dieser Hund war grimmig und ruhig, düster und bewegte sich langsam.

Ta pes je bil mračen in tih, mračen in počasen.

Er warnte Curly, sich fernzuhalten, indem er sie einfach anstarrte.

Kodrasti je opozoril, naj se drži stran, tako da jo je preprosto jezno pogledal.

Seine Botschaft war klar: Lass mich in Ruhe, sonst gibt es Ärger.

Njegovo sporočilo je bilo jasno; pustite me pri miru ali pa bodo težave.

Er hieß Dave und nahm seine Umgebung kaum wahr.
Klicali so ga Dave in komaj je opazil okolico.
Er schlief oft, aß ruhig und gähnte ab und zu.
Pogosto je spal, tiho jedel in občasno zazehal.

Das Schiff summte ständig, während unten der Propeller schlug.
Ladja je nenehno brnela, propeler spodaj pa je utripal.
Die Tage vergingen, ohne dass sich viel änderte, aber das Wetter wurde kälter.
Dnevi so minevali brez večjih sprememb, a vreme je postajalo hladnejše.
Buck spürte es in seinen Knochen und bemerkte, dass es den anderen genauso ging.
Buck je to čutil v kosteh in opazil je, da tudi drugi.
Dann blieb eines Morgens der Propeller stehen und alles war still.
Nekega jutra se je propeler ustavil in vse je bilo tiho.
Eine Energie durchströmte das Schiff; etwas hatte sich verändert.
Ladjo je preplavila energija; nekaj se je spremenilo.
François kam herunter, legte ihnen die Leinen an und brachte sie hoch.
François je prišel dol, jih pripel na povodce in jih pripeljal gor.
Buck stieg aus und fand den Boden weich, weiß und kalt.
Buck je stopil ven in ugotovil, da so tla mehka, bela in hladna.
Er sprang erschrocken zurück und schnaubte völlig verwirrt.
Prestrašeno je odskočil in popolnoma zmedeno smrkal.
Seltsames weißes Zeug fiel vom grauen Himmel.
Z sivega neba je padala čudna bela snov.
Er schüttelte sich, aber die weißen Flocken landeten immer wieder auf ihm.
Stresel se je, a beli kosmiči so kar naprej padali nanj.
Er roch vorsichtig an dem weißen Zeug und leckte an ein paar eisigen Stückchen.
Previdno je povohal belo snov in polizal nekaj ledenih koščkov.

Das Pulver brannte wie Feuer und verschwand dann einfach von seiner Zunge.

Prah je pekel kot ogenj, nato pa je naravnost izginil z njegovega jezika.

Buck versuchte es noch einmal und war verwirrt über die seltsame, verschwindende Kälte.

Buck je poskusil znova, zmeden zaradi nenavadne izginjajoče hladnosti.

Die Männer um ihn herum lachten und Buck war verlegen.

Moški okoli njega so se zasmejali in Bucku je bilo nerodno.

Er wusste nicht warum, aber er schämte sich für seine Reaktion.

Ni vedel zakaj, a sramoval se je svoje reakcije.

Es war seine erste Erfahrung mit Schnee und es verwirrte ihn.

To je bila njegova prva izkušnja s snegom in to ga je zmedlo.

Das Gesetz von Keule und Fang
Zakon kluba in očnjaka

Bucks erster Tag am Strand von Dyea fühlte sich wie ein schrecklicher Albtraum an.

Buckov prvi dan na plaži Dyea se je zdel kot grozna nočna mora.

Jede Stunde brachte neue Schocks und unerwartete Veränderungen für Buck.

Vsaka ura je Bucku prinesla nove presenečenja in nepričakovane spremembe.

Er war aus der Zivilisation gerissen und ins wilde Chaos gestürzt worden.

Iz civilizacije so ga izvlekli in vrženi v divji kaos.

Dies war kein sonniges, faules Leben mit Langeweile und Ruhe.

To ni bilo sončno, lenobno življenje z dolgčasom in počitkom.

Es gab keinen Frieden, keine Ruhe und keinen Moment ohne Gefahr.

Ni bilo miru, počitka in trenutka brez nevarnosti.

Überall herrschte Verwirrung und die Gefahr war immer in der Nähe.

Zmeda je vladala vsemu in nevarnost je bila vedno blizu.

Buck musste wachsam bleiben, denn diese Männer und Hunde waren anders.

Buck je moral ostati pozoren, ker so bili ti moški in psi drugačni.

Sie kamen nicht aus der Stadt, sie waren wild und gnadenlos.

Niso bili iz mest; bili so divji in brez milosti.

Diese Männer und Hunde kannten nur das Gesetz der Keule und der Reißzähne.

Ti možje in psi so poznali le zakon palice in zob.

Buck hatte noch nie Hunde so kämpfen sehen wie diese wilden Huskys.

Buck še nikoli ni videl psov, ki bi se pretepali tako divji haskiji.

Seine erste Erfahrung lehrte ihn eine Lektion, die er nie vergessen würde.

Njegova prva izkušnja ga je naučila lekcijo, ki je ne bo nikoli pozabil.

Er hatte Glück, dass er es nicht war, sonst wäre auch er gestorben.

Imel je srečo, da ni bil on, sicer bi tudi on umrl.

Curly war derjenige, der litt, während Buck zusah und lernte.

Kodrasti je bil tisti, ki je trpel, medtem ko je Buck opazoval in se učil.

Sie hatten ihr Lager in der Nähe eines aus Baumstämmen gebauten Ladens aufgeschlagen.

Taborili so blizu trgovine, zgrajene iz hlodov.

Curly versuchte, einem großen, wolfsähnlichen Husky gegenüber freundlich zu sein.

Kodrasti se je poskušal prijazno navezati na velikega, volku podobnega haskija.

Der Husky war kleiner als Curly, sah aber wild und böse aus.

Husky je bil manjši od Kodrastija, a je bil videti divji in zloben.

Ohne Vorwarnung sprang er auf und schlug ihr ins Gesicht.

Brez opozorila je skočil in ji razprl obraz.

Seine Zähne schnitten in einer Bewegung von ihrem Auge bis zu ihrem Kiefer.

Njegovi zobje so ji z enim samim gibom prerezali vse od očesa do čeljusti.

So kämpften Wölfe: Sie schlugen schnell zu und sprangen weg.

Tako so se borili volkovi – hitro udarili in odskočili.

Aber es gab mehr zu lernen als nur diesen einen Angriff.

Vendar se je iz tega napada dalo naučiti več kot le nekaj več.

Dutzende Huskys stürmten herein und bildeten einen stillen Kreis.

Na ducate haskijev je prihitelo in naredilo tihi krog.

Sie schauten aufmerksam zu und leckten sich hungrig die Lippen.

Pozorno so opazovali in si od lakote oblizovali ustnice.

Buck verstand weder ihr Schweigen noch ihre begierigen Blicke.

Buck ni razumel njihove tišine ali njihovih nestrpnih pogledov.

Curly stürzte sich ein zweites Mal auf den Husky, um ihn anzugreifen.

Kodrasti je drugič planil na haskija.

Mit einer kräftigen Bewegung seiner Brust warf er sie um.

S prsmi jo je z močnim gibom podrl.

Sie fiel auf die Seite und konnte nicht wieder aufstehen.

Padla je na bok in se ni mogla več pobrati.

Darauf hatten die anderen die ganze Zeit gewartet.

To so ostali ves čas čakali.

Die Huskies sprangen sie an und jaulten und knurrten wie wild.

Haskiji so skočili nanjo, besno cvilili in renčali.

Sie schrie, als sie unter einem Haufen Hunde begruben.

Kričala je, ko so jo pokopali pod kupom psov.

Der Angriff erfolgte so schnell, dass Buck vor Schreck erstarrte.

Napad je bil tako hiter, da je Buck od šoka otrpnil na mestu.

Er sah, wie Spitz die Zunge herausstreckte, als würde er lachen.

Videl je, kako je Spitz pomolil jezik na način, ki je bil videti kot smeh.

François schnappte sich eine Axt und rannte direkt in die Hundegruppe hinein.

François je zgrabil sekiro in stekel naravnost v skupino psov.

Drei weitere Männer halfen mit Knüppeln, die Huskies zu vertreiben.

Trije drugi moški so s palicami pomagali pregnati haskije.

In nur zwei Minuten war der Kampf vorbei und die Hunde waren verschwunden.

V samo dveh minutah je bil boj končan in psi so izginili.

Curly lag tot im roten, zertrampelten Schnee, ihr Körper war zerfetzt.

Kodrasti je ležala mrtva v rdečem, poteptanem snegu, njeno telo je bilo raztrgano.

Ein dunkelhäutiger Mann stand über ihr und verfluchte die brutale Szene.

Nad njo je stal temnopolti moški in preklinjal brutalni prizor.

Die Erinnerung blieb bei Buck und verfolgte ihn nachts in seinen Träumen.

Spomin je ostal z Buckom in ga ponoči preganjal v sanjah.

So war es hier: keine Fairness, keine zweite Chance.

Tako je bilo tukaj; brez pravičnosti ni druge priložnosti.

Sobald ein Hund fiel, töteten die anderen ihn gnadenlos.

Ko je pes padel, so ga drugi ubili brez milosti.

Buck beschloss damals, dass er niemals zulassen würde, dass er fällt.

Buck se je takrat odločil, da si nikoli ne bo dovolil pasti.

Spitz streckte erneut die Zunge heraus und lachte über das Blut.

Spitz je spet pomolil jezik in se zasmejal krvi.

Von diesem Moment an hasste Buck Spitz aus vollem Herzen.

Od tistega trenutka naprej je Buck Spitza sovražil z vsem srcem.

Bevor Buck sich von Curlys Tod erholen konnte, passierte etwas Neues.

Preden si je Buck lahko opomogel od Kodrastijeve smrti, se je zgodilo nekaj novega.

François kam herüber und schnallte etwas um Bucks Körper.

François je prišel in nekaj opasal okoli Buckovega telesa.

Es war ein Geschirr wie das, das auf der Ranch für Pferde verwendet wurde.

Bil je oprsnik, podoben tistim, ki jih uporabljajo za konje na ranču.

Buck hatte gesehen, wie Pferde arbeiteten, und nun musste auch er arbeiten.

Kakor je Buck videl konje delati, je bil zdaj tudi on prisiljen delati.

Er musste François auf einem Schlitten in den nahegelegenen Wald ziehen.

Françoisa je moral na sankah vleči v bližnji gozd.

Anschließend musste er eine Ladung schweres Brennholz zurückziehen.

Potem je moral odvleči nazaj kup težkih drv.

Buck war stolz und deshalb tat es ihm weh, wie ein Arbeitstier behandelt zu werden.

Buck je bil ponosen, zato ga je bolelo, da so z njim ravnali kot z delovno živaljo.

Aber er war klug und versuchte nicht, gegen die neue Situation anzukämpfen.

Vendar je bil moder in se ni poskušal boriti proti novim razmeram.

Er akzeptierte sein neues Leben und gab bei jeder Aufgabe sein Bestes.

Sprejel je svoje novo življenje in pri vsaki nalogi dal vse od sebe.

Alles an der Arbeit war ihm fremd und ungewohnt.

Vse pri delu mu je bilo čudno in neznano.

François war streng und verlangte unverzüglichen Gehorsam.

François je bil strog in je zahteval poslušnost brez odlašanja.

Seine Peitsche sorgte dafür, dass jeder Befehl sofort befolgt wurde.

Njegov bič je poskrbel, da je bil vsak ukaz izveden hkrati.

Dave war der Schlittenführer, der Hund, der dem Schlitten hinter Buck am nächsten war.

Dave je bil voznik, pes, ki je bil najbližje sani za Buckom.

Dave biss Buck in die Hinterbeine, wenn er einen Fehler machte.

Dave je ugriznil Bucka v zadnje noge, če je naredil napako.

Spitz war der Leithund und in dieser Rolle geschickt und erfahren.

Špic je bil vodilni pes, spreten in izkušen v tej vlogi.

Spitz konnte Buck nicht leicht erreichen, korrigierte ihn aber trotzdem.

Spitz ni mogel zlahka doseči Bucka, a ga je vseeno popravil.

Er knurrte barsch oder zog den Schlitten auf eine Art, die Buck etwas beibrachte.

Ostro je renčal ali vlekel sani na načine, ki so Bucka učili.

Durch dieses Training lernte Buck schneller, als alle erwartet hatten.

Med tem usposabljanjem se je Buck učil hitreje, kot je kdorkoli od njih pričakoval.

Er hat hart gearbeitet und sowohl von François als auch von den anderen Hunden gelernt.

Trdo je delal in se učil tako od Françoisa kot od drugih psov.

Als sie zurückkamen, kannte Buck die wichtigsten Befehle bereits.

Ko so se vrnili, je Buck že poznal ključne ukaze.

Von François hat er gelernt, beim Laut „ho" anzuhalten.

Naučil se je ustaviti ob zvoku »ho«, ki ga je zaslišal François.

Er lernte, wann er den Schlitten ziehen und rennen musste.

Naučil se je, kdaj je moral vleči sani in teči.

Er lernte, in den Kurven des Weges ohne Probleme weit abzubiegen.

Naučil se je brez težav široko zavijati v ovinkih poti.

Er lernte auch, Dave auszuweichen, wenn der Schlitten schnell bergab fuhr.

Naučil se je tudi izogibati Daveu, ko so se sani hitro spuščale navzdol.

„Das sind sehr gute Hunde", sagte François stolz zu Perrault.

»Zelo dobri psi so,« je François ponosno povedal Perraultu.

„Dieser Buck zieht wie der Teufel – ich bringe ihm das so schnell bei, wie ich nur kann."

„Ta Buck vleče kot hudič – naučim ga kar hitro."

Später am Tag kam Perrault mit zwei weiteren Huskys zurück.

Kasneje tistega dne se je Perrault vrnil z dvema haskijema.

Ihre Namen waren Billee und Joe und sie waren Brüder.

Imena sta bila Billee in Joe, in bila sta brata.

Sie stammten von derselben Mutter, waren sich aber überhaupt nicht ähnlich.

Prihajala sta od iste matere, vendar si sploh nista bila podobna.

Billee war gutmütig und zu allen sehr freundlich.

Billee je bila dobrodušna in preveč prijazna do vseh.

Joe war das Gegenteil – ruhig, wütend und immer am Knurren.

Joe je bil ravno nasprotje – tih, jezen in vedno renčal.

Buck begrüßte sie freundlich und blieb beiden gegenüber ruhig.

Buck ju je prijazno pozdravil in bil z obema miren.

Dave schenkte ihnen keine Beachtung und blieb wie üblich still.

Dave se ni zmenil zanje in je kot ponavadi molčal.

Um seine Dominanz zu demonstrieren, griff Spitz zuerst Billee und dann Joe an.

Spitz je najprej napadel Billeeja, nato pa Joeja, da bi pokazal svojo prevlado.

Billee wedelte mit dem Schwanz und versuchte, freundlich zu Spitz zu sein.

Billee je mahal z repom in se poskušal prijazno navezati na Spitz.

Als das nicht funktionierte, versuchte er stattdessen wegzulaufen.

Ko to ni delovalo, je raje poskušal pobegniti.

Er weinte traurig, als Spitz ihn fest in die Seite biss.

Žalostno je zajokal, ko ga je Spitz močno ugriznil v bok.

Aber Joe war ganz anders und ließ sich nicht einschüchtern.

Toda Joe je bil zelo drugačen in se ni pustil ustrahovati.

Jedes Mal, wenn Spitz näher kam, drehte sich Joe schnell um, um ihm in die Augen zu sehen.

Vsakič, ko se je Spitz približal, se je Joe hitro obrnil proti njemu.

Sein Fell sträubte sich, seine Lippen kräuselten sich und seine Zähne schnappten wild.

Dlaka se mu je naježila, ustnice so se mu zvile, zobje pa divje škripali.

Joes Augen glänzten vor Angst und Wut und forderten Spitz heraus, zuzuschlagen.

Joejeve oči so se lesketale od strahu in besa, saj je Spitza izzival, naj udari.

Spitz gab den Kampf auf und wandte sich gedemütigt und wütend ab.

Spitz je obupal nad bojem in se obrnil stran, ponižan in jezen.

Er ließ seine Frustration an dem armen Billee aus und jagte ihn davon.

Svojo frustracijo je stresel na ubogem Billeeju in ga pregnal.

An diesem Abend fügte Perrault dem Team einen weiteren Hund hinzu.

Tistega večera je Perrault ekipi dodal še enega psa.

Dieser Hund war alt, mager und mit Kampfnarben übersät.

Ta pes je bil star, suh in prekrit z bojnimi brazgotinami.

Eines seiner Augen fehlte, doch das andere blitzte kraftvoll auf.

Eno oko mu je manjkalo, drugo pa je močno žarelo.

Der neue Hund hieß Solleks, was „der Wütende" bedeutet.

Ime novega psa je bilo Solleks, kar je pomenilo Jezni.

Wie Dave verlangte Solleks nichts von anderen und gab nichts zurück.

Tako kot Dave tudi Solleks ni od drugih ničesar zahteval in ničesar ni dal v zameno.

Als Solleks langsam ins Lager ging, blieb sogar Spitz fern.

Ko je Solleks počasi vstopil v tabor, se je celo Spitz umaknil.

Er hatte eine seltsame Angewohnheit, die Buck unglücklicherweise entdeckte.

Imel je čudno navado, ki jo Buck ni imel sreče odkriti.

Solleks hasste es, von der Seite angesprochen zu werden, auf der er blind war.

Solleks je sovražil, da so se mu približevali s strani, kjer je bil slep.

Buck wusste das nicht und machte diesen Fehler versehentlich.

Buck tega ni vedel in je to napako naredil po nesreči.

Solleks wirbelte herum und versetzte Buck einen schnellen, tiefen Schlag auf die Schulter.

Solleks se je obrnil in Bucka hitro ter globoko udaril v ramo.

Von diesem Moment an kam Buck nie wieder in die Nähe von Solleks' blinder Seite.

Od tistega trenutka naprej se Buck ni nikoli več približal Solleksovi slepi strani.

Für den Rest ihrer gemeinsamen Zeit gab es nie wieder Probleme.

Do konca skupnega časa nista imela nikoli več težav.

Solleks wollte nur in Ruhe gelassen werden, wie der ruhige Dave.

Solleks si je želel le, da bi ga pustili pri miru, kot tihi Dave.

Doch Buck erfuhr später, dass jeder von ihnen ein anderes geheimes Ziel hatte.

Toda Buck je kasneje izvedel, da imata vsak še en skriti cilj.

In dieser Nacht stand Buck vor einer neuen und beunruhigenden Herausforderung: Wie sollte er schlafen?

Tisto noč se je Buck soočil z novim in mučnim izzivom – kako spati.

Das Zelt leuchtete warm im Kerzenlicht auf dem schneebedeckten Feld.

Šotor je toplo žarel v svetlobi sveč na zasneženem polju.

Buck ging hinein und dachte, er könnte sich dort wie zuvor ausruhen.

Buck je vstopil in si mislil, da se bo tam lahko spočil kot prej.

Aber Perrault und François schrien ihn an und warfen Pfannen.

Toda Perrault in François sta kričala nanj in metala ponve.

Schockiert und verwirrt rannte Buck in die eisige Kälte hinaus.

Šokiran in zmeden je Buck stekel ven v ledeno mrzlo vodo.

Ein bitterkalter Wind stach ihm in die verletzte Schulter und ließ seine Pfoten erfrieren.

Oster veter mu je pičil v ranjeno ramo in mu ozebelil šape.

Er legte sich in den Schnee und versuchte, im Freien zu schlafen.

Legel je v sneg in poskušal spati zunaj na prostem.

Doch die Kälte zwang ihn bald, heftig zitternd wieder aufzustehen.

Toda mraz ga je kmalu prisilil, da je spet vstal, močno se je tresel.

Er wanderte durch das Lager und versuchte, ein wärmeres Plätzchen zu finden.

Sprehajal se je po taboru in iskal toplejši kotiček.

Aber jede Ecke war genauso kalt wie die vorherige.

A vsak kotiček je bil prav tako hladen kot prejšnji.

Manchmal sprangen ihn wilde Hunde aus der Dunkelheit an.

Včasih so nanj iz teme skakali divji psi.

Buck sträubte sein Fell, fletschte die Zähne und knurrte warnend.

Buck se je naježil, pokazal zobe in svarilno zarenčal.

Er lernte schnell und die anderen Hunde zogen sich schnell zurück.

Hitro se je učil, drugi psi pa so se hitro umaknili.

Trotzdem hatte er keinen Platz zum Schlafen und keine Ahnung, was er tun sollte.

Kljub temu ni imel kje spati in ni vedel, kaj naj stori.

Endlich kam ihm ein Gedanke: Er sollte nach seinen Teamkollegen sehen.

Končno se mu je porodila misel – preveriti, kako so njegovi soigralci.

Er kehrte in ihre Gegend zurück und war überrascht, dass sie verschwunden waren.

Vrnil se je na njihovo območje in bil presenečen, ko jih ni več.

Erneut durchsuchte er das Lager, konnte sie jedoch immer noch nicht finden.

Ponovno je preiskal tabor, a jih še vedno ni mogel najti.

Er wusste, dass sie nicht im Zelt sein durften, sonst wäre er auch dort gewesen.

Vedel je, da ne smejo biti v šotoru, sicer bi bil tudi on.

Wo also waren all die Hunde in diesem eisigen Lager geblieben?
Kam so torej šli vsi psi v tem zamrznjenem taboru?
Buck, kalt und elend, umrundete langsam das Zelt.
Buck, premražen in nesrečen, je počasi krožil okoli šotora.
Plötzlich sanken seine Vorderbeine in den weichen Schnee und er erschrak.
Nenadoma so se mu sprednje noge pogreznile v mehak sneg in ga prestrašile.
Etwas zappelte unter seinen Füßen und er sprang ängstlich zurück.
Nekaj se mu je zvilo pod nogami in od strahu je odskočil nazaj.
Er knurrte und fauchte, ohne zu wissen, was sich unter dem Schnee verbarg.
Rjovel je in renčal, ne da bi vedel, kaj se skriva pod snegom.
Dann hörte er ein freundliches kleines Bellen, das seine Angst linderte.
Nato je zaslišal prijazno tiho lajanje, ki je pomirilo njegov strah.
Er schnüffelte in der Luft und kam näher, um zu sehen, was verborgen war.
Povohal je zrak in se približal, da bi videl, kaj se skriva.
Unter dem Schnee lag, zu einer warmen Kugel zusammengerollt, der kleine Billee.
Pod snegom, zvita v toplo klobčič, je bila mala Billee.
Billee wedelte mit dem Schwanz und leckte Bucks Gesicht zur Begrüßung.
Billee je mahal z repom in Bucku v pozdrav polizal obraz.
Buck sah, wie Billee im Schnee einen Schlafplatz gebaut hatte.
Buck je videl, kako si je Billee v snegu naredila spalno mesto.
Er hatte sich eingegraben und nutzte seine eigene Wärme, um sich warm zu halten.
Izkopal se je in uporabljal lastno toploto, da se je ogrel.
Buck hatte eine weitere Lektion gelernt – so schliefen die Hunde.

Buck se je naučil še ene lekcije – tako so spali psi.

Er suchte sich eine Stelle aus und begann, sein eigenes Loch in den Schnee zu graben.

Izbral si je mesto in začel kopati svojo luknjo v snegu.

Anfangs bewegte er sich zu viel und verschwendete Energie.

Sprva se je preveč gibal in zapravljal energijo.

Doch bald erwärmte sein Körper den Raum und er fühlte sich sicher.

Toda kmalu je njegovo telo ogrelo prostor in počutil se je varnega.

Er rollte sich fest zusammen und schlief bald fest.

Tesno se je zvil in kmalu je trdno zaspal.

Der Tag war lang und hart gewesen und Buck war erschöpft.

Dan je bil dolg in naporen, Buck pa je bil izčrpan.

Er schlief tief und fest, obwohl seine Träume wild waren.

Spal je trdno in udobno, čeprav so bile njegove sanje divje.

Er knurrte und bellte im Schlaf und wand sich im Traum.

V spanju je renčal in lajal, se zvijal, ko je sanjal.

Buck wachte erst auf, als im Lager bereits Leben erwachte.

Buck se ni zbudil, dokler se tabor že ni začel prebujati.

Zuerst wusste er nicht, wo er war oder was passiert war.

Sprva ni vedel, kje je ali kaj se je zgodilo.

Über Nacht war Schnee gefallen und hatte seinen Körper vollständig begraben.

Ponoči je zapadel sneg in njegovo truplo popolnoma pokopal.

Der Schnee umgab ihn von allen Seiten dicht.

Sneg ga je tesno pritiskal okoli njega z vseh strani.

Plötzlich durchfuhr eine Welle der Angst Bucks ganzen Körper.

Nenadoma je Bucka preplavil val strahu.

Es war die Angst, gefangen zu sein, eine Angst aus tiefen Instinkten.

Bil je strah pred ujetostjo, strah, ki je izhajal iz globokih nagonov.

Obwohl er noch nie eine Falle gesehen hatte, lebte die Angst in ihm.

Čeprav še nikoli ni videl pasti, je strah živel v njem.

Er war ein zahmer Hund, aber jetzt erwachten seine alten wilden Instinkte.

Bil je ukročen pes, a zdaj so se v njem prebujali stari divji nagoni.

Bucks Muskeln spannten sich an und sein Fell stellte sich auf seinem ganzen Rücken auf.

Buckove mišice so se napele in dlaka se mu je postavila naježiti po vsem hrbtu.

Er knurrte wild und sprang senkrecht durch den Schnee nach oben.

Divje je zarenčal in skočil naravnost skozi sneg.

Als er ins Tageslicht trat, flog Schnee in alle Richtungen.

Sneg je letel na vse strani, ko je prihitel na dnevno svetlobo.

Schon vor der Landung sah Buck das Lager vor sich ausgebreitet.

Še pred pristankom je Buck videl tabor, ki se je razprostiral pred njim.

Er erinnerte sich auf einmal an alles vom Vortag.

Vsega od prejšnjega dne se je spomnil naenkrat.

Er erinnerte sich daran, wie er mit Manuel spazieren gegangen war und an diesem Ort gelandet war.

Spomnil se je sprehoda z Manuelom in kako je končal na tem mestu.

Er erinnerte sich daran, wie er das Loch gegraben hatte und in der Kälte eingeschlafen war.

Spomnil se je, kako je izkopal luknjo in zaspal v mrazu.

Jetzt war er wach und die wilde Welt um ihn herum war klar.

Zdaj je bil buden in divji svet okoli njega je bil jasen.

Ein Ruf von François begrüßte Bucks plötzliches Auftauchen.

François je vzkliknil in pozdravil Buckov nenadni pojav.

„Was habe ich gesagt?", rief der Hundeführer Perrault laut zu.

„Kaj sem rekel?" je voznik psa glasno zavpil Perraultu.

„Dieser Buck lernt wirklich sehr schnell", fügte François hinzu.

„Ta Buck se res hitro uči," je dodal François.

Perrault nickte ernst und war offensichtlich mit dem Ergebnis zufrieden.

Perrault je resno prikimal, očitno zadovoljen z rezultatom.

Als Kurier für die kanadische Regierung beförderte er Depeschen.

Kot kurir za kanadsko vlado je prenašal depeše.

Er war bestrebt, die besten Hunde für seine wichtige Mission zu finden.

Želel si je najti najboljše pse za svojo pomembno misijo.

Er war besonders erfreut, dass Buck nun Teil des Teams war.

Še posebej zadovoljen je bil zdaj, ko je bil Buck del ekipe.

Innerhalb einer Stunde kamen drei weitere Huskies zum Team hinzu.

V eni uri so ekipi dodali še tri haskije.

Damit betrug die Gesamtzahl der Hunde im Team neun.

S tem se je skupno število psov v ekipi povečalo na devet.

Innerhalb von fünfzehn Minuten lagen alle Hunde im Geschirr.

V petnajstih minutah so bili vsi psi v oprsnicah.

Das Schlittenteam schwang sich den Weg hinauf in Richtung Dyea Cañon.

Sankaška vprega se je vzpenjala po poti proti kanjonu Dyea.

Buck war froh, gehen zu können, auch wenn die Arbeit, die vor ihm lag, hart war.

Buck je bil vesel, da odhaja, četudi je bilo delo pred njim težko.

Er stellte fest, dass er weder die Arbeit noch die Kälte besonders verabscheute.

Ugotovil je, da ne prezira dela ali mraza.

Er war überrascht von der Begeisterung, die das gesamte Team erfüllte.

Presenetilo ga je navdušenje, ki je preplavilo celotno ekipo.

Noch überraschender war die Veränderung, die bei Dave und Solleks vor sich ging.

Še bolj presenetljiva je bila sprememba, ki se je zgodila Daveu in Solleksu.

Diese beiden Hunde waren völlig unterschiedlich, als sie ein Geschirr trugen.

Ta dva psa sta bila popolnoma različna, ko sta bila vprežena.

Ihre Passivität und Sorglosigkeit waren völlig verschwunden.

Njihova pasivnost in pomanjkanje skrbi sta popolnoma izginili.

Sie waren aufmerksam und aktiv und bestrebt, ihre Arbeit gut zu machen.

Bili so pozorni in aktivni ter so želeli dobro opraviti svoje delo.

Sie reagierten äußerst verärgert über alles, was zu Verzögerungen oder Verwirrung führte.

Postali so hudo razdraženi zaradi vsega, kar je povzročalo zamudo ali zmedo.

Die harte Arbeit an den Zügeln stand im Mittelpunkt ihres gesamten Wesens.

Trdo delo na vajetih je bilo središče njihovega celotnega bitja.

Das Schlittenziehen schien das Einzige zu sein, was ihnen wirklich Spaß machte.

Zdelo se je, da je vleka sani edina stvar, v kateri so resnično uživali.

Dave war am Ende der Gruppe und dem Schlitten am nächsten.

Dave je bil na zadnjem delu skupine, najbližje sani.

Buck landete vor Dave und Solleks zog an Buck vorbei.

Buck je bil postavljen pred Davea, Solleks pa je prevzel Bucka.

Die übrigen Hunde liefen in einer Reihe vorn.

Ostali psi so bili razporejeni naprej v vrsti po eno.

Die Führungsposition an der Spitze besetzte Spitz.

Vodilni položaj na čelu je zasedel Spitz.

Buck war zur Einweisung zwischen Dave und Solleks platziert worden.

Bucka so zaradi navodil postavili med Davea in Solleksa.

Er lernte schnell und sie waren strenge und fähige Lehrer.

Hitro se je učil, učitelja pa sta bila odločna in sposobna.

Sie ließen nie zu, dass Buck lange im Irrtum blieb.
Nikoli niso dovolili, da bi Buck dolgo ostal v zmoti.
Sie erteilten ihre Lektionen, wenn nötig, mit scharfen
Zähnen.
Po potrebi so svoje lekcije učili z ostrimi zobmi.
Dave war fair und zeigte eine ruhige, ernste Art von
Weisheit.
Dave je bil pravičen in je kazal tiho, resno modrost.
Er hat Buck nie ohne guten Grund gebissen.
Nikoli ni ugriznil Bucka brez tehtnega razloga za to.
Aber er hat es nie versäumt, zuzubeißen, wenn Buck eine
Korrektur brauchte.
Ampak nikoli ni opustil ugriza, ko je Bucka treba popraviti.
François' Peitsche war immer bereit und untermauerte ihre
Autorität.
Françoisov bič je bil vedno pripravljen in je podpiral njihovo
avtoriteto.
Buck merkte bald, dass es besser war zu gehorchen, als sich
zu wehren.
Buck je kmalu ugotovil, da je bolje ubogati kot pa se braniti.
Einmal verhedderte sich Buck während einer kurzen Pause
in den Zügeln.
Nekoč se je Buck med kratkim počitkom zapletel v vajeti.
Er verzögerte den Start und brachte die Bewegungen des
Teams durcheinander.
Zavlekel je začetek in zmedel gibanje ekipe.
Dave und Solleks stürzten sich auf ihn und verprügelten ihn
brutal.
Dave in Solleks sta se nanj pognala in ga hudo pretepla.
Das Gewirr wurde nur noch schlimmer, aber Buck lernte
seine Lektion.
Zaplet se je samo še poslabšal, a Buck se je dobro naučil
lekcije.
Von da an hielt er die Zügel straff und arbeitete vorsichtig.
Od takrat naprej je vajeti držal napete in delal previdno.
Bevor der Tag zu Ende war, hatte Buck einen Großteil seiner
Aufgabe gemeistert.

Pred koncem dneva je Buck obvladal večino svoje naloge.

Seine Teamkollegen hörten fast auf, ihn zu korrigieren oder zu beißen.

Njegovi soigralci so ga skoraj nehali popravljati ali grizeti.

François' Peitsche knallte immer seltener durch die Luft.

Françoisov bič je vedno redkeje pokal po zraku.

Perrault hob sogar Bucks Füße an und untersuchte sorgfältig jede Pfote.

Perrault je celo dvignil Buckove noge in skrbno pregledal vsako šapo.

Es war ein harter Tageslauf gewesen, lang und anstrengend für alle.

Bil je naporen dan teka, dolg in naporen za vse.

Sie reisten den Cañon hinauf, durch Sheep Camp und an den Scales vorbei.

Potovali so po kanjonu navzgor, skozi Ovčji tabor in mimo Tehtnic.

Sie überquerten die Baumgrenze, dann Gletscher und meterhohe Schneeverwehungen.

Prečkali so gozdno mejo, nato ledenike in snežne zamete, globoke več metrov.

Sie erklommen die große, kalte und unwirtliche Chilkoot-Wasserscheide.

Preplezali so veliko mrzlo in prepovedno pregrado Chilkoot.

Dieser hohe Bergrücken lag zwischen Salzwasser und dem gefrorenen Landesinneren.

Ta visoki greben je stal med slano vodo in zamrznjeno notranjostjo.

Die Berge bewachten den traurigen und einsamen Norden mit Eis und steilen Anstiegen.

Gore so z ledom in strmimi vzponi varovale žalosten in osamljen Sever.

Sie kamen gut voran und erreichten eine lange Kette von Seen unterhalb der Wasserscheide.

Dobro so se spustili po dolgi verigi jezer pod razvodjem.

Diese Seen füllten die alten Krater erloschener Vulkane.

Ta jezera so zapolnila starodavne kraterje ugaslih vulkanov.

Spät in der Nacht erreichten sie ein großes Lager am Lake Bennett.

Pozno tisto noč so prispeli do velikega tabora ob jezeru Bennett.

Tausende Goldsucher waren dort und bauten Boote für den Frühling.

Tam je bilo na tisoče iskalcev zlata, ki so gradili čolne za pomlad.

Das Eis würde bald aufbrechen und sie mussten bereit sein.

Led se bo kmalu stopil in morali so biti pripravljeni.

Buck grub sein Loch in den Schnee und fiel in einen tiefen Schlaf.

Buck si je izkopal luknjo v snegu in trdno zaspal.

Er schlief wie ein Arbeiter, erschöpft von einem harten Arbeitstag.

Spal je kot delavec, izčrpan od napornega dneva dela.

Doch zu früh wurde er in der Dunkelheit aus dem Schlaf gerissen.

Toda prezgodaj v temi so ga zbudili iz spanca.

Er wurde wieder mit seinen Kumpels angeschirrt und vor den Schlitten gespannt.

Ponovno so ga vpregli skupaj s tovariši in ga privezali na sani.

An diesem Tag legten sie sechzig Kilometer zurück, weil der Schnee festgetreten war.

Tisti dan so prevozili štirideset milj, ker je bil sneg dobro uhojen.

Am nächsten Tag und noch viele Tage danach war der Schnee weich.

Naslednji dan in še mnogo dni zatem je bil sneg mehak.

Sie mussten den Weg selbst bahnen, härter arbeiten und langsamer vorankommen.

Pot so si morali utreti sami, pri čemer so delali bolj intenzivno in se premikali počasneje.

Normalerweise ging Perrault mit Schwimmhäuten an den Schneeschuhen vor dem Team her.

Običajno je Perrault hodil pred ekipo s krpljami, prepletenimi s plavalno mrežo.

Seine Schritte verdichteten den Schnee und erleichterten so die Fortbewegung des Schlittens.

Njegovi koraki so zbili sneg, zaradi česar so se sani lažje premikale.

François, der vom Steuerstand aus steuerte, übernahm manchmal die Kontrolle.

François, ki je krmaril z merilnega droga, je včasih prevzel krmilo.

Aber es kam selten vor, dass François die Führung übernahm

A François je le redko prevzel vodstvo.

weil Perrault es eilig hatte, die Briefe und Pakete auszuliefern.

ker se je Perraultu mudilo z dostavo pisem in paketov.

Perrault war stolz auf sein Wissen über Schnee und insbesondere Eis.

Perrault je bil ponosen na svoje znanje o snegu, še posebej o ledu.

Dieses Wissen war von entscheidender Bedeutung, da das Eis im Herbst gefährlich dünn war.

To znanje je bilo bistveno, saj je bil jesenski led nevarno tanek.

Wo das Wasser unter der Oberfläche schnell floss, gab es überhaupt kein Eis.

Kjer je voda pod površino hitro tekla, ledu sploh ni bilo.

Tag für Tag wiederholte sich endlos die gleiche Routine.

Dan za dnem se je ista rutina ponavljala brez konca.

Buck arbeitete unermüdlich von morgens bis abends in den Zügeln.

Buck se je od zore do noči neskončno trudil z vajeti.

Sie verließen das Lager im Dunkeln, lange bevor die Sonne aufgegangen war.

Tabor so zapustili v temi, veliko preden je sonce vzšlo.

Als es Tag wurde, hatten sie bereits viele Kilometer zurückgelegt.

Ko se je zdanilo, je bilo za njimi že veliko kilometrov.

Sie schlugen ihr Lager nach Einbruch der Dunkelheit auf, aßen Fisch und gruben sich in den Schnee ein.

Tabor so postavili po temi, jedli ribe in se zakopali v sneg.

Buck war immer hungrig und mit seiner Ration nie wirklich zufrieden.

Buck je bil vedno lačen in nikoli zares zadovoljen s svojim obrokom.

Er erhielt jeden Tag anderthalb Pfund getrockneten Lachs.

Vsak dan je prejel funt in pol posušenega lososa.

Doch das Essen schien in ihm zu verschwinden und ließ den Hunger zurück.

A zdelo se je, da hrana v njem izgine in za seboj pusti lakoto.

Er litt unter ständigem Hunger und träumte von mehr Essen.

Trpel je zaradi nenehnih napadov lakote in sanjal je o več hrane.

Die anderen Hunde haben nur ein Pfund abgenommen, sind aber stark geblieben.

Drugi psi so dobili le pol kilograma hrane, vendar so ostali močni.

Sie waren kleiner und in das Leben im Norden hineingeboren.

Bili so manjši in so se rodili v severnem načinu življenja.

Er verlor rasch die Sorgfalt, die sein früheres Leben geprägt hatte.

Hitro je izgubil pedantnost, ki je zaznamovala njegovo prejšnje življenje.

Er war ein gieriger Esser gewesen, aber jetzt war das nicht mehr möglich.

Bil je slasten jedec, zdaj pa to ni bilo več mogoče.

Seine Kameraden waren zuerst fertig und raubten ihm seine noch nicht aufgegessene Ration.

Njegovi prijatelji so prvi končali in ga oropali njegovega neporabljenega obroka.

Als sie einmal damit anfingen, gab es keine Möglichkeit mehr, sein Essen vor ihnen zu verteidigen.

Ko so enkrat začeli, ni bilo več načina, da bi pred njimi ubranil svoje hrane.

Während er zwei oder drei Hunde abwehrte, stahlen die anderen den Rest.

Medtem ko se je boril z dvema ali tremi psi, so drugi ukradli preostale.

Um dies zu beheben, begann er, so schnell zu essen wie die anderen.

Da bi to popravil, je začel jesti tako hitro kot drugi.

Der Hunger trieb ihn so sehr an, dass er sogar Essen zu sich nahm, das ihm nicht gehörte.

Lakota ga je tako močno gnala, da je jedel celo hrano, ki ni bila njegova.

Er beobachtete die anderen und lernte schnell aus ihren Handlungen.

Opazoval je druge in se iz njihovih dejanj hitro učil.

Er sah, wie Pike, ein neuer Hund, Perrault eine Scheibe Speck stahl.

Videl je Pikea, novega psa, kako je Perraultu ukradel rezino slanine.

Pike hatte gewartet, bis Perrault sich umdrehte, um den Speck zu stehlen.

Pike je počakal, da se Perrault obrne proti njemu, preden mu je ukradel slanino.

Am nächsten Tag machte Buck es Pike nach und stahl das ganze Stück.

Naslednji dan je Buck kopiral Pikea in ukradel celoten kos.

Es folgte ein großer Aufruhr, doch Buck wurde nicht verdächtigt.

Sledil je velik hrup, a Bucka nihče ni sumil.

Stattdessen wurde Dub bestraft, ein tollpatschiger Hund, der immer erwischt wurde.

Namesto tega je bil kaznovan Dub, neroden pes, ki se je vedno pustil ujeti.

Dieser erste Diebstahl machte Buck zu einem Hund, der in der Lage war, im Norden zu überleben.

Ta prva tatvina je Bucka označila za psa, primernega za preživetje na severu.

Er zeigte, dass er sich an neue Bedingungen anpassen und schnell lernen konnte.

Pokazal je, da se zna hitro prilagajati novim razmeram in se učiti.

Ohne diese Anpassungsfähigkeit wäre er schnell und auf schlimme Weise gestorben.

Brez takšne prilagodljivosti bi hitro in hudo umrl.

Es markierte auch den Zusammenbruch seiner moralischen Natur und seiner früheren Werte.

To je zaznamovalo tudi zlom njegove moralne narave in preteklih vrednot.

Im Südland hatte er nach dem Gesetz der Liebe und Güte gelebt.

V Južni deželi je živel po zakonu ljubezni in prijaznosti.

Dort war es sinnvoll, Eigentum und die Gefühle anderer Hunde zu respektieren.

Tam je bilo smiselno spoštovati lastnino in čustva drugih psov.

Aber das Nordland befolgte das Gesetz der Keule und das Gesetz der Reißzähne.

Toda Severnjaki so sledili zakonu palice in zakonu zob.

Wer hier alte Werte respektierte, war dumm und würde scheitern.

Kdorkoli je tukaj spoštoval stare vrednote, je bil neumen in bi propadel.

Buck hat das alles nicht durchdacht.

Buck si ni vsega tega premislil.

Er war fit und passte sich daher an, ohne darüber nachdenken zu müssen.

Bil je v formi, zato se je prilagodil, ne da bi moral razmišljati.

Sein ganzes Leben lang war er noch nie vor einem Kampf davongelaufen.

Vse življenje ni nikoli pobegnil pred pretepom.

Doch die Holzkeule des Mannes im roten Pullover änderte diese Regel.

Toda lesena palica moškega v rdečem puloverju je to pravilo spremenila.

Jetzt folgte er einem tieferen, älteren Code, der in sein Wesen eingeschrieben war.
Zdaj je sledil globlji, starejši kodi, vpisani v njegovo bitje.

Er stahl nicht aus Vergnügen, sondern aus Hunger.
Ni kradel iz užitka, ampak iz bolečine lakote.

Er raubte nie offen, sondern stahl mit List und Sorgfalt.
Nikoli ni odkrito ropal, ampak je kradel zvito in previdno.

Er handelte aus Respekt vor der Holzkeule und aus Angst vor dem Fangzahn.
Ravnal je iz spoštovanja do lesene palice in strahu pred očnjakom.

Kurz gesagt, er hat das getan, was einfacher und sicherer war, als es nicht zu tun.
Skratka, naredil je tisto, kar je bilo lažje in varneje kot pa da tega ne stori.

Seine Entwicklung – oder vielleicht seine Rückkehr zu alten Instinkten – verlief schnell.
Njegov razvoj – ali morda njegova vrnitev k starim nagonom – je bil hiter.

Seine Muskeln verhärteten sich, bis sie sich stark wie Eisen anfühlten.
Njegove mišice so se otrdele, dokler niso bile močne kot železo.

Schmerzen machten ihm nichts mehr aus, es sei denn, sie waren ernst.
Bolečina ga ni več zanimala, razen če je bila resna.

Er wurde durch und durch effizient und verschwendete überhaupt nichts.
Postal je učinkovit znotraj in zunaj, pri čemer ni zapravljal ničesar.

Er konnte Dinge essen, die scheußlich, verdorben oder schwer verdaulich waren.
Lahko je jedel stvari, ki so bile gnusne, gnile ali težko prebavljive.

Was auch immer er aß, sein Magen verbrauchte das letzte bisschen davon.

Karkoli je pojedel, je njegov želodec porabil vse, kar je bilo dragoceno.

Sein Blut transportierte die Nährstoffe weit durch seinen kräftigen Körper.

Njegova kri je hranila prenašala daleč po njegovem močnem telesu.

Dadurch baute er starkes Gewebe auf, das ihm eine unglaubliche Ausdauer verlieh.

To je zgradilo močna tkiva, ki so mu dala neverjetno vzdržljivost.

Sein Seh- und Geruchssinn wurden viel feiner als zuvor.

Njegov vid in voh sta postala veliko bolj občutljiva kot prej.

Sein Gehör wurde so scharf, dass er im Schlaf leise Geräusche wahrnehmen konnte.

Njegov sluh se je tako izostril, da je lahko med spanjem zaznal rahle zvoke.

In seinen Träumen wusste er, ob die Geräusche Sicherheit oder Gefahr bedeuteten.

V sanjah je vedel, ali zvoki pomenijo varnost ali nevarnost.

Er lernte, mit den Zähnen auf das Eis zwischen seinen Zehen zu beißen.

Naučil se je z zobmi grizeti led med prsti na nogah.

Wenn ein Wasserloch zufror, brach er das Eis mit seinen Beinen.

Če je vodna luknja zamrznila, je led prebil z nogami.

Er bäumte sich auf und schlug mit seinen steifen Vorderbeinen hart auf das Eis.

Dvignil se je na zadnje noge in s trdimi sprednjimi okončinami močno udaril ob led.

Seine bemerkenswerteste Fähigkeit war die Vorhersage von Windänderungen über Nacht.

Njegova najbolj presenetljiva sposobnost je bila napovedovanje sprememb vetra čez noč.

Selbst bei Windstille suchte er sich windgeschützte Stellen aus.

Tudi ko je bil zrak miren, je izbiral mesta, zaščitena pred vetrom.

Wo auch immer er sein Nest grub, der Wind des nächsten Tages strich an ihm vorbei.

Kjerkoli si je izkopal gnezdo, ga je naslednji dan veter šel mimo.

Er landete immer gemütlich und geschützt, in Lee der Brise.

Vedno se je našel udobno in zaščiteno, v zavetrju pred vetričem.

Buck hat nicht nur durch Erfahrung gelernt – auch seine Instinkte sind zurückgekehrt.

Buck se ni učil le iz izkušenj – vrnili so se tudi njegovi instinkti.

Die Gewohnheiten der domestizierten Generationen begannen zu verschwinden.

Navade udomačenih generacij so začele izgubljati.

Er erinnerte sich vage an die alten Zeiten seiner Rasse.

Nekako se je spominjal davnih časov svoje vrste.

Er dachte an die Zeit zurück, als wilde Hunde in Rudeln durch die Wälder rannten.

Spomnil se je časov, ko so divji psi v krdelih tekli po gozdovih.

Sie hatten ihre Beute gejagt und getötet, während sie sie verfolgten.

Med zasledovanjem so lovili in ubili svoj plen.

Buck lernte leicht, mit Biss und Schnelligkeit zu kämpfen.

Buck se je zlahka naučil boriti z zobmi in hitrostjo.

Er verwendete Schnitte, Hiebe und schnelle Schnappschüsse, genau wie seine Vorfahren.

Uporabljal je reze, poševne reze in hitre udarce, tako kot njegovi predniki.

Diese Vorfahren regten sich in ihm und erweckten seine wilde Natur.

Ti predniki so se v njem prebudili in prebudili njegovo divjo naravo.

Ihre alten Fähigkeiten waren ihm durch die Blutlinie vererbt worden.

Njihove stare veščine so se nanj prenesle po krvni liniji.

Ihre Tricks gehörten ihm nun, ohne dass er üben oder sich anstrengen musste.

Njihovi triki so bili zdaj njegovi, brez vaje ali truda.

In stillen, kalten Nächten hob Buck die Nase und heulte.
V mirnih, hladnih nočeh je Buck dvignil nos in zavil.
Er heulte lang und tief, so wie es die Wölfe vor langer Zeit getan hatten.
Zavil je dolgo in globoko, kot so to počeli volkovi nekoč davno.
Durch ihn streckten seine toten Vorfahren ihre Nasen und heulten.
Skozi njega so njegovi mrtvi predniki kazali nosove in zavijali.
Sie heulten durch die Jahrhunderte mit seiner Stimme und Gestalt.
Z njegovim glasom in obliko so tulili skozi stoletja.
Seine Kadenzen waren ihre, alte Schreie, die von Kummer und Kälte erzählten.
Njegove kadence so bile njihove, stari kriki, ki so pripovedovali o žalosti in mrazu.
Sie sangen von Dunkelheit, Hunger und der Bedeutung des Winters.
Peli so o temi, lakoti in pomenu zime.
Buck bewies, wie das Leben von Kräften jenseits des eigenen Ichs geprägt wird.
Buck je dokazal, kako življenje oblikujejo sile, ki presegajo samega sebe.
Das uralte Lied stieg durch Buck auf und ergriff seine Seele.
Starodavna pesem se je dvignila skozi Bucka in ga prevzela v duši.
Er fand sich selbst, weil Menschen im Norden Gold gefunden hatten.
Našel se je, ker so moški na severu našli zlato.
Und er fand sich selbst, weil Manuel, der Gärtnergehilfe, Geld brauchte.
In znašel se je, ker je Manuel, vrtnarjev pomočnik, potreboval denar.

Das dominante Urtier
Prevladujoča prvobitna zver

In Buck war das dominante Urtier so stark wie eh und je.
Dominantna prvobitna zver je bila v Bucku močna kot vedno.
Doch das dominante Urtier hatte in ihm geschlummert.
Toda dominantna prvobitna zver je v njem spela.
Das Leben auf dem Trail war hart, aber es stärkte das Tier in Buck.
Življenje na poti je bilo kruto, a je okrepilo zver v Bucku.
Insgeheim wurde das Biest von Tag zu Tag stärker.
Zver je na skrivaj postajala vsak dan močnejša in močnejša.
Doch dieses innere Wachstum blieb der Außenwelt verborgen.
Toda ta notranja rast je ostala skrita zunanjemu svetu.
In Buck baute sich eine stille und ruhige Urkraft auf.
V Bucku se je gradila tiha in mirna prvobitna sila.
Neue Gerissenheit verlieh Buck Gleichgewicht, Ruhe und Selbstbeherrschung.
Nova zvitost je Bucku dala ravnotežje, miren nadzor in držo.
Buck konzentrierte sich sehr auf die Anpassung und fühlte sich nie völlig entspannt.
Buck se je močno osredotočil na prilagajanje, nikoli se ni počutil popolnoma sproščenega.
Er ging Konflikten aus dem Weg, fing nie Streit an und suchte auch nie Ärger.
Izogibal se je konfliktom, nikoli ni začenjal prepirov ali iskal težav.
Jede Bewegung von Buck war von langsamer, stetiger Nachdenklichkeit geprägt.
Počasna, enakomerna premišljenost je oblikovala vsako Buckovo potezo.
Er vermied überstürzte Entscheidungen und plötzliche, rücksichtslose Entschlüsse.
Izogibal se je prenagljenim odločitvam in nenadnim, nepremišljenim odločitvam.

Obwohl Buck Spitz zutiefst hasste, zeigte er ihm gegenüber keine Aggression.

Čeprav je Buck globoko sovražil Spitza, ni kazal nobene agresije do njega.

Buck hat Spitz nie provoziert und sein Verhalten zurückhaltend gehalten.

Buck ni nikoli izzival Spitza in je svoja dejanja držal zadržan.

Spitz hingegen spürte die wachsende Gefahr, die von Buck ausging.

Spitz pa je začutil naraščajočo nevarnost v Bucku.

Er sah in Buck eine Bedrohung und eine ernsthafte Herausforderung seiner Macht.

Bucka je videl kot grožnjo in resen izziv svoji moči.

Er nutzte jede Gelegenheit, um zu knurren und seine scharfen Zähne zu zeigen.

Izkoristil je vsako priložnost, da je zarenčal in pokazal svoje ostre zobe.

Er versuchte, den tödlichen Kampf zu beginnen, der bevorstand.

Poskušal je začeti smrtonosni boj, ki je moral priti.

Schon zu Beginn der Reise wäre es beinahe zu einem Streit zwischen ihnen gekommen.

Na začetku potovanja se je med njima skoraj vnel pretep.

Doch ein unerwarteter Unfall verhinderte den Kampf.

Toda nepričakovana nesreča je preprečila pretep.

An diesem Abend schlugen sie ihr Lager am bitterkalten Lake Le Barge auf.

Tistega večera so postavili tabor ob mrzlem jezeru Le Barge.

Es schneite heftig und der Wind war schneidend wie ein Messer.

Sneg je močno padal, veter pa je rezal kot nož.

Die Nacht war zu schnell hereingebrochen und Dunkelheit umgab sie.

Noč je prišla prehitro in tema jih je obdajala.

Sie hätten sich kaum einen schlechteren Ort zum Ausruhen aussuchen können.

Težko bi si lahko izbrali slabši kraj za počitek.

Die Hunde suchten verzweifelt nach einem Platz zum Hinlegen.

Psi so obupano iskali prostor, kjer bi se lahko ulegli.

Hinter der kleinen Gruppe erhob sich steil eine hohe Felswand.

Za majhno skupino se je strmo dvigala visoka skalna stena.

Das Zelt wurde in Dyea zurückgelassen, um die Last zu erleichtern.

Šotor so pustili v Dyei, da bi olajšali breme.

Ihnen blieb nichts anderes übrig, als das Feuer auf dem Eis selbst zu machen.

Niso imeli druge izbire, kot da ogenj zakurijo na ledu.

Sie breiten ihre Schlafmäntel direkt auf dem zugefrorenen See aus.

Svoje spalne halje so razprostrli neposredno na zamrznjenem jezeru.

Ein paar Stücke Treibholz gaben ihnen ein wenig Feuer.

Nekaj naplavljenih lesenih palic jim je dalo malo ognja.

Doch das Feuer wurde auf dem Eis entfacht und taute hindurch.

Toda ogenj je bil zaneten na ledu in se je skozenj stopil.

Schließlich aßen sie ihr Abendessen im Dunkeln.

Končno so večerjali v temi.

Buck rollte sich neben dem Felsen zusammen, geschützt vor dem kalten Wind.

Buck se je zvil ob skali, zaveten pred mrzlim vetrom.

Der Platz war so warm und sicher, dass Buck es hasste, wegzugehen.

Kraj je bil tako topel in varen, da se Buck ni hotel odseliti.

Aber François hatte den Fisch aufgewärmt und verteilte die Rationen.

Toda François je pogrel ribo in delil obroke.

Buck aß schnell fertig und ging zurück in sein Bett.

Buck je hitro pojedel in se vrnil v posteljo.

Aber Spitz lag jetzt dort, wo Buck sein Bett gemacht hatte.

Toda Spitz je zdaj ležal tam, kjer mu je Buck postavil posteljo.

Ein leises Knurren warnte Buck, dass Spitz sich weigerte, sich zu bewegen.

Tih renčanje je Bucka opozorilo, da se Spitz noče premakniti.

Bisher hatte Buck diesen Kampf mit Spitz vermieden.

Do sedaj se je Buck temu boju s Spitzom izogibal.

Doch tief in Bucks Innerem brach das Biest schließlich aus.

Toda globoko v Bucku se je zver končno sprostila.

Der Diebstahl seines Schlafplatzes war zu viel für ihn.

Kraja njegovega spalnega prostora je bila preveč huda, da bi jo prenesel.

Buck stürzte sich voller Wut und Zorn auf Spitz.

Buck se je poln jeze in besa pognal proti Spitzu.

Bis jetzt hatte Spitz gedacht, Buck sei bloß ein großer Hund.

Do nedavnega je Spitz mislil, da je Buck samo velik pes.

Er glaubte nicht, dass Buck durch seinen Geist überlebt hatte.

Ni mislil, da je Buck preživel po zaslugi svojega duha.

Er erwartete Angst und Feigheit, nicht Wut und Rache.

Pričakoval je strah in strahopetnost, ne pa besa in maščevanja.

François starrte die beiden Hunde an, als sie aus dem zerstörten Nest stürmten.

François je strmel, ko sta oba psa planila iz porušenega gnezda.

Er verstand sofort, was den wilden Kampf ausgelöst hatte.

Takoj je razumel, kaj je sprožilo divji boj.

„Aa-ah!", rief François, um dem braunen Hund zuzujubeln.

„Aa-ah!" je François vzkliknil v podporo rjavemu psu.

„Verprügelt ihn! Bei Gott, bestraft diesen hinterhältigen Dieb!"

"Daj mu tep! Pri Bogu, kaznuj tega prebrisanega tatu!"

Spitz zeigte gleichermaßen Bereitschaft und wilden Kampfeswillen.

Spitz je pokazal enako pripravljenost in divjo vnemo za boj.

Er schrie wütend auf, während er schnell im Kreis kreiste und nach einer Öffnung suchte.

Medtem ko je hitro krožil in iskal odprtino, je besno zavpil.

Buck zeigte den gleichen Kampfeshunger und die gleiche Vorsicht.

Buck je pokazal enako lakoto po boju in enako previdnost.

Auch er umkreiste seinen Gegner und versuchte, im Kampf die Oberhand zu gewinnen.

Obkrožil je tudi svojega nasprotnika in poskušal pridobiti premoč v boju.

Dann geschah etwas Unerwartetes und veränderte alles.

Potem se je zgodilo nekaj nepričakovanega in vse spremenilo.

Dieser Moment verzögerte den letztendlichen Kampf um die Führung.

Ta trenutek je odložil morebitni boj za vodstvo.

Bis zum Ende warteten noch viele Meilen voller Mühe und Anstrengung.

Pred koncem je čakalo še veliko kilometrov poti in truda.

Perrault stieß einen Fluch aus, als eine Keule auf Knochen schlug.

Perrault je zakričal, ko je palica udarila ob kost.

Es folgte ein scharfer Schmerzensschrei, dann brach überall Chaos aus.

Sledil je oster krik bolečine, nato pa je naokoli eksplodiral kaos.

Dunkle Gestalten bewegten sich im Lager; wilde Huskys, ausgehungert und wild.

V taboru so se premikale temne postave; divji haskiji, sestradani in divji.

Vier oder fünf Dutzend Huskys hatten das Lager von weitem erschnüffelt.

Štiri ali pet ducatov haskijev je že od daleč zavohalo tabor.

Sie hatten sich leise hineingeschlichen, während die beiden Hunde in der Nähe kämpften.

Tiho so se priplazili noter, medtem ko sta se v bližini prepirala psa.

François und Perrault griffen an und schwangen Knüppel auf die Eindringlinge.

François in Perrault sta planila v napad in zamahnila s palicami proti napadalcem.

Die ausgehungerten Huskies zeigten ihre Zähne und
wehrten sich rasend.

Sestradani haskiji so pokazali zobe in se besno branili.

Der Geruch von Fleisch und Brot hatte sie alle Angst
vertreiben lassen.

Vonj mesa in kruha jih je pregnal izven strahu.

Perrault schlug einen Hund, der seinen Kopf in der
Fresskiste vergraben hatte.

Perrault je pretepel psa, ki je zakopal glavo v hlevu za hrano.

Der Schlag war hart, die Schachtel kippte um und das Essen
quoll heraus.

Udarec je bil močan, škatla se je prevrnila in hrana se je
razsula ven.

Innerhalb von Sekunden rissen sich zwanzig wilde Tiere
über das Brot und das Fleisch her.

V nekaj sekundah je množica divjih zveri raztrgala kruh in
meso.

Die Keulen der Männer landeten Schlag auf Schlag, doch
kein Hund ließ nach.

Moške palice so zadajale udarec za udarcem, a noben pes se ni
obrnil stran.

Sie schrien vor Schmerz, kämpften aber, bis kein Futter
mehr übrig war.

Zavpili so od bolečine, a se borili, dokler jim ni ostalo nič
hrane.

Inzwischen waren die Schlittenhunde aus ihren
verschneiten Betten gesprungen.

Medtem so vlečni psi poskočili iz svojih zasneženih ležišč.

Sie wurden sofort von den bösartigen, hungrigen Huskys
angegriffen.

Takoj so jih napadli zlobni lačni haskiji.

Buck hatte noch nie zuvor so wilde und ausgehungerte Tiere
gesehen.

Buck še nikoli ni videl tako divjih in sestradanih bitij.

Ihre Haut hing lose und verbarg kaum ihr Skelett.

Njihova koža je visela ohlapno in komaj skrivala okostja.

In ihren Augen brannte ein Feuer aus Hunger und Wahnsinn

V njihovih očeh je gorel ogenj od lakote in norosti

Sie waren nicht aufzuhalten, ihrem wilden Ansturm war kein Widerstand zu leisten.

Ni jih bilo mogoče ustaviti; ni se bilo mogoče upreti njihovemu divjemu navalu.

Die Schlittenhunde wurden zurückgedrängt und gegen die Felswand gedrückt.

Vprežne pse so potisnili nazaj, pritisnili ob steno pečine.

Drei Huskies griffen Buck gleichzeitig an und rissen ihm das Fleisch auf.

Trije haskiji so hkrati napadli Bucka in mu trgali meso.

Aus den Schnittwunden an seinem Kopf und seinen Schultern strömte Blut.

Kri mu je tekla iz glave in ramen, kjer je bil porezan.

Der Lärm erfüllte das Lager: Knurren, Jaulen und Schmerzensschreie.

Hrup je napolnil tabor; renčanje, cviljenje in kriki bolečine.

Billee weinte wie immer laut, gefangen im Kampf und in der Panik.

Billee je kot ponavadi glasno jokala, ujeta v prepiru in paniki.

Dave und Solleks standen Seite an Seite, blutend, aber trotzig.

Dave in Solleks sta stala drug ob drugem, krvavela, a kljubovalna.

Joe kämpfte wie ein Dämon und biss alles, was ihm zu nahe kam.

Joe se je boril kot demon in grizel vse, kar se mu je približalo.

Mit einem brutalen Schnappen seines Kiefers zerquetschte er das Bein eines Huskys.

Z enim brutalnim sunkom čeljusti je zdrobil haskiju nogo.

Pike sprang auf den verletzten Husky und brach ihm sofort das Genick.

Ščuka je skočila na ranjenega haskija in mu v trenutku zlomila vrat.

Buck packte einen Husky an der Kehle und riss ihm die Ader auf.

Buck je zgrabil haskija za grlo in mu raztrgal žilo.

Blut spritzte und der warme Geschmack trieb Buck in Raserei.

Kri je brizgala, topel okus pa je Bucka spravil v blaznost.

Ohne zu zögern stürzte er sich auf einen anderen Angreifer.

Brez oklevanja se je vrgel na drugega napadalca.

Im selben Moment gruben sich scharfe Zähne in Bucks Kehle.

V istem trenutku so se ostri zobje zarile v Buckovo grlo.

Spitz hatte von der Seite zugeschlagen und ohne Vorwarnung angegriffen.

Spitz je udaril s strani, napadel je brez opozorila.

Perrault und François hatten die Hunde besiegt, die das Futter stahlen.

Perrault in François sta premagala pse, ki so kradli hrano.

Nun eilten sie ihren Hunden zu Hilfe, um die Angreifer abzuwehren.

Zdaj so hiteli pomagati svojim psom, da bi se uprli napadalcem.

Die ausgehungerten Hunde zogen sich zurück, als die Männer ihre Keulen schwangen.

Sestradani psi so se umaknili, ko so moški zamahnili s palicami.

Buck konnte sich dem Angriff befreien, doch die Flucht war nur von kurzer Dauer.

Buck se je napadu izvlekel, a pobeg je bil kratek.

Die Männer rannten los, um ihre Hunde zu retten, und die Huskies kamen erneut zum Vorschein.

Moški so stekli rešit svoje pse, haskiji pa so se spet zgrinjali.

Billee, der aus Angst Mut fasste, sprang in die Hundemeute.

Billee, prestrašena do poguma, je skočila v krdelo psov.

Doch dann floh er in blanker Angst und Panik über das Eis.

Nato pa je v surovi grozi in paniki zbežal čez led.

Pike und Dub folgten dicht dahinter und rannten um ihr Leben.

Pike in Dub sta tesno za njima tekla in si reševala življenje.

Der Rest des Teams löste sich auf, zerstreute sich und folgte ihnen.

Preostali del ekipe se je razkropil in jim sledil.

Buck nahm all seine Kräfte zusammen, um loszurennen, doch dann sah er einen Blitz.

Buck je zbral moči, da bi stekel, a nato je zagledal blisk.

Spitz stürzte sich auf Buck und versuchte, ihn zu Boden zu schlagen.

Spitz se je pognal k Bucku in ga poskušal zbiti na tla.

Unter dieser Meute von Huskys hätte Buck nicht entkommen können.

Pod to drhaljo haskijev Buck ne bi imel pobega.

Aber Buck blieb standhaft und wappnete sich für den Schlag von Spitz.

Toda Buck je ostal neomajno in se pripravil na Spitzov udarec.

Dann drehte er sich um und rannte mit dem fliehenden Team auf das Eis hinaus.

Nato se je obrnil in stekel na led z bežečo ekipo.

Später versammelten sich die neun Schlittenhunde im Schutz des Waldes.

Kasneje se je devet vprežnih psov zbralo v zavetju gozda.

Niemand verfolgte sie mehr, aber sie waren geschlagen und verwundet.

Nihče jih ni več preganjal, bili pa so pretepeni in ranjeni.

Jeder Hund hatte Wunden; vier oder fünf tiefe Schnitte an jedem Körper.

Vsak pes je imel rane; štiri ali pet globokih ureznin na vsakem telesu.

Dub hatte ein verletztes Hinterbein und konnte kaum noch laufen.

Dub je imel poškodovano zadnjo nogo in je zdaj težko hodil.

Dolly, der neueste Hund aus Dyea, hatte eine aufgeschlitzte Kehle.

Dolly, najnovejša psička iz Dyee, je imela prerezano grlo.

Joe hatte ein Auge verloren und Billees Ohr war in Stücke geschnitten
Joe je izgubil oko, Billee pa je bilo odrezano uho.
Alle Hunde schrien die ganze Nacht vor Schmerz und Niederlage.
Vsi psi so vso noč jokali od bolečine in poraza.
Im Morgengrauen krochen sie wund und gebrochen zurück ins Lager.
Ob zori so se priplazili nazaj v tabor, boleči in zlomljeni.
Die Huskies waren verschwunden, aber der Schaden war angerichtet.
Huskiji so izginili, a škoda je bila storjena.
Perrault und François standen schlecht gelaunt vor der Ruine.
Perrault in François sta slabe volje stala nad ruševinami.
Die Hälfte der Lebensmittel war verschwunden und von den hungrigen Dieben geschnappt worden.
Polovice hrane je izginilo, saj so jo pograbili lačni tatovi.
Die Huskies hatten Schlittenbindungen und Planen zerrissen.
Haskiji so pretrgali vezi in platno sani.
Alles, was nach Essen roch, wurde vollständig verschlungen.
Vse, kar je dišalo po hrani, je bilo popolnoma požrto.
Sie aßen ein Paar von Perraults Reisestiefeln aus Elchleder.
Pojedli so par Perraultovih potovalnih škornjev iz losove kože.
Sie zerkauten Lederreis und ruinierten Riemen, sodass sie nicht mehr verwendet werden konnten.
Žvečili so usnjene reise in uničili jermene do te mere, da so bili neuporabni.
François hörte auf, auf die zerrissene Peitsche zu starren, um nach den Hunden zu sehen.
François je nehal strmeti v raztrgano bičarko, da bi preveril pse.
„Ah, meine Freunde", sagte er mit leiser, besorgter Stimme.
„Ah, prijatelji moji," je rekel s tihim, zaskrbljenim glasom.
„Vielleicht verwandeln euch all diese Bisse in tollwütige Tiere."

"Morda vas bodo vsi ti ugrizi spremenili v nore zveri."

„Vielleicht alles tollwütige Hunde, heiliger Scheiß! Was meinst du, Perrault?"

„Morda so vsi nori psi, sveto pismo! Kaj misliš, Perrault?"

Perrault schüttelte den Kopf, seine Augen waren dunkel vor Sorge und Angst.

Perrault je zmajal z glavo, oči so mu bile potemnele od zaskrbljenosti in strahu.

Zwischen ihnen und Dawson lagen noch sechshundertvierzig Kilometer.

Od Dawsona jih je še vedno ločevalo štiristo milj.

Der Hundewahnsinn könnte nun jede Überlebenschance zerstören.

Pasja norost bi zdaj lahko uničila vsako možnost preživetja.

Sie verbrachten zwei Stunden damit, zu fluchen und zu versuchen, die Ausrüstung zu reparieren.

Dve uri so preklinjali in poskušali popraviti opremo.

Das verwundete Team verließ schließlich gebrochen und besiegt das Lager.

Ranjena ekipa je končno zapustila tabor, zlomljena in poražena.

Dies war der bisher schwierigste Weg und jeder Schritt war schmerzhaft.

To je bila najtežja pot doslej in vsak korak je bil boleč.

Der Thirty Mile River war nicht zugefroren und rauschte wild.

Reka Trideset milj ni zamrznila in je divje derela.

Nur an ruhigen Stellen und in wirbelnden Wirbeln konnte das Eis halten.

Le na mirnih mestih in v vrtinčastih vrtincih se je led uspel zadržati.

Sechs Tage harter Arbeit vergingen, bis die dreißig Meilen geschafft waren.

Šest dni trdega dela je minilo, preden so prevozili trideset milj.

Jeder Kilometer des Weges barg Gefahren und Todesgefahr.

Vsak kilometer poti je prinašal nevarnost in grožnjo smrti.

Die Männer und Hunde riskierten mit jedem schmerzhaften Schritt ihr Leben.

Moški in psi so tvegali svoja življenja z vsakim bolečim korakom.

Perrault durchbrach ein Dutzend Mal dünne Eisbrücken.

Perrault je tanke ledene mostove prebil ducat različnih krat.

Er trug eine Stange und ließ sie über das Loch fallen, das sein Körper hinterlassen hatte.

Nosil je palico in jo spustil čez luknjo, ki jo je naredilo njegovo telo.

Mehr als einmal rettete diese Stange Perrault vor dem Ertrinken.

Ta palica je Perraulta večkrat rešila pred utopitvijo.

Die Kältewelle hielt an, die Lufttemperatur lag bei minus fünfzig Grad.

Hladen sunek se je vztrajno obdržal, zrak je bil petdeset stopinj pod ničlo.

Jedes Mal, wenn er hineinfiel, musste Perrault ein Feuer anzünden, um zu überleben.

Vsakič, ko je padel noter, je moral Perrault zakuriti ogenj, da bi preživel.

Nasse Kleidung gefror schnell, also trocknete er sie in der Nähe der sengenden Hitze.

Mokra oblačila so hitro zmrznila, zato jih je sušil blizu močne vročine.

Perrault hatte nie Angst und das machte ihn zu einem Kurier.

Perraulta ni nikoli prevzel strah, in to ga je naredilo za kurirja.

Er wurde für die Gefahr auserwählt und begegnete ihr mit stiller Entschlossenheit.

Izbran je bil za nevarnost in jo je sprejel s tiho odločnostjo.

Er drängte sich gegen den Wind vorwärts, sein runzliges Gesicht war erfroren.

Tiskal se je naprej v veter, njegov zgužvani obraz je bil ozebel.

Von der Morgendämmerung bis zum Einbruch der Nacht führte Perrault sie weiter.

Od blede zore do mraka jih je Perrault vodil naprej.

Er ging auf einer schmalen Eiskante, die bei jedem Schritt knackte.

Hodil je po ozkem ledenem robu, ki je počil z vsakim korakom.

Sie wagten nicht, anzuhalten – jede Pause hätte das Risiko eines tödlichen Zusammenbruchs bedeutet.

Niso si upali ustaviti – vsak premor je tvegal smrtonosni zlom.

Einmal brach der Schlitten durch und zog Dave und Buck hinein.

Enkrat so se sani prebile in potegnile Davea in Bucka noter.

Als sie freigezogen wurden, waren beide fast erfroren.

Ko so ju izvlekli na prostost, sta bila oba skoraj zmrznjena.

Die Männer machten schnell ein Feuer, um Buck und Dave am Leben zu halten.

Moški so hitro zakurili ogenj, da bi Bucka in Davea ohranili pri življenju.

Die Hunde waren von der Nase bis zum Schwanz mit Eis bedeckt und steif wie geschnitztes Holz.

Psi so bili od smrčka do repa prekriti z ledom, togi kot izrezljan les.

Die Männer ließen sie in der Nähe des Feuers im Kreis laufen, um ihre Körper aufzutauen.

Moški so jih vodili v krogih blizu ognja, da bi se jim telesa odtalila.

Sie kamen den Flammen so nahe, dass ihr Fell versengt wurde.

Prišli so tako blizu plamenov, da jim je bila dlaka ožgana.

Als nächster durchbrach Spitz das Eis und zog das Team hinter sich her.

Spitz je naslednji prebil led in za seboj potegnil ekipo.

Der Bruch reichte bis zu der Stelle, an der Buck zog.

Odmor je segal vse do mesta, kjer je Buck vlekel.

Buck lehnte sich weit zurück, seine Pfoten rutschten und zitterten auf der Kante.

Buck se je močno naslonil nazaj, šape so mu drsele in se tresle na robu.

Dave streckte sich ebenfalls nach hinten, direkt hinter Buck auf der Leine.

Tudi Dave se je napenjal nazaj, tik za Buckom na vrvi.

François zog den Schlitten, seine Muskeln knackten vor Anstrengung.

François je vlekel sani, mišice so mu pokale od napora.

Ein anderes Mal brach das Randeis vor und hinter dem Schlitten.

Drugič je ledeni rob počil pred in za sanmi.

Sie hatten keinen anderen Ausweg, als eine gefrorene Felswand zu erklimmen.

Niso imeli druge poti ven, kot da so splezali na zamrznjeno pečino.

Perrault schaffte es irgendwie, die Mauer zu erklimmen; wie durch ein Wunder blieb er am Leben.

Perrault je nekako splezal na zid; čudež ga je ohranil pri življenju.

François blieb unten und betete um dasselbe Glück.

François je ostal spodaj in molil za enako srečo.

Sie banden jeden Riemen, jede Zurrschnur und jede Leine zu einem langen Seil zusammen.

Vsak trak, vrv in sled so zvezali v eno dolgo vrv.

Die Männer zogen jeden Hund einzeln nach oben.

Moški so vsakega psa, enega za drugim, vlekli na vrh.

François kletterte als Letzter, nach dem Schlitten und der gesamten Ladung.

François se je povzpel zadnji, za sanmi in celotnim tovorom.

Dann begann eine lange Suche nach einem Weg von den Klippen hinunter.

Nato se je začelo dolgo iskanje poti navzdol s pečin.

Schließlich stiegen sie mit demselben Seil ab, das sie selbst hergestellt hatten.

Končno so se spustili z isto vrvjo, ki so jo naredili.

Es wurde Nacht, als sie erschöpft und wund zum Flussbett zurückkehrten.

Zmračilo se je, ko so se izčrpani in boleči vrnili v rečno strugo.

Der ganze Tag hatte ihnen nur eine Viertelmeile Gewinn eingebracht.
Cel dan so porabili za prevoz le četrt milje.
Als sie das Hootalinqua erreichten, war Buck erschöpft.
Ko so prispeli do Hootalinque, je bil Buck izčrpan.
Die anderen Hunde litten ebenso sehr unter den Bedingungen auf dem Trail.
Drugi psi so zaradi razmer na poti trpeli prav tako hudo.
Aber Perrault musste Zeit gutmachen und trieb sie jeden Tag weiter an.
Toda Perrault je moral vzeti čas nazaj in jih je vsak dan pospeševal.
Am ersten Tag reisten sie dreißig Meilen nach Big Salmon.
Prvi dan so prepotovali trideset milj do Big Salmona.
Am nächsten Tag reisten sie fünfunddreißig Meilen nach Little Salmon.
Naslednji dan so prepotovali petintrideset milj do Little Salmona.
Am dritten Tag kämpften sie sich durch sechzig Kilometer lange, eisige Strecken.
Tretji dan so se prebili skozi dolga štirideseta kilometra, po katerih so zmrznili.
Zu diesem Zeitpunkt näherten sie sich der Siedlung Five Fingers.
Takrat so se že bližali naselju Pet prstov.

Bucks Füße waren weicher als die harten Füße der einheimischen Huskys.
Buckove noge so bile mehkejše od trdih nog domačih haskijev.
Seine Pfoten waren im Laufe vieler zivilisierter Generationen zart geworden.
Njegove šape so se v mnogih civiliziranih generacijah omehčale.
Vor langer Zeit wurden seine Vorfahren von Flussmännern oder Jägern gezähmt.
Njegove prednike so davno udomačili rečni možje ali lovci.

Jeden Tag humpelte Buck unter Schmerzen und ging auf wunden, schmerzenden Pfoten.

Buck je vsak dan šepal od bolečin in hodil po raztrganih, bolečih tacah.

Im Lager fiel Buck wie eine leblose Gestalt in den Schnee.

V taboru se je Buck zgrudil na sneg kot brezživo telo.

Obwohl Buck am Verhungern war, stand er nicht auf, um sein Abendessen einzunehmen.

Čeprav je bil sestradan, Buck ni vstal, da bi pojedel večerjo.

François brachte Buck seine Ration und legte ihm Fisch neben die Schnauze.

François je prinesel Bucku njegov obrok, pri čemer mu je položil ribe k gobcu.

Jeden Abend massierte der Fahrer Bucks Füße eine halbe Stunde lang.

Vsako noč je voznik pol ure masiral Buckove noge.

François hat sogar seine eigenen Mokassins zerschnitten, um daraus Hundeschuhe zu machen.

François je celo sam razrezal svoje mokasine, da bi iz njih naredil pasjo obutev.

Vier warme Schuhe waren für Buck eine große und willkommene Erleichterung.

Štirje topli čevlji so Bucku prinesli veliko in dobrodošlo olajšanje.

Eines Morgens vergaß François die Schuhe und Buck weigerte sich aufzustehen.

Nekega jutra je François pozabil čevlje, Buck pa ni hotel vstati.

Buck lag auf dem Rücken, die Füße in der Luft, und wedelte mitleiderregend damit herum.

Buck je ležal na hrbtu z nogami v zraku in jih žalostno mahal.

Sogar Perrault grinste beim Anblick von Bucks dramatischer Bitte.

Celo Perrault se je zarežal ob pogledu na Buckovo dramatično prošnjo.

Bald wurden Bucks Füße hart und die Schuhe konnten weggeworfen werden.

Kmalu so Buckove noge otrdele in čevlje je lahko zavrgel.

In Pelly stieß Dolly beim Angeschirrtwerden ein schreckliches Heulen aus.

Pri Pellyju je Dolly med vprego grozljivo zavpila.

Der Schrei war lang und voller Wahnsinn und erschütterte jeden Hund.

Krik je bil dolg in poln norosti, stresel je vsakega psa.

Jeder Hund zuckte vor Angst zusammen, ohne den Grund zu kennen.

Vsak pes se je od strahu naježil, ne da bi vedel za razlog.

Dolly war verrückt geworden und stürzte sich direkt auf Buck.

Dolly je ponorela in se vrgla naravnost na Bucka.

Buck hatte noch nie Wahnsinn gesehen, aber sein Herz war von Entsetzen erfüllt.

Buck še nikoli ni videl norosti, a groza mu je napolnila srce.

Ohne nachzudenken, drehte er sich um und floh in absoluter Panik.

Brez pomisleka se je obrnil in v popolni paniki zbežal.

Dolly jagte ihm hinterher, ihre Augen waren wild, Speichel spritzte aus ihrem Maul.

Dolly ga je lovila, z divjimi očmi in slino, ki ji je letela iz čeljusti.

Sie blieb direkt hinter Buck, holte nie auf und fiel nie zurück.

Držala se je tik za Buckom, ga nikoli ni dohitevala in nikoli ni nazadovala.

Buck rannte durch den Wald, die Insel hinunter und über zerklüftetes Eis.

Buck je tekel skozi gozd, po otoku, čez nazobčan led.

Er überquerte die Insel und erreichte eine weitere, bevor er im Kreis zurück zum Fluss ging.

Prečkal je do enega otoka, nato do drugega in se nato vrnil k reki.

Dolly jagte ihn immer noch und knurrte ihn bei jedem Schritt an.

Dolly ga je še vedno lovila in renčala za njim na vsakem koraku.

Buck konnte ihren Atem und ihre Wut hören, obwohl er es nicht wagte, zurückzublicken.

Buck je slišal njeno dihanje in bes, čeprav si ni upal pogledati nazaj.

François rief aus der Ferne und Buck drehte sich in die Richtung der Stimme um.

François je zavpil od daleč in Buck se je obrnil proti glasu.

Immer noch nach Luft schnappend rannte Buck vorbei und setzte seine ganze Hoffnung auf François.

Buck je še vedno lovil sapo in stekel mimo, vse upanje pa je polagal v Françoisa.

Der Hundeführer hob eine Axt und wartete, während Buck vorbeiflog.

Gonič psa je dvignil sekiro in čakal, ko je Buck priletel mimo.

Die Axt kam schnell herunter und traf Dollys Kopf mit tödlicher Wucht.

Sekira se je hitro spustila in s smrtonosno silo udarila Dolly v glavo.

Buck brach neben dem Schlitten zusammen, keuchte und konnte sich nicht bewegen.

Buck se je zgrudil blizu sani, sopihal in se ni mogel premakniti.

In diesem Moment hatte Spitz die Chance, einen erschöpften Gegner zu schlagen.

Ta trenutek je Spitzu dal priložnost, da udari izčrpanega nasprotnika.

Zweimal biss er Buck und riss das Fleisch bis auf den weißen Knochen auf.

Dvakrat je ugriznil Bucka in mu raztrgal meso do bele kosti.

François' Peitsche knallte und traf Spitz mit voller, wütender Wucht.

Françoisov bič je počil in Spitza udaril z vso, besno silo.

Buck sah mit Freude zu, wie Spitz seine bisher härteste Tracht Prügel bekam.

Buck je z veseljem opazoval, kako je Spitz prejel svoje najhujše pretepe doslej.

„Er ist ein Teufel, dieser Spitz", murmelte Perrault düster vor sich hin.

"Pravi hudič je, ta Spitz," si je Perrault mračno zamrmral.

„Eines Tages wird dieser verfluchte Hund Buck töten – das schwöre ich."

"Kmalu bo ta prekleti pes ubil Bucka – prisežem."

„Dieser Buck hat zwei Teufel in sich", antwortete François mit einem Nicken.

„Ta Buck ima v sebi dva hudiča," je odgovoril François s kimanjem.

„Wenn ich Buck beobachte, weiß ich, dass etwas Wildes in ihm lauert."

"Ko gledam Bucka, vem, da v njem čaka nekaj divjega."

„Eines Tages wird er rasend vor Wut werden und Spitz in Stücke reißen."

"Nekega dne bo ponorel kot ogenj in raztrgal Špica na koščke."

„Er wird den Hund zerkauen und ihn auf den gefrorenen Schnee spucken."

"Tega psa bo prežvečil in izpljunil na zmrznjen sneg."

„Das weiß ich ganz sicher tief in meinem Innern."

"Seveda, to vem globoko v sebi."

Von diesem Moment an befanden sich die beiden Hunde im Krieg.

Od tistega trenutka naprej sta bila psa ukleščena v vojno.

Spitz führte das Team an und hatte die Macht, aber Buck stellte das in Frage.

Spitz je vodil ekipo in imel moč, toda Buck je to izzval.

Spitz sah seinen Rang durch diesen seltsamen Fremden aus dem Süden bedroht.

Spitz je videl, da mu ta nenavadni tujec iz Južne Anglije ogroža položaj.

Buck war anders als alle Südstaatenhunde, die Spitz zuvor gekannt hatte.

Buck ni bil podoben nobenemu južnjaškemu psu, ki ga je Spitz poznal prej.

Die meisten von ihnen scheiterten – sie waren zu schwach, um Kälte und Hunger zu überleben.

Večina jih je propadla – bili so prešibki, da bi preživeli mraz in lakoto.

Sie starben schnell unter der harten Arbeit, dem Frost und der langsamen Hungersnot.

Hitro so umirali zaradi dela, zmrzali in počasnega gorenja lakote.

Buck stand abseits – mit jedem Tag stärker, klüger und wilder.

Buck je stal izven sebe – močnejši, pametnejši in vsak dan bolj divji.

Er gedieh trotz aller Härte und wuchs heran, bis er den nördlichen Huskies ebenbürtig war.

V stiski je uspeval in zrasel, da bi se lahko kosal s severnimi haskiji.

Buck hatte Kraft, wilde Geschicklichkeit und einen geduldigen, tödlichen Instinkt.

Buck je imel moč, divjo spretnost in potrpežljiv, smrtonosni nagon.

Der Mann mit der Keule hatte Buck die Unbesonnenheit ausgetrieben.

Mož s palico je Bucka pretepel.

Die blinde Wut war verschwunden und durch stille Gerissenheit und Kontrolle ersetzt worden.

Slepa jeza je izginila, nadomestila jo je tiha zvitost in nadzor.

Er wartete ruhig und ursprünglich und wartete auf den richtigen Moment.

Čakal je, miren in prvinski, iskal je pravi trenutek.

Ihr Kampf um die Vorherrschaft wurde unvermeidlich und deutlich.

Njihov boj za poveljstvo je postal neizogiben in jasen.

Buck strebte nach einer Führungsposition, weil sein Geist es verlangte.

Buck si je želel vodstva, ker je to zahteval njegov duh.

Er wurde von dem seltsamen Stolz getrieben, der aus der Jagd und dem Geschirr entstand.

Gnal ga je nenavaden ponos, rojen iz poti in vprege.

Dieser Stolz ließ die Hunde ziehen, bis sie im Schnee zusammenbrachen.

Zaradi tega ponosa so psi vlekli, dokler se niso zgrudili na sneg.

Der Stolz verleitete sie dazu, all ihre Kraft einzusetzen.

Ponos jih je zvabil, da so dali vso svojo moč.

Stolz kann einen Schlittenhund sogar in den Tod treiben.

Ponos lahko zvabi vprežnega psa celo do smrti.

Der Verlust des Geschirrs ließ die Hunde gebrochen und ziellos zurück.

Izguba oprsnice je pse pustila zlomljene in brez smisla.

Das Herz eines Schlittenhundes kann vor Scham brechen, wenn er in den Ruhestand geht.

Srce vlečnega psa lahko ob upokojitvi strje sram.

Dave lebte von diesem Stolz, während er den Schlitten hinter sich herzog.

Dave je živel s tem ponosom, ko je vlekel sani od zadaj.

Auch Solleks gab mit grimmiger Stärke und Loyalität alles.

Tudi Solleks je dal vse od sebe z mračno močjo in zvestobo.

Jeden Morgen verwandelte der Stolz ihre Verbitterung in Entschlossenheit.

Vsako jutro jih je ponos iz zagrenjenih spremenil v odločne.

Sie drängten den ganzen Tag und verstummten dann am Ende des Lagers.

Ves dan so se prebijali, nato pa so na koncu tabora utihnili.

Dieser Stolz gab Spitz die Kraft, Drückeberger zur Räson zu bringen.

Ta ponos je dal Spitzu moč, da je premagal tiste, ki so se izogibali kazni.

Spitz fürchtete Buck, weil Buck denselben tiefen Stolz in sich trug.

Spitz se je bal Bucka, ker je Buck nosil isti globok ponos.

Bucks Stolz wandte sich nun gegen Spitz, und er ließ nicht locker.

Buckov ponos se je zdaj zbudil proti Spitzu in ni se ustavil.

Buck widersetzte sich Spitz' Macht und hinderte ihn daran, Hunde zu bestrafen.

Buck je kljuboval Spitzovi moči in mu preprečil, da bi kaznoval pse.

Als andere versagten, stellte sich Buck zwischen sie und ihren Anführer.

Ko je drugim spodletelo, je Buck stopil mednje in njihovega vodjo.

Er tat dies mit Absicht und brachte seine Herausforderung offen und deutlich zum Ausdruck.

To je storil namerno, s čimer je svoj izziv postavil odprto in jasno.

In einer Nacht hüllte schwerer Schnee die Welt in tiefe Stille.

Neke noči je močan sneg zakril svet v globoko tišino.

Am nächsten Morgen stand Pike, faul wie immer, nicht zur Arbeit auf.

Naslednje jutro Pike, len kot vedno, ni vstal za delo.

Er blieb in seinem Nest unter einer dicken Schneeschicht verborgen.

Skril se je v svojem gnezdu pod debelo plastjo snega.

François rief und suchte, konnte den Hund jedoch nicht finden.

François je poklical in iskal, vendar psa ni mogel najti.

Spitz wurde wütend und stürmte durch das schneebedeckte Lager.

Spitz se je razjezil in se pognal skozi zasneženi tabor.

Er knurrte und schnüffelte und grub wie verrückt mit flammenden Augen.

Rjovel je in vohal, divje kopal z gorečimi očmi.

Seine Wut war so heftig, dass Pike vor Angst unter dem Schnee zitterte.

Njegova jeza je bila tako silovita, da se je Ščuka od strahu tresla pod snegom.

Als Pike schließlich gefunden wurde, stürzte sich Spitz auf den versteckten Hund, um ihn zu bestrafen.

Ko so Pikea končno našli, se je Spitz pognal, da bi kaznoval skritega psa.

**Doch Buck sprang mit einer Wut zwischen sie, die Spitz'
eigener ebenbürtig war.**

Toda Buck je skočil med njiju z besom, enakim Spitzovemu.

**Der Angriff erfolgte so plötzlich und geschickt, dass Spitz
umfiel.**

Napad je bil tako nenaden in spreten, da je Spitz padel z nog.

**Pike, der gezittert hatte, schöpfte aus diesem Trotz neuen
Mut.**

Pike, ki se je tresel, je zaradi tega kljubovanja dobil pogum.

**Er sprang auf den gefallenen Spitz und folgte Bucks
mutigem Beispiel.**

Skočil je na padlega Špica in sledil Buckovemu drznemu
zgledu.

**Buck, der nicht länger an Fairness gebunden war, beteiligte
sich am Angriff auf Spitz.**

Buck, ki ga ni več vezovala pravičnost, se je pridružil stavki na
Spitzu.

**François, amüsiert, aber dennoch diszipliniert, schwang
seine schwere Peitsche.**

François, zabavan, a hkrati odločen v disciplini, je zamahnil s
težkim bičem.

Er schlug Buck mit aller Kraft, um den Kampf zu beenden.

Z vso močjo je udaril Bucka, da bi prekinil pretep.

**Buck weigerte sich, sich zu bewegen und blieb auf dem
gefallenen Anführer sitzen.**

Buck se ni hotel premakniti in je ostal na vrhu padlega vodje.

**Dann benutzte François den Griff der Peitsche und schlug
Buck damit heftig.**

François je nato uporabil ročaj biča in močno udaril Bucka.

Buck taumelte unter dem Schlag und fiel zurück.

Buck se je opotekel od udarca in se pod napadom zgrudil
nazaj.

**François schlug immer wieder zu, während Spitz Pike
bestrafte.**

François je znova in znova udarjal, medtem ko je Spitz
kaznoval Pikea.

Die Tage vergingen und Dawson City kam immer näher.
Dnevi so minevali in Dawson City se je vedno bolj približeval.
Buck mischte sich immer wieder ein und schlüpfte zwischen Spitz und andere Hunde.
Buck se je nenehno vmešaval in se vtikal med Špica in druge pse.
Er wählte seine Momente gut und wartete immer darauf, dass François ging.
Dobro je izbiral trenutke in vedno čakal, da François odide.
Bucks stille Rebellion breitete sich aus und im Team breitete sich Unordnung aus.
Buckov tihi upor se je širil in v ekipi se je ukoreninil nered.
Dave und Solleks blieben loyal, andere jedoch wurden widerspenstig.
Dave in Solleks sta ostala zvesta, drugi pa so postali neubogljivi.
Die Situation im Team wurde immer schlimmer – es wurde unruhig, streitsüchtig und geriet aus der Reihe.
Ekipa je postajala vse slabša – nemirna, prepirljiva in neprimerna.
Nichts lief mehr reibungslos und es kam immer wieder zu Streit.
Nič več ni delovalo gladko in prepiri so postali nekaj običajnega.
Buck blieb im Zentrum des Chaos und provozierte ständig Unruhe.
Buck je ostal v središču težav in vedno izzival nemire.
François blieb wachsam, aus Angst vor dem Kampf zwischen Buck und Spitz.
François je ostal pozoren, saj se je bal pretepa med Buckom in Spitzem.
Jede Nacht wurde er durch Rangeleien geweckt, aus Angst, dass es endlich losgehen würde.
Vsako noč so ga prebujali pretepi, saj se je bal, da je končno prišel začetek.
Er sprang aus seiner Robe, bereit, den Kampf zu beenden.
Skočil je s svoje halje, pripravljen prekiniti pretep.

Aber der Moment kam nie und sie erreichten schließlich Dawson.

Vendar trenutek ni nikoli prišel in končno so prispeli v Dawson.

Das Team betrat die Stadt an einem trüben Nachmittag, angespannt und still.

Ekipa je nekega mračnega popoldneva vstopila v mesto, napeta in tiha.

Der große Kampf um die Führung hing noch immer in der eisigen Luft.

Veliki boj za vodstvo je še vedno visel v ledenem zraku.

Dawson war voller Männer und Schlittenhunde, die alle mit der Arbeit beschäftigt waren.

Dawson je bil poln moških in vprežnih psov, vsi zaposleni z delom.

Buck beobachtete die Hunde von morgens bis abends beim Lastenziehen.

Buck je od jutra do večera opazoval pse, kako vlečejo tovore.

Sie transportierten Baumstämme und Brennholz und lieferten Vorräte an die Minen.

Prevažali so hlode in drva, prevažali zaloge v rudnike.

Wo früher im Süden Pferde arbeiteten, schufteten heute Hunde.

Kjer so nekoč na jugu delali konji, so zdaj delali psi.

Buck sah einige Hunde aus dem Süden, aber die meisten waren wolfsähnliche Huskys.

Buck je videl nekaj psov z juga, vendar je bila večina volkov podobnih haskijev.

Nachts erhoben die Hunde pünktlich zum ersten Mal ihre Stimmen zum Singen.

Ponoči so psi, kot ura, dvignili glas v pesmi.

Um neun, um Mitternacht und erneut um drei begann der Gesang.

Ob devetih, ob polnoči in spet ob treh se je začelo petje.

Buck liebte es, in ihren unheimlichen Gesang einzustimmen, der wild und uralt klang.

Buck se je rad pridružil njihovemu srhljivemu napevu, divjemu in starodavnemu po zvoku.

Das Polarlicht flammte, die Sterne tanzten und das Land war mit Schnee bedeckt.

Aurora je gorela, zvezde so plesale in sneg je prekrival deželo.

Der Gesang der Hunde erhob sich als Aufschrei gegen die Stille und die bittere Kälte.

Pasji spev se je dvignil kot krik proti tišini in hudemu mrazu.

Doch in jedem langen Ton ihres Heulens war Trauer und nicht Trotz zu hören.

Toda v vsakem dolgem tonu je bilo čutiti žalost, ne kljubovanja.

Jeder Klageschrei war voller Flehen; die Last des Lebens selbst.

Vsak jok je bil poln prošenj; breme samega življenja.

Dieses Lied war alt – älter als Städte und älter als Feuer

Ta pesem je bila stara – starejša od mest in starejša od požarov

Dieses Lied war sogar älter als die Stimmen der Menschen.

Ta pesem je bila celo starejša od človeških glasov.

Es war ein Lied aus der jungen Welt, als alle Lieder traurig waren.

Bila je pesem iz mladega sveta, ko so bile vse pesmi žalostne.

Das Lied trug den Kummer unzähliger Hundegenerationen in sich.

Pesem je nosila žalost neštetih generacij psov.

Buck spürte die Melodie tief und stöhnte vor jahrhundertealtem Schmerz.

Buck je melodijo začutil globoko, stokal je od bolečine, zakoreninjene v stoletjih.

Er schluchzte aus einem Kummer, der so alt war wie das wilde Blut in seinen Adern.

Jokal je od žalosti, stare kot divja kri v njegovih žilah.

Die Kälte, die Dunkelheit und das Geheimnisvolle berührten Bucks Seele.

Mraz, tema in skrivnost so se dotaknili Buckove duše.

Dieses Lied bewies, wie weit Buck zu seinen Ursprüngen zurückgekehrt war.

Ta pesem je dokazala, kako daleč se je Buck vrnil k svojim koreninam.

Durch Schnee und Heulen hatte er den Anfang seines eigenen Lebens gefunden.

Skozi sneg in tuljenje je našel začetek svojega življenja.

Sieben Tage nach ihrer Ankunft in Dawson brachen sie erneut auf.

Sedem dni po prihodu v Dawson so se znova odpravili na pot.

Das Team verließ die Kaserne und fuhr hinunter zum Yukon Trail.

Ekipa se je iz vojašnice spustila na Yukon Trail.

Sie begannen die Rückreise nach Dyea und Salt Water.

Začeli so pot nazaj proti Dyei in Salt Waterju.

Perrault überbrachte noch dringlichere Depeschen als zuvor.

Perrault je prenašal še bolj nujne pošiljke kot prej.

Auch ihn packte der Trail-Stolz, und er wollte einen Rekord aufstellen.

Prevzel ga je tudi ponos na pot in si je zadal cilj postaviti rekord.

Diesmal hatte Perrault mehrere Vorteile.

Tokrat je bilo več prednosti na Perraultovi strani.

Die Hunde hatten eine ganze Woche lang geruht und ihre Kräfte wiedererlangt.

Psi so počivali cel teden in si povrnili moči.

Die Spur, die sie gebahnt hatten, wurde nun von anderen festgestampft.

Pot, ki so jo utrli, so zdaj utrli drugi.

An manchen Stellen hatte die Polizei Futter für Hunde und Menschen gelagert.

Ponekod je policija shranila hrano tako za pse kot za moške.

Perrault reiste mit leichtem Gepäck und bewegte sich schnell, ohne dass ihn etwas belastete.

Perrault je potoval z malo prtljage, hitro se je gibal in ga ni bilo kaj obremenjevati.

Sie erreichten Sixty-Mile, eine Strecke von achtzig Kilometern, noch in der ersten Nacht.

Prvo noč so dosegli Sixty-Mile, petdeset milj dolg tek.

Am zweiten Tag eilten sie den Yukon hinauf nach Pelly.

Drugi dan so hiteli po Yukonu proti Pellyju.

Doch dieser tolle Fortschritt war für François mit vielen Strapazen verbunden.

Toda takšen lep napredek je za Françoisa prinesel veliko truda.

Bucks stille Rebellion hatte die Disziplin des Teams zerstört.

Buckov tihi upor je razbil disciplino v ekipi.

Sie zogen nicht mehr wie ein Tier an den Zügeln.

Niso več vlekli skupaj kot ena zver na vajetih.

Buck hatte durch sein mutiges Beispiel andere zum Trotz verleitet.

Buck je s svojim drznim zgledom druge speljal v kljubovanje.

Spitz' Befehl stieß weder auf Furcht noch auf Respekt.

Spitzovega ukaza niso več sprejemali s strahom ali spoštovanjem.

Die anderen verloren ihre Ehrfurcht vor ihm und wagten es, sich seiner Herrschaft zu widersetzen.

Drugi so izgubili strahospoštovanje do njega in si drznili upreti njegovi vladavini.

Eines Nachts stahl Pike einen halben Fisch und aß ihn vor Bucks Augen.

Neke noči je Pike ukradel pol ribe in jo pojedel pred Buckovim očesom.

In einer anderen Nacht kämpften Dub und Joe gegen Spitz und blieben ungestraft.

Drugo noč sta se Dub in Joe borila s Spitzom in ostala nekaznovana.

Sogar Billee jammerte weniger süß und zeigte eine neue Schärfe.

Celo Billee je manj sladko cvilila in pokazala novo ostrino.

Buck knurrte Spitz jedes Mal an, wenn sich ihre Wege kreuzten.

Buck je vsakič, ko sta se križala, renčal na Spitza.

Bucks Haltung wurde dreist und bedrohlich, fast wie die eines Tyrannen.

Buckov odnos je postajal drzen in grozeč, skoraj kot pri nasilnežu.

Mit stolzgeschwellter Brust und voller spöttischer Bedrohung schritt er vor Spitz auf und ab.

Pred Spitzom je hodil bahavo, polno posmehljive grožnje.

Dieser Zusammenbruch der Ordnung breitete sich auch unter den Schlittenhunden aus.

Ta propad reda se je razširil tudi med sankalnimi psi.

Sie stritten und stritten mehr denn je und erfüllten das Lager mit Lärm.

Prepirali in prepirali so se bolj kot kdaj koli prej, kar je tabor napolnilo s hrupom.

Das Lagerleben verwandelte sich jede Nacht in ein wildes, heulendes Chaos.

Življenje v taboru se je vsako noč spremenilo v divji, tuleči kaos.

Nur Dave und Solleks blieben ruhig und konzentriert.

Le Dave in Solleks sta ostala mirna in osredotočena.

Doch selbst sie wurden durch die ständigen Schlägereien ungehalten.

A tudi oni so zaradi nenehnih pretepov postali razdražljivi.

François fluchte in fremden Sprachen und stampfte frustriert auf.

François je preklinjal v čudnih jezikih in od frustracije topotal z nogami.

Er riss sich die Haare aus und schrie, während der Schnee unter seinen Füßen wirbelte.

Pulil si je lase in kričal, medtem ko je sneg letel pod nogami.

Seine Peitsche knallte über das Rudel, konnte es aber kaum in Schach halten.

Njegov bič je švignil čez krdelo, a jih je komaj zadržal v vrsti.

Immer wenn er sich umdrehte, brachen die Kämpfe erneut aus.

Kadar koli je obrnil hrbet, se je boj znova razplamtel.

François setzte die Peitsche für Spitz ein, während Buck die Rebellen anführte.

François je bič uporabil za Spitza, medtem ko je Buck vodil upornike.

Jeder kannte die Rolle des anderen, aber Buck vermied jegliche Schuldzuweisungen.

Vsak je poznal vlogo drugega, vendar se je Buck izogibal vsakršni krivdi.

François hat Buck nie dabei erwischt, wie er eine Schlägerei anfing oder sich vor seiner Arbeit drückte.

François ni nikoli zalotil Bucka pri začenjanju pretepa ali izogibanju delu.

Buck arbeitete hart im Geschirr – die Mühe erfüllte ihn jetzt mit Begeisterung.

Buck je trdo delal v vpregi – delo je zdaj navduševalo njegovega duha.

Doch noch mehr Freude bereitete ihm das Anzetteln von Kämpfen und Chaos im Lager.

Še več veselja pa je našel v povzročanju pretepov in kaosa v taboru.

Eines Abends schreckte Dub an der Mündung des Tahkeena ein Kaninchen auf.

Nekega večera je Dub pri Tahkeeninih ustih prestrašil zajca.

Er verpasste den Fang und das Schneeschuhkaninchen sprang davon.

Zgrešil je ulov in zajec na krpljah je odskočil.

Innerhalb von Sekunden nahm das gesamte Schlittenteam unter wildem Geschrei die Verfolgung auf.

V nekaj sekundah se je celotna sančna ekipa z divjimi kriki pognala v lov.

In der Nähe beherbergte ein Lager der Northwest Police fünfzig Huskys.

V bližini je bilo v taboru severozahodne policije nastanjenih petdeset haskijev.

Sie schlossen sich der Jagd an und stürmten gemeinsam den zugefrorenen Fluss hinunter.

Pridružila sta se lovu in skupaj sta se spuščala po zamrznjeni reki.

Das Kaninchen verließ den Fluss und floh in ein gefrorenes Bachbett.

Zajec je zavil z reke in zbežal po zamrznjeni strugi potoka navzgor.

Das Kaninchen hüpfte leichtfüßig über den Schnee, während die Hunde sich durchkämpften.

Zajec je rahlo poskakoval po snegu, medtem ko so se psi prebijali skoznje.

Buck führte das riesige Rudel von sechzig Hunden um jede Kurve.

Buck je vodil ogromno krdelo šestdesetih psov okoli vsakega vijugastega ovinka.

Er drängte tief und eifrig vorwärts, konnte jedoch keinen Boden gutmachen.

Pognal se je naprej, nizko in zagnano, a ni mogel pridobiti prostora.

Bei jedem kraftvollen Sprung blitzte sein Körper im blassen Mondlicht auf.

Njegovo telo se je ob vsakem močnem skoku bliskalo pod bledo luno.

Vor uns bewegte sich das Kaninchen wie ein Geist, lautlos und zu schnell, um es einzufangen.

Pred nami se je zajec premikal kot duh, tih in prehiter, da bi ga ujel.

All diese alten Instinkte – der Hunger, der Nervenkitzel – durchströmten Buck.

Vsi tisti stari nagoni – lakota, vznemirjenje – so preplavili Bucka.

Manchmal verspüren Menschen diesen Instinkt und werden dazu getrieben, mit Gewehr und Kugel zu jagen.

Ljudje včasih čutijo ta nagon, ki jih žene k lovu s puško in kroglo.

Aber Buck empfand dieses Gefühl auf einer tieferen und persönlicheren Ebene.

Toda Buck je ta občutek čutil na globlji in bolj osebni ravni.

Sie konnten die Wildnis nicht in ihrem Blut spüren, so wie Buck sie spüren konnte.

Divjine v svoji krvi niso mogli čutiti tako, kot jo je čutil Buck.

Er jagte lebendes Fleisch, bereit, mit seinen Zähnen zu töten und Blut zu schmecken.

Lovil je živo meso, pripravljen ubiti z zobmi in okusiti kri.

Sein Körper spannte sich vor Freude, er wollte in warmem, rotem Leben baden.

Njegovo telo se je napelo od veselja, želelo se je okopati v topli rdeči barvi življenja.

Eine seltsame Freude markiert den höchsten Punkt, den das Leben jemals erreichen kann.

Nenavadno veselje označuje najvišjo točko, ki jo lahko življenje doseže.

Das Gefühl eines Gipfels, bei dem die Lebenden vergessen, dass sie überhaupt am Leben sind.

Občutek vrha, kjer živi pozabijo, da so sploh živi.

Diese tiefe Freude berührt den Künstler, der sich in glühender Inspiration verliert.

To globoko veselje se dotakne umetnika, izgubljenega v žarečem navdihu.

Diese Freude ergreift den Soldaten, der wild kämpft und keinen Feind verschont.

To veselje prevzame vojaka, ki se divje bori in ne prizanaša nobenemu sovražniku.

Diese Freude erfasste nun Buck, der das Rudel mit seinem Urhunger anführte.

To veselje je zdaj prevzelo Bucka, ko je v prvinski lakoti vodil krdelo.

Er heulte mit dem uralten Wolfsschrei, aufgeregt durch die lebendige Jagd.

Zavil je s starodavnim volčjim krikom, navdušen nad živim lovom.

Buck hat den ältesten Teil seiner selbst angezapft, der in der Wildnis verloren war.

Buck se je dotaknil najstarejšega dela sebe, izgubljenega v divjini.

Er griff tief in sein Inneres, in die Vergangenheit, in die raue, uralte Zeit.

Segel je globoko v sebe, mimo spomina, v surov, starodavni čas.

Eine Welle puren Lebens durchströmte jeden Muskel und jede Sehne.

Val čistega življenja je preplavil vsako mišico in kito.

Jeder Sprung schrie, dass er lebte, dass er durch den Tod ging.

Vsak skok je kričal, da živi, da se premika skozi smrt.

Sein Körper schwebte freudig über stilles, kaltes Land, das sich nie regte.

Njegovo telo se je veselo dvigalo nad mirno, hladno zemljo, ki se ni nikoli premaknila.

Spitz blieb selbst in seinen wildesten Momenten kalt und listig.

Spitz je ostal hladen in prebrisan, tudi v svojih najbolj divjih trenutkih.

Er verließ den Pfad und überquerte das Land, wo der Bach eine weite Biegung machte.

Zapustil je pot in prečkal deželo, kjer se je potok široko zavil.

Buck, der davon nichts wusste, blieb auf dem gewundenen Pfad des Kaninchens.

Buck se tega ni zavedal in je ostal na zajčji vijugasti poti.

Dann, als Buck um eine Kurve bog, stand das geisterhafte Kaninchen vor ihm.

Potem, ko je Buck zavil za ovinek, se je pred njim pojavil duhu podoben zajec.

Er sah, wie eine zweite Gestalt vor der Beute vom Ufer sprang.

Videl je drugo postavo, ki je skočila z brega pred plenom.

Bei der Gestalt handelte es sich um Spitz, der direkt auf dem Weg des fliehenden Kaninchens landete.

Postava je bila Spitz, ki je pristal naravnost na poti bežečega zajca.

Das Kaninchen konnte sich nicht umdrehen und traf mitten in der Luft auf Spitz' Kiefer.

Zajec se ni mogel obrniti in je v zraku srečal Spitzove čeljusti.
Das Rückgrat des Kaninchens brach mit einem Schrei, der so scharf war wie der Schrei eines sterbenden Menschen.
Zajčeva hrbtenica se je zlomila s krikom, ostrim kot krik umirajočega človeka.
Bei diesem Geräusch – dem Sturz vom Leben in den Tod – heulte das Rudel laut auf.
Ob tem zvoku – padcu iz življenja v smrt – je krdelo glasno zavpilo.
Hinter Buck erhob sich ein wilder Chor voller dunkler Freude.
Izza Bucka se je zaslišal divji zbor, poln temačnega veselja.
Buck gab keinen Schrei von sich, keinen Laut, und stürmte direkt auf Spitz zu.
Buck ni zavpil, ni izdal nobenega glasu in se je pognal naravnost v Spitza.
Er zielte auf die Kehle, traf aber stattdessen die Schulter.
Nameril je v grlo, a je namesto tega zadel ramo.
Sie stürzten durch den weichen Schnee, ihre Körper waren in einen Kampf verstrickt.
Premetavali so se po mehkem snegu; njihova telesa so se spopadla v boju.
Spitz sprang schnell auf, als wäre er nie niedergeschlagen worden.
Spitz je hitro skočil pokonci, kot da ga sploh nihče ni podrl.
Er schlug auf Bucks Schulter und sprang dann aus dem Kampf.
Udaril je Bucka v ramo in nato skočil iz boja.
Zweimal schnappten seine Zähne wie Stahlfallen, seine Lippen waren grimmig gekräuselt.
Dvakrat so mu zobje skočili kot jeklene pasti, ustnice so bile stisnjene in divje.
Er wich langsam zurück und suchte festen Boden unter seinen Füßen.
Počasi se je umikal in iskal trdna tla pod nogami.
Buck verstand den Moment sofort und vollkommen.
Buck je trenutek razumel takoj in popolnoma.

Die Zeit war gekommen; der Kampf würde ein Kampf auf Leben und Tod werden.

Prišel je čas; boj se je odvil na življenje in smrt.

Die beiden Hunde umkreisten knurrend den Raum, legten die Ohren an und kniffen die Augen zusammen.

Psa sta krožila okoli njih, renčala, s sploščenimi ušesi in zoženimi očmi.

Jeder Hund wartete darauf, dass der andere Schwäche zeigte oder einen Fehltritt machte.

Vsak pes je čakal, da drugi pokaže šibkost ali napačen korak.

Buck hatte ein unheimliches Gefühl, die Szene zu kennen und tief in Erinnerung zu behalten.

Bucku se je prizor zdel nenavadno znan in globoko vtisnjen v spomin.

Die weißen Wälder, die kalte Erde, die Schlacht im Mondlicht.

Beli gozdovi, mrzla zemlja, bitka pod mesečino.

Eine schwere Stille erfüllte das Land, tief und unnatürlich.

Deželo je napolnila težka tišina, globoka in nenaravna.

Kein Wind regte sich, kein Blatt bewegte sich, kein Geräusch unterbrach die Stille.

Noben veter se ni premaknil, noben list se ni premaknil, noben zvok ni prekinil tišine.

Der Atem der Hunde stieg wie Rauch in die eiskalte, stille Luft.

Pasji dih se je dvigal kot dim v ledenem, tihem zraku.

Das Kaninchen war von der Meute der wilden Tiere längst vergessen.

Zajca je trop divjih zveri že zdavnaj pozabil.

Diese halb gezähmten Wölfe standen nun still in einem weiten Kreis.

Ti napol ukročeni volkovi so zdaj stali pri miru v širokem krogu.

Sie waren still, nur ihre leuchtenden Augen verrieten ihren Hunger.

Bili so tiho, le njihove žareče oči so razkrivale njihovo lakoto.

Ihr Atem stieg auf, als sie den Beginn des Endkampfes beobachteten.

Zadržala sta dih, ko sta opazovala začetek zadnjega boja.

Für Buck war dieser Kampf alt und erwartet, überhaupt nicht ungewöhnlich.

Za Bucka je bila ta bitka stara in pričakovana, sploh ne nenavadna.

Es fühlte sich an wie die Erinnerung an etwas, das schon immer passieren sollte.

Občutek je bil kot spomin na nekaj, kar se je vedno moralo zgoditi.

Spitz war ein ausgebildeter Kampfhund, gestählt durch zahllose wilde Schlägereien.

Špic je bil izurjen bojni pes, izpilen z neštetimi divjimi pretepmi.

Von Spitzbergen bis Kanada hatte er viele Feinde besiegt.

Od Spitzbergna do Kanade je obvladal številne sovražnike.

Er war voller Wut, ließ seiner Wut jedoch nie freien Lauf.

Bil je poln besa, a jeze ni nikoli obvladal.

Seine Leidenschaft war scharf, aber immer durch einen harten Instinkt gemildert.

Njegova strast je bila ostra, a vedno jo je krotil trd nagon.

Er griff nie an, bis seine eigene Verteidigung stand.

Nikoli ni napadel, dokler ni imel lastne obrambe.

Buck versuchte immer wieder, Spitz' verwundbaren Hals zu erreichen.

Buck je znova in znova poskušal doseči Spitzov ranljiv vrat.

Doch jeder Schlag wurde von Spitz' scharfen Zähnen mit einem Hieb beantwortet.

Toda vsak udarec je bil počaščen z rezom Spitzovih ostrih zob.

Ihre Reißzähne prallten aufeinander und beide Hunde bluteten aus den aufgerissenen Lippen.

Njuni zobje so se spopadli in oba psa sta krvavela iz raztrganih ustnic.

Egal, wie sehr Buck sich auch wehrte, er konnte die Verteidigung nicht durchbrechen.

Ne glede na to, kako se je Buck pognal v napad, ni mogel prebiti obrambe.

Er wurde immer wütender und stürmte mit wilden Kraftausbrüchen hinein.

Postajal je vse bolj besen in planil noter z divjimi izbruhi moči.

Immer wieder schlug Buck nach der weißen Kehle von Spitz.

Buck je znova in znova udarjal po Spitzovem belem grlu.

Jedes Mal wich Spitz aus und schlug mit einem schneidenden Biss zurück.

Spitz se je vsakič izognil in udaril nazaj z rezalnim ugrizom.

Dann änderte Buck seine Taktik und stürzte sich erneut darauf, als wolle er ihm die Kehle zu Leibe rücken.

Nato je Buck spremenil taktiko in se spet pognal, kot da bi mu šlo za grlo.

Doch er zog sich mitten im Angriff zurück und drehte sich um, um von der Seite zuzuschlagen.

A sredi napada se je umaknil in se obrnil, da bi udaril s strani.

Er warf Spitz seine Schulter entgegen, um ihn niederzuschlagen.

Z ramo je zadel Spitza, da bi ga podrl.

Bei jedem Versuch wich Spitz aus und konterte mit einem Hieb.

Vsakič, ko je poskusil, se je Spitz izognil in odvrnil z udarcem.

Bucks Schulter wurde wund, als Spitz nach jedem Schlag davonsprang.

Bucka je bolela rama, ko je Spitz po vsakem udarcu odskočil.

Spitz war nicht berührt worden, während Buck aus vielen Wunden blutete.

Spitza se niso dotaknili, medtem ko je Buck krvavel iz številnih ran.

Bucks Atem ging schnell und schwer, sein Körper war blutverschmiert.

Buck je hitro in težko dihal, telo pa je imel spolzko od krvi.

Mit jedem Biss und Angriff wurde der Kampf brutaler.

Boj je z vsakim ugrizom in napadom postajal bolj brutalen.

Um sie herum warteten sechzig stille Hunde darauf, dass der erste fiel.

Okoli njih je šestdeset tihih psov čakalo, da prvi pade.

Wenn ein Hund zu Boden ging, würde das Rudel den Kampf beenden.

Če bi en pes padel, bi krdelo končalo boj.

Spitz sah, dass Buck schwächer wurde, und begann, den Angriff voranzutreiben.

Spitz je videl, da Buck slabi, in začel napadati.

Er brachte Buck aus dem Gleichgewicht und zwang ihn, um Halt zu kämpfen.

Bucka je spravil iz ravnotežja in ga prisilil, da se je moral boriti za oporo.

Einmal stolperte Buck und fiel, und alle Hunde standen auf.

Nekoč se je Buck spotaknil in padel, vsi psi pa so vstali.

Doch Buck richtete sich mitten im Fall auf und alle sanken wieder zu Boden.

Toda Buck se je sredi padca poravnal in vsi so se spet pogreznili.

Buck hatte etwas Seltenes – eine Vorstellungskraft, die aus tiefem Instinkt geboren war.

Buck je imel nekaj redkega – domišljijo, rojeno iz globokega nagona.

Er kämpfte mit natürlichem Antrieb, aber auch mit List.

Boril se je z naravnim nagonom, a se je boril tudi z zvitostjo.

Er griff erneut an, als würde er seinen Schulterangriffstrick wiederholen.

Ponovno je napadel, kot da bi ponavljal svoj trik z napadom z ramo.

Doch in der letzten Sekunde ließ er sich fallen und flog unter Spitz hindurch.

Toda v zadnjem trenutku se je spustil nizko in pometel pod Spitza.

Seine Zähne schnappten um Spitz' linkes Vorderbein.

Njegovi zobje so se s poskokom zaskočili za Spitzovo sprednjo levo nogo.

Spitz stand nun unsicher da, sein Gewicht ruhte nur noch auf drei Beinen.

Spitz je zdaj stal nestabilen, saj je težil le na treh nogah.

Buck schlug erneut zu und versuchte dreimal, ihn zu Fall zu bringen.

Buck je znova udaril in ga trikrat poskušal podreti.

Beim vierten Versuch nutzte er denselben Zug mit Erfolg

V četrtem poskusu je uspešno uporabil isto potezo.

Diesmal gelang es Buck, Spitz in das rechte Bein zu beißen.

Tokrat je Bucku uspelo ugrizniti Spitzovo desno nogo.

Obwohl Spitz verkrüppelt war und große Schmerzen litt, kämpfte er weiter ums Überleben.

Spitz, čeprav pohabljen in v agoniji, se je še naprej boril za preživetje.

Er sah, wie der Kreis der Huskys enger wurde, die Zungen herausstreckten und deren Augen leuchteten.

Videl je, kako se krog haskijev zoži, z iztegnjenimi jeziki in žarečimi očmi.

Sie warteten darauf, ihn zu verschlingen, so wie sie es mit anderen getan hatten.

Čakali so, da ga požrejo, tako kot so storili drugim.

Dieses Mal stand er im Mittelpunkt: besiegt und verdammt.

Tokrat je stal v središču; poražen in obsojen na propad.

Für den weißen Hund gab es jetzt keine Möglichkeit mehr zu entkommen.

Beli pes ni imel več možnosti za pobeg.

Buck kannte keine Gnade, denn Gnade hatte in der Wildnis nichts zu suchen.

Buck ni pokazal usmiljenja, saj usmiljenje v divjini ni bilo primerno.

Buck bewegte sich vorsichtig und bereitete sich auf den letzten Angriff vor.

Buck se je previdno premikal in se pripravljal na zadnji napad.

Der Kreis der Huskys schloss sich, er spürte ihren warmen Atem.

Krog haskijev se je zožil; čutil je njihov topel dih.

Sie duckten sich und waren bereit, im richtigen Moment zu springen.

Sklonili so se, pripravljeni skočiti, ko bo prišel pravi trenutek.

Spitz zitterte im Schnee, knurrte und veränderte seine Haltung.

Spitz se je tresel v snegu, renčal in spreminjal držo.

Seine Augen funkelten, seine Lippen waren gekräuselt und seine Zähne blitzten in verzweifelter Drohung.

Oči so mu žarele, ustnice so se mu zvile, zobje pa so se mu zabliskali v obupani grožnji.

Er taumelte und versuchte immer noch, dem kalten Biss des Todes standzuhalten.

Omahnil se je, še vedno poskušajoč zadržati hladen ugriz smrti.

Er hatte das schon früher erlebt, aber immer von der Gewinnerseite.

To je že videl, ampak vedno z zmagovalne strani.

Jetzt war er auf der Verliererseite, der Besiegte, die Beute, der Tod.

Zdaj je bil na strani poražencev; poražencev; plena; smrti.

Buck umkreiste ihn für den letzten Schlag, der Hundekreis rückte näher.

Buck se je obrnil za zadnji udarec, krog psov se je stisnil bližje.

Er konnte ihren heißen Atem spüren; bereit zum Töten.

Čutil je njihov vroč dih; pripravljeni na uboj.

Stille breitete sich aus; alles war an seinem Platz; die Zeit war stehen geblieben.

Zavladala je tišina; vse je bilo na svojem mestu; čas se je ustavil.

Sogar die kalte Luft zwischen ihnen gefror für einen letzten Moment.

Celo hladen zrak med njima je za zadnji trenutek zmrznil.

Nur Spitz bewegte sich und versuchte, sein bitteres Ende abzuwenden.

Samo Spitz se je premaknil in poskušal zadržati svoj grenki konec.

Der Kreis der Hunde schloss sich um ihn, und das war sein Schicksal.

Krog psov se je ovijal okoli njega, tako kot njegova usoda.

Er war jetzt verzweifelt, da er wusste, was passieren würde.

Zdaj je bil obupan, saj je vedel, kaj se bo zgodilo.

Buck sprang hinein, Schulter an Schulter traf ein letztes Mal.

Buck je skočil noter, rama se je srečala še zadnjič.

Die Hunde drängten vorwärts und deckten Spitz in der verschneiten Dunkelheit.

Psi so planili naprej in v snežni temi prekrili Spitza.

Buck sah zu, aufrecht stehend; der Sieger in einer wilden Welt.

Buck je opazoval, stoječ vzravnano; zmagovalec v divjem svetu.

Das dominante Urtier hatte seine Beute gemacht, und es war gut.

Dominantna prvobitna zver je ubila svojega, in to je bilo dobro.

Wer die Meisterschaft erlangt hat
On, ki je zmagal do mojstrstva

„Wie? Was habe ich gesagt? Ich sage die Wahrheit, wenn ich sage, dass Buck ein Teufel ist."

„Kaj? Kaj sem rekel? Resnico imam, ko pravim, da je Buck hudič."

François sagte dies am nächsten Morgen, nachdem er festgestellt hatte, dass Spitz verschwunden war.

François je to povedal naslednje jutro, potem ko je ugotovil, da Spitz pogreša.

Buck stand da, übersät mit Wunden aus dem erbitterten Kampf.

Buck je stal tam, prekrit z ranami od hudega boja.

François zog Buck zum Feuer und zeigte auf die Verletzungen.

François je potegnil Bucka k ognju in pokazal na poškodbe.

„Dieser Spitz hat gekämpft wie der Devik", sagte Perrault und beäugte die tiefen Schnittwunden.

»Ta Spitz se je boril kot Devik,« je rekel Perrault, medtem ko je opazoval globoke rane.

„Und dieser Buck hat wie zwei Teufel gekämpft", antwortete François sofort.

„In ta Buck se je boril kot dva hudiča," je takoj odgovoril François.

„Jetzt kommen wir gut voran; kein Spitz mehr, kein Ärger mehr."

"Zdaj bomo kar hitro napredovali; nič več Špica, nič več težav."

Perrault packte die Ausrüstung und belud den Schlitten sorgfältig.

Perrault je pakiral opremo in skrbno naložil sani.

François spannte die Hunde für den Lauf des Tages an.

François je pse vpregel v pripravah na dnevni tek.

Buck trabte direkt an die Führungsposition, die einst Spitz innehatte.

Buck je stekel naravnost do vodilnega položaja, ki ga je nekoč zasedal Spitz.

Doch François bemerkte es nicht und führte Solleks nach vorne.

Toda François, ne da bi opazil, je Solleksa vodil naprej.

Nach François' Einschätzung war Solleks nun der beste Leithund.

Po Françoisovi presoji je bil Solleks zdaj najboljši pes za vodenje.

Buck stürzte sich wütend auf Solleks und trieb ihn aus Protest zurück.

Buck je besno skočil na Solleksa in ga v znak protesta potisnil nazaj.

Er stand dort, wo einst Spitz gestanden hatte, und beanspruchte die Führungsposition.

Stal je tam, kjer je nekoč stal Spitz, in si prisvojil vodilni položaj.

„Wie? Wie?", rief François und schlug sich amüsiert auf die Schenkel.

„Kaj? Ka?" je vzkliknil François in se zabavano tlesknil po stegnih.

„Sehen Sie sich Buck an – er hat Spitz umgebracht und jetzt will er ihm den Job wegnehmen!"

„Poglej Bucka – ubil je Spitza, zdaj pa hoče prevzeti še službo!"

„Geh weg, Chook!", schrie er und versuchte, Buck zu vertreiben.

„Pojdi stran, Chook!" je zavpil in poskušal odgnati Bucka.

Aber Buck weigerte sich, sich zu bewegen und blieb fest im Schnee stehen.

Toda Buck se ni hotel premakniti in je trdno stal v snegu.

François packte Buck am Genick und zog ihn beiseite.

François je zgrabil Bucka za rit in ga odvlekel na stran.

Buck knurrte leise und drohend, griff aber nicht an.

Buck je tiho in groze če zarenčal, vendar ni napadel.

François brachte Solleks wieder in Führung und versuchte, den Streit zu schlichten

François je Solleks spet prevzel vodstvo in poskušal rešiti spor.

Der alte Hund zeigte Angst vor Buck und wollte nicht bleiben.

Stari pes se je bal Bucka in ni hotel ostati.

Als François ihm den Rücken zuwandte, verjagte Buck Solleks wieder.

Ko se je François obrnil, je Buck spet pregnal Solleksa ven.

Solleks leistete keinen Widerstand und trat erneut leise zur Seite.

Solleks se ni upiral in se je spet tiho umaknil.

François wurde wütend und schrie: „Bei Gott, ich werde dich heilen!"

François se je razjezil in zavpil: »Pri Bogu, popravil te bom!«

Er kam mit einer schweren Keule in der Hand auf Buck zu.

Prišel je proti Bucku in v roki držal težko palico.

Buck erinnerte sich gut an den Mann im roten Pullover.

Buck se je dobro spominjal moškega v rdečem puloverju.

Er zog sich langsam zurück, beobachtete François, knurrte jedoch tief.

Počasi se je umikal, opazoval Françoisa, a je pri tem globoko renčal.

Er eilte nicht zurück, auch nicht, als Solleks an seiner Stelle stand.

Ni se umaknil, niti ko je Solleks stal na njegovem mestu.

Buck kreiste knapp außerhalb seiner Reichweite und knurrte wütend und protestierend.

Buck je krožil tik pred dosegom, besno in protestno renčajoč.

Er behielt den Schläger im Auge und war bereit auszuweichen, falls François warf.

Oči je imel uprte v palico, pripravljen se je izogniti, če bi jo François vrgel.

Er war weise und vorsichtig geworden im Umgang mit bewaffneten Männern.

Postal je moder in previden glede načinov ravnanja z orožjem.

François gab auf und rief Buck erneut an seinen alten Platz.

François je obupal in spet poklical Bucka na svoje prejšnje mesto.

Aber Buck trat vorsichtig zurück und weigerte sich, dem Befehl Folge zu leisten.
Toda Buck je previdno stopil nazaj in ni hotel ubogati ukaza.
François folgte ihm, aber Buck wich nur ein paar Schritte zurück.
François mu je sledil, Buck pa se je umaknil le še nekaj korakov.
Nach einiger Zeit warf François frustriert die Waffe hin.
Čez nekaj časa je François v frustraciji vrgel orožje na tla.
Er dachte, Buck hätte Angst vor einer Tracht Prügel und würde ruhig kommen.
Mislil je, da se Buck boji pretepa in da bo prišel tiho.
Aber Buck wollte sich nicht vor einer Strafe drücken – er kämpfte um seinen Rang.
Toda Buck se ni izogibal kazni – boril se je za čin.
Er hatte sich den Platz als Leithund durch einen Kampf auf Leben und Tod verdient
Mesto vodilnega psa si je prislužil z bojem na smrt.
er würde sich mit nichts Geringerem zufrieden geben, als der Anführer zu sein.
Ni se hotel zadovoljiti z nič manj kot s tem, da bi bil vodja.

Perrault beteiligte sich an der Verfolgung, um den rebellischen Buck zu fangen.
Perrault se je vmešal v zasledovanje, da bi pomagal ujeti uporniškega Bucka.
Gemeinsam ließen sie ihn fast eine Stunde lang durch das Lager laufen.
Skupaj sta ga skoraj eno uro vodila po taborišču.
Sie warfen Knüppel nach ihm, aber Buck wich jedem Schlag geschickt aus.
Metali so ga s palicami, toda Buck se je vsaki spretno izognil.
Sie verfluchten ihn, seine Vorfahren, seine Nachkommen und jedes Haar an ihm.
Prekleli so njega, njegove prednike, njegove potomce in vsak las na njem.

Aber Buck knurrte nur zurück und blieb gerade außerhalb ihrer Reichweite.

Toda Buck je le zarenčal nazaj in se ostal tik izven njihovega dosega.

Er versuchte nie wegzulaufen, sondern umkreiste das Lager absichtlich.

Nikoli ni poskušal pobegniti, ampak je namerno krožil okoli tabora.

Er machte klar, dass er gehorchen würde, sobald sie ihm gäben, was er wollte.

Jasno je dal vedeti, da bo ubogal, ko mu bodo dali, kar hoče.

Schließlich setzte sich François hin und kratzte sich frustriert am Kopf.

François se je končno usedel in se od frustracije popraskal po glavi.

Perrault sah auf seine Uhr, fluchte und murmelte etwas über die verlorene Zeit.

Perrault je pogledal na uro, preklinjal in mrmral o izgubljenem času.

Obwohl sie eigentlich auf der Spur sein sollten, war bereits eine Stunde vergangen.

Ura je že minila, ko bi morali biti na poti.

François zuckte verlegen mit den Achseln, als der Kurier resigniert seufzte.

François je sramežljivo skomignil z rameni proti kurirju, ki je poraženo zavzdihnil.

Dann ging François zu Solleks und rief Buck noch einmal.

Nato je François stopil do Solleksa in še enkrat poklical Bucka.

Buck lachte wie ein Hund, wahrte jedoch vorsichtig seine Distanz.

Buck se je smejal kot pes, a je držal previdno razdaljo.

François nahm Solleks das Geschirr ab und brachte ihn an seinen Platz zurück.

François je Solleksu snel oprsnico in ga vrnil na njegovo mesto.

Das Schlittenteam stand voll angespannt da, nur ein Platz war unbesetzt.

Sankaška vprega je stala popolnoma izprežena, le eno mesto je bilo prazno.

Die Führungsposition blieb leer und war eindeutig nur für Buck bestimmt.

Vodilni položaj je ostal prazen, očitno namenjen samo Bucku.

François rief erneut, und wieder lachte Buck und blieb standhaft.

François je spet poklical in Buck se je spet zasmejal in vztrajal pri svojem.

„Wirf die Keule weg", befahl Perrault ohne zu zögern.

»Vrzi palico,« je brez oklevanja ukazal Perrault.

François gehorchte und Buck trabte sofort stolz vorwärts.

François je ubogal in Buck je takoj ponosno stekel naprej.

Er lachte triumphierend und übernahm die Führungsposition.

Zmagoslavno se je zasmejal in stopil na vodilni položaj.

François befestigte seine Leinen und der Schlitten wurde losgerissen.

François je zavaroval svoje sledi in sani so se odtrgale.

Beide Männer liefen neben dem Team her, als es auf den Flusspfad rannte.

Oba moška sta tekla skupaj, ko je ekipa dirjala po rečni poti.

François hatte Bucks „zwei Teufel" sehr geschätzt,

François je imel Buckova »dve hudiči« zelo dobro mnenje.

aber er merkte bald, dass er den Hund tatsächlich unterschätzt hatte.

a kmalu je spoznal, da je psa pravzaprav podcenil.

Buck übernahm schnell die Führung und erbrachte hervorragende Leistungen.

Buck je hitro prevzel vodstvo in se odlično odrezal.

In puncto Urteilsvermögen, schnelles Denken und schnelles Handeln übertraf Buck Spitz.

V presoji, hitrem razmišljanju in hitrem delovanju je Buck prekosil Spitza.

François hatte noch nie einen Hund gesehen, der dem von Buck gleichkam.

François še nikoli ni videl psa, ki bi bil enak temu, kar je Buck zdaj razkazoval.

Aber Buck war wirklich herausragend darin, für Ordnung zu sorgen und Respekt zu erlangen.

Toda Buck je resnično blestel v uveljavljanju reda in vzbujanju spoštovanja.

Dave und Solleks akzeptierten die Änderung ohne Bedenken oder Protest.

Dave in Solleks sta spremembo sprejela brez skrbi ali protesta.

Sie konzentrierten sich nur auf die Arbeit und zogen kräftig die Zügel an.

Osredotočili so se le na delo in močno vlečenje vajeti.

Es war ihnen egal, wer führte, solange der Schlitten in Bewegung blieb.

Ni jih bilo mar, kdo vodi, dokler so se sani premikale.

Billee, der Fröhliche, hätte, soweit es sie interessierte, die Führung übernehmen können.

Billee, tista vesela, bi lahko vodila, če bi jim bilo mar.

Was ihnen wichtig war, waren Frieden und Ordnung in den Reihen.

Pomembna jim je bila mir in red v vrstah.

Der Rest des Teams war während Spitz' Niedergang unbändig geworden.

Preostali del ekipe je med Spitzovim upadanjem postal neubogljiv.

Sie waren schockiert, als Buck sie sofort zur Ordnung rief.

Bili so šokirani, ko jih je Buck takoj spravil v red.

Pike war immer faul gewesen und hatte Buck hinterhergehangen.

Pike je bil vedno len in se je vlekel za Buckom.

Doch nun wurde er von der neuen Führung scharf diszipliniert.

A zdaj ga je novo vodstvo ostro discipliniralo.

Und er lernte schnell, seinen Teil zum Team beizutragen.

In hitro se je naučil prevzeti svojo vlogo v ekipi.

Am Ende des Tages hatte Pike härter gearbeitet als je zuvor.

Do konca dneva je Pike delal bolj kot kdaj koli prej.

In dieser Nacht im Lager wurde Joe, der mürrische Hund, endlich beruhigt.

Tisto noč v taboru je bil Joe, kisli pes, končno ukročen.

Spitz hatte es nicht geschafft, ihn zu disziplinieren, aber Buck versagte nicht.

Spitz ga ni uspel disciplinirati, Buck pa ni odpovedal.

Durch die Nutzung seines größeren Gewichts überwältigte Buck Joe in Sekundenschnelle.

Buck je s svojo večjo težo v nekaj sekundah premagal Joeja.

Er biss und schlug Joe, bis dieser wimmerte und aufhörte, sich zu wehren.

Grizel in pretepal je Joeja, dokler ni zastokal in se nehal upirati.

Von diesem Moment an verbesserte sich das gesamte Team.

Celotna ekipa se je od tistega trenutka naprej izboljšala.

Die Hunde erlangten ihre alte Einheit und Disziplin zurück.

Psi so si povrnili staro enotnost in disciplino.

In Rink Rapids kamen zwei neue einheimische Huskies hinzu, Teek und Koona.

V Rink Rapidsu sta se pridružila dva nova avtohtona haskija, Teek in Koona.

Bucks schnelle Ausbildung erstaunte sogar François.

Buckova hitra dresura je osupnila celo Françoisa.

„So einen Hund wie diesen Buck hat es noch nie gegeben!", rief er erstaunt.

„Nikoli ni bilo takega psa kot je ta Buck!" je zavpil od začudenja.

„Nein, niemals! Er ist tausend Dollar wert, bei Gott!"

"Ne, nikoli! Vreden je tisoč dolarjev, bogve!"

„Wie? Was sagst du dazu, Perrault?", fragte er stolz.

„Kaj? Kaj praviš, Perrault?" je vprašal s ponosom.

Perrault nickte zustimmend und überprüfte seine Notizen.

Perrault je prikimal v znak strinjanja in preveril svoje zapiske.

Wir liegen bereits vor dem Zeitplan und kommen täglich weiter voran.

Že prehitevamo urnik in vsak dan pridobivamo več.

Der Weg war festgestampft und glatt, es lag kein Neuschnee.

Pot je bila utrjena in gladka, brez svežega snega.

Es war konstant kalt und lag die ganze Zeit bei minus fünfzig Grad.

Mraz je bil vztrajen, ves čas se je gibal okoli petdeset stopinj pod ničlo.

Die Männer ritten und rannten abwechselnd, um sich warm zu halten und Zeit zu gewinnen.

Moški so jahali in tekli izmenično, da bi se ogreli in imeli čas.

Die Hunde rannten schnell, mit wenigen Pausen, immer vorwärts.

Psi so tekli hitro z le nekaj postanki in vedno naprej.

Der Thirty Mile River war größtenteils zugefroren und leicht zu überqueren.

Reka Trideset milj je bila večinoma zamrznjena in jo je bilo enostavno prečkati.

Was zehn Tage gedauert hatte, wurde an einem Tag verschickt.

Odšli so v enem dnevu, kar je trajalo deset dni, da so prišli.

Sie legten einen sechsundneunzig Kilometer langen Sprint vom Lake Le Barge nach White Horse zurück.

Pretekla sta šestdeset milj od jezera Le Barge do Belega konja.

Sie bewegten sich unglaublich schnell über die Seen Marsh, Tagish und Bennett.

Čez jezera Marsh, Tagish in Bennett so se premikali neverjetno hitro.

Der laufende Mann wird an einem Seil hinter dem Schlitten hergezogen.

Tekalec je vlekel sani na vrvi.

In der letzten Nacht der zweiten Woche erreichten sie ihr Ziel.

Zadnjo noč drugega tedna so prispeli na cilj.

Sie hatten gemeinsam die Spitze des White Pass erreicht.

Skupaj sta dosegla vrh Belega prelaza.

Sie sanken auf Meereshöhe hinab, mit den Lichtern von Skaguay unter ihnen.

Spustili so se na morsko gladino, pod njimi pa so bile luči Skaguaya.

Es war ein Rekordlauf durch kilometerlange kalte Wildnis.

Bil je rekorden tek čez kilometre mrzle divjine.

An vierzehn aufeinanderfolgenden Tagen legten sie im Durchschnitt satte vierundsechzig Kilometer zurück.

Štirinajst dni zapored so v povprečju prevozili dobrih štirideset milj.

In Skaguay transportierten Perrault und François Fracht durch die Stadt.

V Skaguayu sta Perrault in François prevažala tovor skozi mesto.

Die bewundernde Menge jubelte ihnen zu und bot ihnen viele Getränke an.

Občudujoča množica jih je pozdravljala in jim ponujala veliko pijače.

Hundefänger und Arbeiter versammelten sich um das berühmte Hundegespann.

Lovci na pse in delavci so se zbrali okoli slavne pasje vprege.

Dann kamen Gesetzlose aus dem Westen in die Stadt und erlitten eine brutale Niederlage.

Nato so v mesto prišli zahodni izobčenci in doživeli nasilni poraz.

Die Leute vergaßen bald das Team und konzentrierten sich auf neue Dramen.

Ljudje so kmalu pozabili na ekipo in se osredotočili na novo dramo.

Dann kamen die neuen Befehle, die alles auf einen Schlag veränderten.

Nato so prišli novi ukazi, ki so vse naenkrat spremenili.

François rief Buck zu sich und umarmte ihn mit tränenreichem Stolz.

François je poklical Bucka k sebi in ga s solzami v ponosu objel.

In diesem Moment sah Buck François zum letzten Mal wieder.

Ta trenutek je bil zadnjič, ko je Buck spet videl Françoisa.

Wie viele Männer zuvor waren sowohl François als auch Perrault nicht mehr da.

Kot mnogi moški prej sta bila tudi François in Perrault odsotna.

Ein schottischer Mischling übernahm das Kommando über Buck und seine Schlittenhunde-Kollegen.

Škotski mešanec je prevzel nadzor nad Buckom in njegovimi soigralci v ekipi za vlečne pse.

Mit einem Dutzend anderer Hundegespanne kehrten sie auf dem Weg nach Dawson zurück.

Z ducatom drugih pasjih vpreg so se vrnili po poti v Dawson.

Es war kein Schnelllauf mehr, sondern harte Arbeit mit einer schweren Last jeden Tag.

Ni bilo več hitrega teka – le težko delo s težkim bremenom vsak dan.

Dies war der Postzug, der den Goldsuchern in der Nähe des Pols Nachrichten brachte.

To je bil poštni vlak, ki je prinašal novice lovcem na zlato blizu tečaja.

Buck mochte die Arbeit nicht, ertrug sie jedoch gut und war stolz auf seine Leistung.

Bucku delo ni bilo všeč, a ga je dobro prenašal in bil ponosen na svoj trud.

Wie Dave und Solleks zeigte Buck Hingabe bei jeder täglichen Aufgabe.

Tako kot Dave in Solleks je tudi Buck pokazal predanost vsaki dnevni nalogi.

Er stellte sicher, dass jeder seiner Teamkollegen seinen Teil beitrug.

Poskrbel je, da bo vsak od njegovih soigralcev odgovarjal svojim potrebam.

Das Leben auf dem Trail wurde langweilig und wiederholte sich mit der Präzision einer Maschine.

Življenje na poti je postalo dolgočasno, ponavljalo se je z natančnostjo stroja.

Jeder Tag fühlte sich gleich an, ein Morgen ging in den nächsten über.

Vsak dan je bil enak, eno jutro se je zlivalo z naslednjim.

Zur gleichen Stunde standen die Köche auf, um Feuer zu machen und Essen zuzubereiten.

Ob isti uri so kuharji vstali, da bi zakurili ogenj in pripravili hrano.

Nach dem Frühstück verließen einige das Lager, während andere die Hunde anspannten.

Po zajtrku so nekateri zapustili tabor, drugi pa so vpregli pse.

Sie machten sich auf den Weg, bevor die schwache Morgendämmerung den Himmel berührte.

Na pot so se podali, še preden se je nebo dotaknilo medlo opozorilo na zori.

Nachts hielten sie an, um ihr Lager aufzuschlagen, wobei jeder Mann eine festgelegte Aufgabe hatte.

Ponoči so se ustavili, da bi postavili tabor, vsak moški pa je imel določeno dolžnost.

Einige stellten die Zelte auf, andere hackten Feuerholz und sammelten Kieferrnzweige.

Nekateri so postavili šotore, drugi so sekali drva in nabirali borove veje.

Zum Abendessen wurde den Köchen Wasser oder Eis mitgebracht.

Za večerjo so kuharjem prinesli vodo ali led.

Die Hunde wurden gefüttert und das war für sie der schönste Teil des Tages.

Psi so bili nahranjeni in to je bil zanje najboljši del dneva.

Nachdem sie Fisch gegessen hatten, entspannten sich die Hunde und machten es sich in der Nähe des Feuers gemütlich.

Potem ko so pojedli ribo, so se psi sprostili in poležavali ob ognju.

Im Konvoi waren noch hundert andere Hunde, unter die man sich mischen konnte.

V konvoju je bilo še sto drugih psov, s katerimi se je bilo mogoče družiti.

Viele dieser Hunde waren wild und kämpften ohne Vorwarnung.

Mnogi od teh psov so bili divji in so se hitro borili brez opozorila.

Doch nach drei Siegen war Buck selbst den härtesten Kämpfern überlegen.

Toda po treh zmagah je Buck obvladal celo najhujše borce.

Als Buck nun knurrte und die Zähne fletschte, traten sie zur Seite.

Ko je Buck zarenčal in pokazal zobe, so se umaknili.

Und das Beste war vielleicht, dass Buck es liebte, neben dem flackernden Lagerfeuer zu liegen.

Morda je bilo najboljše od vsega to, da je Buck rad ležal ob utripajočem tabornem ognju.

Er hockte mit angezogenen Hinterbeinen und nach vorne gestreckten Vorderbeinen.

Sklonil se je s pokrčenimi zadnjimi nogami in iztegnjenimi sprednjimi nogami naprej.

Er hatte den Kopf erhoben und blinzelte sanft in die glühenden Flammen.

Dvignil je glavo in tiho pomežiknil proti žarečim plamenom.

Manchmal musste er an Richter Millers großes Haus in Santa Clara denken.

Včasih se je spominjal velike hiše sodnika Millerja v Santa Clari.

Er dachte an den Zementpool, an Ysabel und den Mops namens Toots.

Pomislil je na cementni bazen, na Ysabel in mopsa po imenu Toots.

Aber häufiger musste er an die Keule des Mannes mit dem roten Pullover denken.

A pogosteje se je spominjal moškega z rdečim puloverjem.

Er erinnerte sich an Curlys Tod und seinen erbitterten Kampf mit Spitz.

Spomnil se je Kodrastijeve smrti in njegovega hudega boja s Spitzom.

Er erinnerte sich auch an das gute Essen, das er gegessen hatte oder von dem er immer noch träumte.

Spomnil se je tudi dobre hrane, ki jo je jedel ali o kateri je še vedno sanjal.

Buck hatte kein Heimweh – das warme Tal war weit weg und unwirklich.

Buck ni čutil domotožja – topla dolina je bila oddaljena in neresnična.

Die Erinnerungen an Kalifornien hatten keine große Anziehungskraft mehr auf ihn.

Spomini na Kalifornijo ga niso več zares privlačili.

Stärker als die Erinnerung waren die tief in seinem Blut verwurzelten Instinkte.

Močnejši od spomina so bili nagoni, globoko zakoreninjeni v njegovi krvni liniji.

Einst verlorene Gewohnheiten waren zurückgekehrt und durch den Weg und die Wildnis wiederbelebt worden.

Navade, ki so jih nekoč izgubili, so se vrnile, oživljene s potjo in divjino.

Während Buck das Feuerlicht betrachtete, veränderte sich seine Wahrnehmung manchmal.

Ko je Buck opazoval svetlobo ognja, je ta včasih postala nekaj drugega.

Er sah im Feuerschein ein anderes Feuer, älter und tiefer als das gegenwärtige.

V soju ognja je zagledal drug ogenj, starejši in globlji od sedanjega.

Neben dem anderen Feuer hockte ein Mann, der anders aussah als der Mischlingskoch.

Ob tistem drugem ognju je čepel moški, ki ni bil podoben mešancu kuharju.

Diese Figur hatte kurze Beine, lange Arme und harte, verknotete Muskeln.

Ta figura je imela kratke noge, dolge roke in trde, vozlane mišice.

Sein Haar war lang und verfilzt und fiel von den Augen nach hinten ab.

Njegovi lasje so bili dolgi in spleteni, padali so nazaj od oči.

Er gab seltsame Geräusche von sich und starrte voller Angst in die Dunkelheit.

Spuščal je čudne zvoke in prestrašeno strmel v temo.

Er hielt eine Steinkeule tief in seiner langen, rauen Hand fest.

Kamnito palico je držal nizko, močno stisnjeno v dolgi, hrapavi roki.

Der Mann trug wenig, nur eine verkohlte Haut, die ihm den Rücken hinunterhing.

Moški je bil oblečen le v zoglenelo kožo, ki mu je visela po hrbtu.

Sein Körper war an Armen, Brust und Oberschenkeln mit dichtem Haar bedeckt.

Njegovo telo je bilo prekrito z gostimi dlakami po rokah, prsih in stegnih.

Einige Teile des Haares waren zu rauen Fellbüscheln verfilzt.

Nekateri deli dlake so bili zapleteni v pramene grobe dlake.

Er stand nicht gerade, sondern war von der Hüfte bis zu den Knien nach vorne gebeugt.

Ni stal vzravnano, ampak se je sklonil naprej od bokov do kolen.

Seine Schritte waren federnd und katzenartig, als wäre er immer zum Sprung bereit.

Njegovi koraki so bili prožni in mačji, kot da bi bil vedno pripravljen skočiti.

Er war in höchster Wachsamkeit, als lebte er in ständiger Angst.

Bila je ostra budnost, kot da bi živel v nenehnem strahu.

Dieser alte Mann schien mit Gefahr zu rechnen, ob er die Gefahr nun sah oder nicht.

Zdelo se je, da ta starodavni mož pričakuje nevarnost, ne glede na to, ali je bila nevarnost vidna ali ne.

Manchmal schlief der haarige Mann am Feuer, den Kopf zwischen die Beine gesteckt.

Včasih je kosmati mož spal ob ognju, z glavo stisnjeno med noge.

Seine Ellbogen ruhten auf seinen Knien, die Hände waren über seinem Kopf gefaltet.

Komolce je imel naslonjene na kolena, roke sklenjene nad glavo.

Wie ein Hund benutzte er seine haarigen Arme, um den fallenden Regen abzuschütteln.

Kot pes je s svojimi dlakavimi rokami brisal padajoči dež.

Hinter dem Feuerschein sah Buck zwei Kohlen im Dunkeln glühen.

Onkraj ognja je Buck v temi zagledal dvojni žerjav.

Immer zu zweit, waren sie die Augen der sich anpirschenden Raubtiere.

Vedno dva krat dva, sta bila oči zalezovalnih zveri.

Er hörte, wie Körper durchs Unterholz krachten und Geräusche in der Nacht.

Slišal je trupla, ki so se tresla skozi grmovje, in zvoke, ki so se pojavljali v noči.

Buck lag blinzelnd am Ufer des Yukon und träumte am Feuer.

Buck je ležal na bregu Yukona in pomežiknil, sanjajoč ob ognju.

Die Anblicke und Geräusche dieser wilden Welt ließen ihm die Haare zu Berge stehen.

Ob prizorih in zvokih tega divjega sveta so mu lasje vstali.

Das Fell stand ihm über den Rücken, die Schultern und den Hals hinauf.

Dlaka se mu je dvigala po hrbtu, ramenih in vratu.

Er wimmerte leise oder gab ein tiefes Knurren aus der Brust von sich.

Tiho je stokal ali pa globoko v prsih tiho zarjovel.

Dann rief der Mischlingskoch: „Hey, du Buck, wach auf!"

Tedaj je mešanec kuhar zavpil: "Hej, Buck, zbudi se!"

Die Traumwelt verschwand und das wirkliche Leben kehrte in Bucks Augen zurück.

Sanjski svet je izginil in v Buckove oči se je vrnilo resnično življenje.

Er wollte aufstehen, sich strecken und gähnen, als wäre er aus einem Nickerchen erwacht.

Vstal bo, se pretegnil in zazehal, kot bi se prebudil iz dremeža.

Die Reise war anstrengend, da sie den Postschlitten hinter sich herziehen mussten.

Pot je bila težka, saj se je za njimi vlekla poštna sani.

Schwere Lasten und harte Arbeit zermürbten die Hunde jeden langen Tag.

Težka bremena in naporno delo so pse vsak dolg dan izčrpavali.

Sie kamen dünn und müde in Dawson an und brauchten über eine Woche Ruhe.

V Dawson so prispeli shujšani, utrujeni in potrebovali so več kot teden dni počitka.

Doch nur zwei Tage später machten sie sich erneut auf den Weg den Yukon hinunter.

Toda le dva dni kasneje so se spet odpravili po Yukonu.

Sie waren mit weiteren Briefen beladen, die für die Außenwelt bestimmt waren.

Naložena so bila s še več pismi, namenjenimi v zunanji svet.

Die Hunde waren erschöpft und die Männer beschwerten sich ständig.

Psi so bili izčrpani, moški pa so se nenehno pritoževali.

Jeden Tag fiel Schnee, der den Weg weicher machte und die Schlitten verlangsamte.

Sneg je padal vsak dan, mehčal pot in upočasnjeval sani.

Dies führte zu einem stärkeren Ziehen und einem größeren Widerstand der Läufer.

To je povzročilo težje vlečenje in večji upor na tekačih.

Trotzdem waren die Fahrer fair und kümmerten sich um ihre Teams.

Kljub temu so bili vozniki pošteni in so skrbeli za svoje ekipe.

Jeden Abend wurden die Hunde gefüttert, bevor die Männer etwas zu essen bekamen.

Vsako noč so pse nahranili, preden so moški lahko jedli.

Kein Mann geht schlafen, ohne vorher die Pfoten seines eigenen Hundes zu kontrollieren.

Nihče ni spal, preden ni preveril nog svojega psa.

Dennoch wurden die Hunde mit jeder zurückgelegten Strecke schwächer.

Kljub temu so psi postajali šibkejši, ko so kilometri nabirali njihova telesa.

Sie waren den ganzen Winter über zweitausendachthundert Kilometer gereist.

Čez zimo so prepotovali osemsto kilometrov.

Sie zogen Schlitten über jede Meile dieser brutalen Distanz.

Sani so vlekli čez vsako miljo te brutalne razdalje.

Selbst die härtesten Schlittenhunde spüren nach so vielen Kilometern die Belastung.

Tudi najtrši vlečni psi po toliko prevoženih kilometrih občutijo napor.

Buck hielt durch, sorgte für die Weiterarbeit seines Teams und sorgte für die nötige Disziplin.

Buck je vztrajal, ohranjal delovanje svoje ekipe in disciplino.

Aber Buck war müde, genau wie die anderen auf der langen Reise.

Toda Buck je bil utrujen, tako kot drugi na dolgi poti.

Billee wimmerte und weinte jede Nacht ohne Ausnahme im Schlaf.

Billee je vsako noč brez izjeme cvilil in jokal v spanju.

Joe wurde noch verbitterter und Solleks blieb kalt und distanziert.

Joe je postal še bolj zagrenjen, Solleks pa je ostal hladen in distanciran.

Doch Dave war derjenige des gesamten Teams, der am meisten darunter litt.

Ampak od celotne ekipe je bil Dave tisti, ki je najhuje trpel.

Irgendetwas in seinem Inneren war schiefgelaufen, doch niemand wusste, was.

Nekaj je šlo narobe v njem, čeprav nihče ni vedel, kaj.

Er wurde launischer und fuhr andere mit wachsender Wut an.

Postajal je bolj muhast in se je z vse večjo jezo ostro spopadal z drugimi.

Jede Nacht ging er direkt zu seinem Nest und wartete darauf, gefüttert zu werden.

Vsako noč je šel naravnost v svoje gnezdo in čakal, da ga nahranijo.

Als Dave einmal unten war, stand er bis zum Morgen nicht mehr auf.

Ko je bil enkrat na tleh, se Dave ni zbudil do jutra.

Plötzliche Rucke oder Anlaufe an den Zügeln ließen ihn vor Schmerzen aufschreien.

Na vajetih so ga nenadni sunki ali trzanje spravili v krik od bolečine.

Sein Fahrer suchte nach der Ursache, konnte jedoch keine Verletzungen feststellen.

Njegov voznik je iskal vzrok, vendar pri njem ni našel nobenih poškodb.

Alle Fahrer beobachteten Dave und besprachen seinen Fall.

Vsi vozniki so začeli opazovati Davea in razpravljati o njegovem primeru.

Sie unterhielten sich beim Essen und während ihrer letzten Zigarette des Tages.

Pogovarjala sta se pri obrokih in med zadnjim kajenjem dneva.

Eines Nachts hielten sie eine Versammlung ab und brachten Dave zum Feuer.

Neke noči so imeli sestanek in Davea pripeljali k ognju.

Sie drückten und untersuchten seinen Körper und er schrie oft.

Pritiskali in prebadali so njegovo telo, zato je pogosto kričal.

Offensichtlich stimmte etwas nicht, auch wenn keine Knochen gebrochen zu sein schienen.

Očitno je bilo nekaj narobe, čeprav se je zdelo, da ni zlomljenih nobenih kosti.

Als sie Cassiar Bar erreichten, war Dave am Umfallen.

Ko so prispeli do Cassiar Bara, je Dave že padal dol.

Der schottische Mischling machte Schluss und nahm Dave aus dem Team.

Škotski mešanec je ustavil igro in Davea odstranil iz ekipe.

Er befestigte Solleks an Daves Stelle, ganz vorne am
Schlitten.
Solleks je pritrdil na Daveovo mesto, najbližje sprednjemu
delu sani.
Er wollte Dave ausruhen und ihm die Freiheit geben, hinter
dem fahrenden Schlitten herzulaufen.
Nameraval je pustiti Davea, da se spočije in prosto teče za
premikajočimi se sanmi.
Doch selbst als er krank war, hasste Dave es, von seinem Job
geholt zu werden.
A kljub bolezni je Dave sovražil, da so ga vzeli iz službe, ki jo
je prej opravljal.
Er knurrte und wimmerte, als ihm die Zügel aus dem Körper
gerissen wurden.
Zarenčal je in stokal, ko so mu vajeti sneli z telesa.
Als er Solleks an seiner Stelle sah, weinte er vor
gebrochenem Herzen.
Ko je zagledal Solleksa na svojem mestu, je jokal od strte
bolečine.
Dave war noch immer stolz auf seine Arbeit auf dem Weg,
selbst als der Tod nahte.
Ponos na delo na poti je bil globoko v Daveu, tudi ko se je
bližala smrt.
Während der Schlitten fuhr, kämpfte sich Dave durch den
weichen Schnee in der Nähe des Pfades.
Medtem ko so se sani premikale, se je Dave spotikal po
mehkem snegu blizu poti.
Er griff Solleks an, biss ihn und stieß ihn von der Seite des
Schlittens.
Napadel je Solleksa, ga ugriznil in porinil s strani sani.
Dave versuchte, in das Geschirr zu springen und seinen
Arbeitsplatz zurückzuerobern.
Dave je poskušal skočiti v varnostni pas in si povrniti delovno
mesto.
Er schrie, jammerte und weinte, hin- und hergerissen
zwischen Schmerz und Stolz auf die Wehen.

Cvilil je, stokal in jokal, razpet med bolečino in ponosom pri delu.

Der Mischling versuchte, Dave mit seiner Peitsche vom Team zu vertreiben.

Mešanec je s svojim bičem poskušal Davea odgnati od ekipe.

Doch Dave ignorierte den Hieb und der Mann konnte nicht härter zuschlagen.

Toda Dave je ignoriral udarec z bičem in moški ga ni mogel udariti močneje.

Dave lehnte den einfacheren Weg hinter dem Schlitten ab, wo der Schnee festgefahren war.

Dave je zavrnil lažjo pot za sanmi, kjer je bil sneg zbit.

Stattdessen kämpfte er sich elend durch den tiefen Schnee neben dem Weg.

Namesto tega se je mučil v globokem snegu ob poti, v bedi.

Schließlich brach Dave zusammen, blieb im Schnee liegen und schrie vor Schmerzen.

Sčasoma se je Dave zgrudil, ležal v snegu in tulil od bolečin.

Er schrie auf, als die lange Schlittenkette einer nach dem anderen an ihm vorbeifuhr.

Zavpil je, ko ga je dolga kolona sani ena za drugo peljala mimo.

Dennoch stand er mit der ihm verbleibenden Kraft auf und stolperte ihnen hinterher.

Vseeno pa je s preostalimi močmi vstal in se opotekajoče odpravil za njimi.

Als der Zug wieder anhielt, holte er ihn ein und fand seinen alten Schlitten.

Ko se je vlak spet ustavil, ga je dohitel in našel svoje stare sani.

Er kämpfte sich an den anderen Teams vorbei und stand wieder neben Solleks.

Prebil se je mimo drugih ekip in spet stal poleg Solleksa.

Als der Fahrer anhielt, um seine Pfeife anzuzünden, nutzte Dave seine letzte Chance.

Ko se je voznik ustavil, da bi prižgal pipo, je Dave izkoristil še zadnjo priložnost.

Als der Fahrer zurückkam und schrie, bewegte sich das Team nicht weiter.

Ko se je voznik vrnil in zakričal, se ekipa ni premaknila naprej.

Die Hunde hatten ihre Köpfe gedreht, verwirrt durch den plötzlichen Stopp.

Psi so obrnili glave, zmedeni zaradi nenadne zaustavitve.

Auch der Fahrer war schockiert – der Schlitten hatte sich keinen Zentimeter vorwärts bewegt.

Tudi voznik je bil šokiran – sani se niso premaknile niti za centimeter naprej.

Er rief den anderen zu, sie sollten kommen und nachsehen, was passiert sei.

Poklical je ostale, naj pridejo pogledat, kaj se je zgodilo.

Dave hatte Solleks' Zügel durchgekaut und beide auseinandergerissen.

Dave je pregrizel Solleksove vajeti in jih obe raztrgal.

Nun stand er vor dem Schlitten, wieder an seinem rechtmäßigen Platz.

Zdaj je stal pred sanmi, spet na svojem pravem mestu.

Dave blickte zum Fahrer auf und flehte ihn stumm an, in der Spur zu bleiben.

Dave je pogledal voznika in ga tiho prosil, naj ostane v zaostanku.

Der Fahrer war verwirrt und wusste nicht, was er für den zappelnden Hund tun sollte.

Voznik je bil zmeden in ni vedel, kaj naj stori za psa, ki se je mučil.

Die anderen Männer sprachen von Hunden, die beim Rausbringen gestorben waren.

Drugi moški so govorili o psih, ki so poginili, ker so jih odpeljali ven.

Sie erzählten von alten oder verletzten Hunden, denen es das Herz brach, als sie zurückgelassen wurden.

Pripovedovali so o starih ali poškodovanih psih, ki so jim srce strlo, ko so jih pustili same.

Sie waren sich einig, dass es Gnade wäre, Dave sterben zu lassen, während er noch im Geschirr steckte.

Strinjali so se, da je usmiljenje pustiti Davea umreti, medtem ko je bil še v varnostnem pasu.

Er wurde wieder auf dem Schlitten festgeschnallt und Dave zog voller Stolz.

Privezali so ga nazaj na sani in Dave je ponosno vlekel.

Obwohl er manchmal schrie, arbeitete er, als könne man den Schmerz ignorieren.

Čeprav je včasih zavpil, je delal, kot da bi bolečino lahko prezrl.

Mehr als einmal fiel er und wurde mitgeschleift, bevor er wieder aufstand.

Večkrat je padel in so ga vlekli, preden je spet vstal.

Einmal wurde er vom Schlitten überrollt und von diesem Moment an humpelte er.

Enkrat so se sani prevrnile čez njega in od tistega trenutka naprej je šepal.

Trotzdem arbeitete er, bis das Lager erreicht war, und legte sich dann ans Feuer.

Vseeno je delal, dokler ni dosegel tabora, nato pa se je ulegel k ognju.

Am Morgen war Dave zu schwach, um zu reisen oder auch nur aufrecht zu stehen.

Do jutra je bil Dave prešibak, da bi lahko potoval ali celo stal pokonci.

Als es Zeit war, das Geschirr anzulegen, versuchte er mit zitternder Anstrengung, seinen Fahrer zu erreichen.

Ko je bil čas za pripenjanje, je s tresočim naporom poskušal doseči svojega voznika.

Er rappelte sich auf, taumelte und brach auf dem schneebedeckten Boden zusammen.

Prisilil se je vstati, se opotekel in se zgrudil na zasnežena tla.

Mithilfe seiner Vorderbeine zog er seinen Körper in Richtung des Angeschirrs.

S sprednjimi nogami je vlekel svoje telo proti območju za vprego.

Zentimeter für Zentimeter schob er sich auf die Arbeitshunde zu.

Korak za korakom se je prebijal naprej proti delovnim psom.

Er verließ die Kraft, aber er machte mit seinem letzten verzweifelten Vorstoß weiter.

Moči so ga popuščale, a je v svojem zadnjem obupanem sunku vztrajal.

Seine Teamkollegen sahen ihn im Schnee nach Luft schnappen und sich immer noch danach sehnen, zu ihnen zu kommen.

Soigralci so ga videli, kako je v snegu sopihal in si še vedno želel, da bi se jim pridružil.

Sie hörten ihn vor Kummer schreien, als sie das Lager hinter sich ließen.

Slišali so ga, kako je žalostno zavijal, ko so zapuščali tabor.

Als das Team zwischen den Bäumen verschwand, hallte Daves Schrei hinter ihnen wider.

Ko je ekipa izginila med drevesi, se je za njimi razlegel Daveov krik.

Der Schlittenzug hielt kurz an, nachdem er einen Abschnitt des Flusswalds überquert hatte.

Vprega se je na kratko ustavila po prečkanju odseka rečnega gozda.

Der schottische Mischling ging langsam zurück zum Lager dahinter.

Škotski mešanec se je počasi vračal proti taboru za seboj.

Die Männer verstummten, als sie ihn den Schlittenzug verlassen sahen.

Moški so nehali govoriti, ko so ga videli, da zapušča vlak sani.

Dann ertönte ein einzelner Schuss klar und scharf über den Weg.

Nato je po poti jasno in ostro odjeknil en sam strel.

Der Mann kam schnell zurück und nahm wortlos seinen Platz ein.

Moški se je hitro vrnil in brez besed zasedel svoje mesto.

Peitschen knallten, Glöckchen bimmelten und die Schlitten rollten durch den Schnee.

Biči so pokali, zvončki so zazveneli in sani so se kotalile naprej skozi sneg.

Aber Buck wusste, was passiert war – und alle anderen Hunde auch.
Toda Buck je vedel, kaj se je zgodilo – in tako so vedeli tudi vsi drugi psi.

Die Mühen der Zügel und des Trails
Trdo delo vajeti in poti

Dreißig Tage nach dem Verlassen von Dawson erreichte die Salt Water Mail Skaguay.

Trideset dni po odhodu iz Dawsona je Salt Water Mail prispel v Skaguay.

Buck und seine Teamkollegen gingen in Führung, kamen aber in einem erbärmlichen Zustand an.

Buck in njegovi soigralci so prevzeli vodstvo, a so prispeli v obupnem stanju.

Buck hatte von hundertvierzig auf hundertfünfzehn Pfund abgenommen.

Buck je shujšal s sto štirideset na sto petnajst funtov.

Die anderen Hunde hatten, obwohl kleiner, noch mehr Körpergewicht verloren.

Drugi psi, čeprav manjši, so izgubili še več telesne teže.

Pike, einst ein vorgetäuschter Hinker, schleppte nun ein wirklich verletztes Bein hinter sich her.

Pike, nekoč lažni šepavec, je zdaj za seboj vlekel resnično poškodovano nogo.

Solleks humpelte stark und Dub hatte ein verrenktes Schulterblatt.

Solleks je močno šepal, Dub pa je imel izvinjeno lopatico.

Die Füße aller Hunde im Team waren von den Wochen auf dem gefrorenen Pfad wund.

Vsak pes v ekipi je imel od tednov na zamrznjeni poti boleče noge.

Ihre Schritte waren völlig federnd und bewegten sich nur langsam und schleppend.

V njihovih korakih ni bilo več pomladi, le počasno, vlečno gibanje.

Ihre Füße treffen den Weg hart und jeder Schritt belastet ihren Körper stärker.

Njihove noge so močno udarjale po poti, vsak korak pa je njihova telesa še bolj obremenjeval.

Sie waren nicht krank, sondern nur so erschöpft, dass sie sich auf natürliche Weise nicht mehr erholen konnten.

Niso bili bolni, le izčrpani do te mere, da so si opomogli do naravnega stanja.

Dies war nicht die Müdigkeit eines harten Tages, die durch eine Nachtruhe geheilt werden konnte.

To ni bila utrujenost po enem napornem dnevu, ki bi jo pozdravil nočni počitek.

Es war eine Erschöpfung, die sich durch monatelange, zermürbende Anstrengungen langsam aufgebaut hatte.

Bila je izčrpanost, ki se je počasi kopičila skozi mesece napornega truda.

Es waren keine Kraftreserven mehr vorhanden, sie hatten alles aufgebraucht, was sie hatten.

Niso imeli nobene rezervne moči – porabili so že vse, kar so imeli.

Jeder Muskel, jede Faser und jede Zelle ihres Körpers war erschöpft und abgenutzt.

Vsaka mišica, vlakno in celica v njihovih telesih je bila izčrpana in obrabljena.

Und das hatte seinen Grund: Sie hatten zweitausendfünfhundert Meilen zurückgelegt.

In za to je bil razlog – prevozili so dve tisoč petsto milj.

Auf den letzten zweitausendachthundert Kilometern hatten sie sich nur fünf Tage ausgeruht.

V zadnjih osemsto kilometrih so počivali le pet dni.

Als sie Skaguay erreichten, sahen sie aus, als könnten sie kaum aufrecht stehen.

Ko so prispeli v Skaguay, so bili videti komaj sposobni stati pokonci.

Sie hatten Mühe, die Zügel straff zu halten und vor dem Schlitten zu bleiben.

Trudili so se, da bi trdno držali vajeti in ostali pred sanmi.

Auf abschüssigen Hängen konnten sie nur noch vermeiden, überfahren zu werden.

Na pobočjih navzdol so se le uspeli izogniti temu, da bi jih povozili.

„Weiter, ihr armen, wunden Füße", sagte der Fahrer, während sie weiterhumpelten.

»Naprej, ubogi bolni nogi,« je rekel voznik, medtem ko sta šepala naprej.

„Das ist die letzte Strecke, danach bekommen wir alle auf jeden Fall noch eine lange Pause."

"To je zadnji del, potem pa si bomo vsi zagotovo privoščili en daljši počitek."

„Eine richtig lange Pause", versprach er und sah ihnen nach, wie sie weiter taumelten.

»En resnično dolg počitek,« je obljubil, medtem ko jih je opazoval, kako se opotekajo naprej.

Die Fahrer rechneten damit, dass sie nun eine lange, notwendige Pause bekommen würden.

Vozniki so pričakovali, da bodo zdaj deležni dolgega in potrebnega odmora.

Sie hatten zweitausend Meilen zurückgelegt und nur zwei Tage Pause gemacht.

Prepotovali so tisoč dvesto milj z le dvema dnevoma počitka.

Sie waren der Meinung, dass sie sich die Zeit zum Entspannen verdient hätten, und das aus fairen und vernünftigen Gründen.

Po pravici in razumu so menili, da so si zaslužili čas za sprostitev.

Aber zu viele waren zum Klondike gekommen und zu wenige waren zu Hause geblieben.

Toda preveč jih je prišlo na Klondike in premalo jih je ostalo doma.

Es gingen unzählige Briefe von Familien ein, die zu Bergen verspäteter Post führten.

Pisma družin so se kopičila in ustvarjala kupe zamujene pošte.

Offizielle Anweisungen trafen ein – neue Hudson Bay-Hunde würden die Nachfolge antreten.

Prispela so uradna navodila – novi psi iz Hudsonovega zaliva bodo prevzeli oblast.

Die erschöpften Hunde, die nun als wertlos galten, sollten entsorgt werden.

Izčrpane pse, ki so jih zdaj označili za ničvredne, je bilo treba odstraniti.

Da Geld wichtiger war als Hunde, sollten sie billig verkauft werden.

Ker je bil denar pomembnejši od psov, so jih nameravali prodati poceni.

Drei weitere Tage vergingen, bevor die Hunde spürten, wie schwach sie waren.

Minili so še trije dnevi, preden so psi začutili, kako šibki so.

Am vierten Morgen kauften zwei Männer aus den Staaten das gesamte Team.

Četrto jutro sta dva moška iz ZDA kupila celotno ekipo.

Der Verkauf umfasste alle Hunde sowie ihre abgenutzte Geschirrausrüstung.

Prodaja je vključevala vse pse in njihovo obrabljeno oprsnico.

Die Männer nannten sich gegenseitig „Hal" und „Charles", als sie den Deal abschlossen.

Moška sta se med sklepanjem posla klicala »Hal« in »Charles«.

Charles war mittleren Alters, blass, hatte schlaffe Lippen und wilde Schnurrbartspitzen.

Charles je bil srednjih let, bled, z mlahavimi ustnicami in ostrimi konicami brk.

Hal war ein junger Mann, vielleicht neunzehn, der einen Patronengürtel trug.

Hal je bil mladenič, star morda devetnajst let, s pasom, polnim nabojev.

Am Gürtel befanden sich ein großer Revolver und ein Jagdmesser, beide unbenutzt.

Na pasu sta bila velik revolver in lovski nož, oba neuporabljena.

Es zeigte, wie unerfahren und ungeeignet er für das Leben im Norden war.

To je pokazalo, kako neizkušen in neprimeren je bil za severno življenje.

Keiner der beiden Männer gehörte in die Wildnis; ihre Anwesenheit widersprach jeder Vernunft.

Nobeden od moških ni spadal v divjino; njuna prisotnost je
kljubovala vsakemu razumu.

**Buck beobachtete, wie das Geld zwischen Käufer und
Makler den Besitzer wechselte.**

Buck je opazoval, kako si je kupec in agent izmenjevala denar.

**Er wusste, dass die Postzugführer sein Leben wie alle
anderen verlassen würden.**

Vedel je, da vozniki poštnih vlakov zapuščajo tudi njegovo
življenje tako kot vsi ostali.

**Sie folgten Perrault und François, die nun
unwiederbringlich verschwunden waren.**

Sledila sta Perraultu in Françoisu, ki ju je zdaj več ni bilo več.

**Buck und das Team wurden in das schlampige Lager ihrer
neuen Besitzer geführt.**

Bucka in ekipo so odpeljali v površno taborišče njihovih novih
lastnikov.

**Das Zelt hing durch, das Geschirr war schmutzig und alles
lag in Unordnung.**

Šotor se je upogibal, posoda je bila umazana in vse je ležalo v
neredu.

**Buck bemerkte dort auch eine Frau – Mercedes, Charles'
Frau und Hals Schwester.**

Buck je tam opazil tudi žensko – Mercedes, Charlesovo ženo
in Halovo sestro.

**Sie bildeten eine vollständige Familie, obwohl sie alles
andere als für den Wanderpfad geeignet waren.**

Bila sta popolna družina, čeprav še zdaleč ni bila primerna za
pot.

**Buck beobachtete nervös, wie das Trio begann, die Vorräte
einzupacken.**

Buck je živčno opazoval, kako je trojica začela pakirati zaloge.

**Sie arbeiteten hart, aber ohne Ordnung – nur Aufhebens
und vergeudete Mühe.**

Trdo so delali, a brez reda – le hrup in zaman trud.

**Das Zelt war zu einer sperrigen Form zusammengerollt und
viel zu groß für den Schlitten.**

Šotor je bil zvit v zajetno obliko, prevelik za sani.

Schmutziges Geschirr wurde eingepackt, ohne dass es gespült oder getrocknet worden wäre.

Umazana posoda je bila zapakirana, ne da bi bila sploh oprana ali posušena.

Mercedes flatterte herum, redete, korrigierte und mischte sich ständig ein.

Mercedes je frfotala naokoli, nenehno govorila, popravljala in se vmešavala.

Als ein Sack vorne platziert wurde, bestand sie darauf, dass er hinten drankam.

Ko so spredaj položili vrečo, je vztrajala, da jo položijo tudi zadaj.

Sie packte den Sack ganz unten rein und im nächsten Moment brauchte sie ihn.

Vrečo je pospravila na dno in že naslednji trenutek jo je potrebovala.

Also wurde der Schlitten erneut ausgepackt, um an die eine bestimmte Tasche zu gelangen.

Torej so sani spet razpakirali, da bi dosegli tisto določeno vrečo.

In der Nähe standen drei Männer vor einem Zelt und beobachteten die Szene.

V bližini so pred šotorom stali trije moški in opazovali prizor.

Sie lächelten, zwinkerten und grinsten über die offensichtliche Verwirrung der Neuankömmlinge.

Nasmehnili so se, pomežiknili in se zarežali ob očitni zmedenosti prišlekov.

„Sie haben schon eine ziemlich schwere Last", sagte einer der Männer.

„Že tako imaš kar precejšen tovor," je rekel eden od moških.

„Ich glaube nicht, dass Sie das Zelt tragen sollten, aber es ist Ihre Entscheidung."

"Mislim, da tega šotora ne bi smel nositi, ampak to je tvoja odločitev."

„Unvorstellbar!", rief Mercedes und warf verzweifelt die Hände in die Luft.

„Nesanjano!" je vzkliknila Mercedes in v obupu dvignila roke.

„Wie könnte ich ohne Zelt reisen, unter dem ich übernachten kann?"

"Kako bi sploh lahko potoval brez šotora, pod katerim bi lahko bival?"

„Es ist Frühling – Sie werden kein kaltes Wetter mehr erleben", antwortete der Mann.

„Pomlad je – mrzlega vremena ne boste več videli," je odgovoril moški.

Aber sie schüttelte den Kopf und sie stapelten weiterhin Gegenstände auf den Schlitten.

Ampak je zmajala z glavo, oni pa so še naprej nalagali predmete na sani.

Als sie die letzten Dinge hinzufügten, türmte sich die Ladung gefährlich hoch auf.

Tovor se je nevarno dvigal, ko so dodajali zadnje stvari.

„Glauben Sie, der Schlitten fährt?", fragte einer der Männer mit skeptischem Blick.

„Misliš, da se bodo sani peljale?" je skeptično vprašal eden od moških.

„Warum sollte es nicht?", blaffte Charles mit scharfer Verärgerung zurück.

„Zakaj pa ne bi?" je Charles z ostro jezo odvrnil.

„Oh, das ist schon in Ordnung", sagte der Mann schnell und wich seiner Beleidigung aus.

„Oh, saj je vse v redu," je moški hitro rekel in se umaknil, da bi se užalil.

„Ich habe mich nur gewundert – es sah für mich einfach ein bisschen zu kopflastig aus."

„Samo spraševal sem se – meni se je zdelo, da je malo preveč težek."

Charles drehte sich um und band die Ladung so gut fest, wie er konnte.

Karel se je obrnil stran in privezal tovor, kolikor je le mogel.

Allerdings waren die Zurrgurte locker und die Verpackung insgesamt schlecht ausgeführt.

Ampak pritrdilne vrvi so bile ohlapne in pakiranje na splošno slabo opravljeno.

„Klar, die Hunde machen das den ganzen Tag", sagte ein anderer Mann sarkastisch.

»Seveda, psi bodo to vlekli ves dan,« je sarkastično rekel drug moški.

„Natürlich", antwortete Hal kalt und packte die lange Lenkstange des Schlittens.

„Seveda," je hladno odgovoril Hal in zgrabil dolgo palico za vprego sani.

Mit einer Hand an der Stange schwang er mit der anderen die Peitsche.

Z eno roko na drogu je v drugi zamahnil z bičem.

„Los geht's!", rief er. „Bewegt euch!", und trieb die Hunde zum Aufbruch an.

„Gremo!" je zavpil. „Premaknite se!" je spodbudil pse, naj začnejo.

Die Hunde lehnten sich in das Geschirr und spannten sich einige Augenblicke lang an.

Psi so se nagnili v oprsnico in se nekaj trenutkov napenjali.

Dann blieben sie stehen, da sie den überladenen Schlitten keinen Zentimeter bewegen konnten.

Nato so se ustavili, saj preobremenjenih sani niso mogli premakniti niti za centimeter.

„Diese faulen Bestien!", schrie Hal und hob die Peitsche, um sie zu schlagen.

„Lene zveri!" je zavpil Hal in dvignil bič, da bi jih udaril.

Doch Mercedes stürzte herein und riss Hal die Peitsche aus der Hand.

Toda Mercedes je prihitela in Halu iztrgala bič iz rok.

„Oh, Hal, wage es ja nicht, ihnen wehzutun", rief sie alarmiert.

„Oh, Hal, ne drzni si jih poškodovati," je prestrašeno zavpila.

„Versprich mir, dass du nett zu ihnen bist, sonst gehe ich keinen Schritt weiter."

"Obljubi mi, da boš prijazen do njih, sicer ne bom naredil niti koraka več."

„Du weißt nichts über Hunde", fuhr Hal seine Schwester an.

„Nič ne veš o psih," je Hal zarezal v sestro.

„Sie sind faul, und die einzige Möglichkeit, sie zu bewegen, besteht darin, sie zu peitschen."

"Leni so in edini način, da jih premakneš, je, da jih pretepeš."

„Fragen Sie irgendjemanden – fragen Sie einen dieser Männer dort drüben, wenn Sie mir nicht glauben."

„Vprašaj kogarkoli – vprašaj enega od tistih mož tam, če dvomiš vame."

Mercedes sah die Zuschauer mit flehenden, tränennassen Augen an.

Mercedes je s prošnjo, solznimi očmi pogledala opazovalce.

Ihr Gesicht zeigte, wie sehr sie den Anblick jeglichen Schmerzes hasste.

Na njenem obrazu je bilo razvidno, kako globoko je sovražila vsakršno bolečino.

„Sie sind schwach, das ist alles", sagte ein Mann. „Sie sind erschöpft."

»Šibki so, to je vse,« je rekel en moški.»Izčrpani so.«

„Sie brauchen Ruhe – sie haben zu lange ohne Pause gearbeitet."

"Potrebujejo počitek – predolgo so delali brez odmora."

„Der Rest sei verflucht", murmelte Hal mit verzogenen Lippen.

„Prekleto bodi ostalo," je zamrmral Hal s stisnjeno ustnico.

Mercedes schnappte nach Luft, sein grobes Wort schmerzte sie sichtlich.

Mercedes je zavzdihnila, očitno jo je prizadela njegova groba beseda.

Dennoch blieb sie loyal und verteidigte ihren Bruder sofort.

Kljub temu je ostala zvesta in takoj stopila v obrambo svojega brata.

„Kümmere dich nicht um den Mann", sagte sie zu Hal. „Das sind unsere Hunde."

„Ne zmeni se za tega človeka," je rekla Halu. „To so naši psi."

„Fahren Sie sie, wie Sie es für richtig halten – tun Sie, was Sie für richtig halten."

"Voziš jih, kot se ti zdi primerno – delaš, kar se ti zdi prav."

Hal hob die Peitsche und schlug die Hunde erneut gnadenlos.

Hal je dvignil bič in znova brez milosti udaril pse.

Sie stürzten sich nach vorne, die Körper tief gebeugt, die Füße in den Schnee gedrückt.

Planili so naprej, s telesi nizko, z nogami, odrinjenimi od snega.

Sie gaben sich alle Mühe, den Schlitten zu ziehen, aber er bewegte sich nicht.

Vso svojo moč so vložili v vleko, a sani se niso premaknile.

Der Schlitten blieb wie ein im Schnee festgefrorener Anker stecken.

Sani so ostale zataknjene, kot sidro, zamrznjeno v zbitem snegu.

Nach einem zweiten Versuch blieben die Hunde wieder stehen und keuchten schwer.

Po drugem poskusu so se psi spet ustavili, močno sopihajoč.

Hal hob die Peitsche noch einmal, gerade als Mercedes erneut eingriff.

Hal je še enkrat dvignil bič, ravno ko se je Mercedes spet vmešala.

Sie fiel vor Buck auf die Knie und umarmte seinen Hals.

Padla je na kolena pred Bucka in ga objela za vrat.

Tränen traten ihr in die Augen, als sie den erschöpften Hund anflehte.

Solze so ji napolnile oči, ko je prosila izčrpanega psa.

„Ihr Armen", sagte sie, „warum zieht ihr nicht einfach stärker?"

„Ubogi dragi moji," je rekla, „zakaj preprosto ne potegnete močneje?"

„Wenn du ziehst, wirst du nicht so ausgepeitscht."

"Če boš vlekel, te ne bodo tako bičali."

Buck mochte Mercedes nicht, aber er war zu müde, um ihr jetzt zu widerstehen.

Buck ni maral Mercedes, a je bil preveč utrujen, da bi se ji zdaj upiral.

Er akzeptierte ihre Tränen als einen weiteren Teil dieses elenden Tages.

Njene solze je sprejel le kot še en del bednega dne.

Einer der zuschauenden Männer ergriff schließlich das Wort, nachdem er seinen Ärger unterdrückt hatte.

Eden od opazovalcev je končno spregovoril, potem ko je zadržal jezo.

„Es ist mir egal, was mit euch passiert, Leute, aber diese Hunde sind wichtig."

"Ne zanima me, kaj se bo zgodilo z vami, ampak ti psi so pomembni."

„Wenn du helfen willst, mach den Schlitten los – er ist am Schnee festgefroren."

"Če hočeš pomagati, odtrgaj tiste sani – zmrznile so do snega."

„Drücken Sie fest auf die Gee-Stange, rechts und links, und brechen Sie die Eisversiegelung."

"Močno potisnite na drog, desno in levo, in prebijte ledeni pečat."

Ein dritter Versuch wurde unternommen, diesmal auf Vorschlag des Mannes.

Opravljen je bil tretji poskus, tokrat po moškem predlogu.

Hal schaukelte den Schlitten von einer Seite auf die andere und löste so die Kufen.

Hal je zibal sani z ene strani na drugo in s tem sprostil drsnike.

Obwohl der Schlitten überladen und unhandlich war, machte er schließlich einen Satz nach vorne.

Sani, čeprav preobremenjene in nerodne, so se končno sunkovito premaknile naprej.

Buck und die anderen zogen wild, angetrieben von einem Sturm aus Schleudertraumen.

Buck in ostali so divje vlekli, gnani z nevihto bičnih udarcev.

Hundert Meter weiter machte der Weg eine Biegung und führte in die Straße hinein.

Sto metrov naprej se je pot zavila in strmo spuščala na ulico.

Um den Schlitten aufrecht zu halten, hätte es eines erfahrenen Fahrers bedurft.

Za vzdrževanje pokonci bi moral biti potreben spreten voznik.

Hal war nicht geschickt und der Schlitten kippte, als er um die Kurve schwang.

Hal ni bil spreten in sani so se prevrnile, ko so se zavile okoli ovinka.

Lose Zurrgurte gaben nach und die Hälfte der Ladung ergoss sich auf den Schnee.

Ohlapne privezovalne vrvi so popustile in polovica tovora se je razsula na sneg.

Die Hunde hielten nicht an; der leichtere Schlitten flog auf der Seite weiter.

Psi se niso ustavili; lažje sani so letele naprej na boku.

Wütend über die Beschimpfungen und die schwere Last rannten die Hunde noch schneller.

Jezni zaradi zlorabe in težkega bremena so psi tekli hitreje.

Buck rannte wütend los und das Team folgte ihm.

Buck se je v besu pognal v tek, ekipa pa mu je sledila.

Hal rief „Whoa! Whoa!", aber das Team beachtete ihn nicht.

Hal je zavpil »Vau! Vau!«, vendar se ekipa ni zmenila zanj.

Er stolperte, fiel und wurde am Geschirr über den Boden geschleift.

Spotaknil se je, padel in ga je pas vlekel po tleh.

Der umgekippte Schlitten wurde über ihn geworfen, als die Hunde weiterrasten.

Prevrnjene sani so ga prevrnile, medtem ko so psi dirjali naprej.

Die restlichen Vorräte verteilten sich über die belebte Straße von Skaguay.

Preostale zaloge so se raztresle po prometni ulici v Skaguayu.

Gutherzige Menschen eilten herbei, um die Hunde anzuhalten und die Ausrüstung einzusammeln.

Dobrosrčni ljudje so hiteli ustavljat pse in pobirati opremo.

Sie gaben den neuen Reisenden auch direkte und praktische Ratschläge.

Novim popotnikom so dajali tudi nasvete, neposredne in praktične.

„Wenn Sie Dawson erreichen wollen, nehmen Sie die halbe Ladung und die doppelte Anzahl an Hunden mit."

"Če želiš priti do Dawsona, vzemi polovico tovora in podvoji število psov."

Hal, Charles und Mercedes hörten zu, wenn auch nicht mit Begeisterung.

Hal, Charles in Mercedes so poslušali, čeprav ne z navdušenjem.

Sie bauten ihr Zelt auf und begannen, ihre Vorräte zu sortieren.

Postavili so šotor in začeli prebirati svoje zaloge.

Heraus kamen Konserven, die die Zuschauer laut lachen ließen.

Prišle so konzervirane jedi, kar je prisotne nasmejalo.

„Konserven auf dem Weg? Bevor die schmelzen, verhungern Sie", sagte einer.

»Konzervirane stvari na poti? Umrl boš od lakote, preden se stopijo,« je rekel eden.

„Hoteldecken? Die wirfst du am besten alle weg."

"Hotelske odeje? Bolje je, da jih vse vržeš ven."

„Schmeißen Sie auch das Zelt weg, und hier spült niemand mehr Geschirr."

"Če zapustiš tudi šotor, tukaj nihče ne pomiva posode."

„Sie glauben, Sie fahren in einem Pullman-Zug mit Bediensteten an Bord?"

„Misliš, da se voziš s Pullmanovim vlakom s služabniki na krovu?"

Der Prozess begann – jeder nutzlose Gegenstand wurde beiseite geworfen.

Postopek se je začel – vsak neuporaben predmet je bil odvržen na stran.

Mercedes weinte, als ihre Taschen auf den schneebedeckten Boden geleert wurden.

Mercedes je jokala, ko so njene torbe izpraznili na zasnežena tla.

Sie schluchzte ohne Pause über jeden einzelnen hinausgeworfenen Gegenstand.

Jokala je nad vsakim predmetom, ki ga je vrgla ven, enega za drugim brez premora.

Sie schwor, keinen Schritt weiterzugehen – nicht einmal für zehn Charleses.

Prisegla je, da ne bo naredila niti koraka več – niti za deset Charlesov.

Sie flehte alle Menschen in ihrer Nähe an, ihr ihre wertvollen Sachen zu überlassen.

Vsakogar v bližini je prosila, naj ji dovoli obdržati njene dragocene stvari.

Schließlich wischte sie sich die Augen und begann, auch die wichtigsten Kleidungsstücke wegzuwerfen.

Končno si je obrisala oči in začela metati celo najpomembnejša oblačila.

Als sie mit ihrem eigenen fertig war, begann sie, die Vorräte der Männer auszuräumen.

Ko je končala s svojimi, je začela prazniti moške zaloge.

Wie ein Wirbelwind verwüstete sie die Habseligkeiten von Charles und Hal.

Kot vihar je razdejala Charlesove in Halove stvari.

Obwohl die Ladung halbiert wurde, war sie immer noch viel schwerer als nötig.

Čeprav se je tovor prepolovil, je bil še vedno veliko težji, kot je bilo potrebno.

In dieser Nacht gingen Charles und Hal los und kauften sechs neue Hunde.

Tisto noč sta Charles in Hal šla ven in kupila šest novih psov.

Diese neuen Hunde gesellten sich zu den ursprünglichen sechs, plus Teek und Koona.

Ti novi psi so se pridružili prvotnim šestim, poleg Teeka in Koone.

Zusammen bildeten sie ein Gespann aus vierzehn Hunden, die vor den Schlitten gespannt wurden.

Skupaj so tvorili vprego štirinajstih psov, vpreženih v sani.

Doch die neuen Hunde waren für die Schlittenarbeit ungeeignet und schlecht ausgebildet.

Toda novi psi so bili neprimerni in slabo izurjeni za delo s sanmi.

Drei der Hunde waren kurzhaarige Vorstehhunde und einer war ein Neufundländer.
Trije psi so bili kratkodlaki ptičarji, eden pa je bil novofundlandec.

Bei den letzten beiden Hunden handelte es sich um Mischlinge ohne eindeutige Rasse oder Zweckbestimmung.
Zadnja dva psa sta bila mešanca brez jasne pasme ali namena.

Sie haben den Weg nicht verstanden und ihn nicht schnell gelernt.
Poti niso razumeli in se je niso hitro naučili.

Buck und seine Kameraden beobachteten sie mit Verachtung und tiefer Verärgerung.
Buck in njegovi tovariši so jih opazovali s prezirom in globoko razdraženostjo.

Obwohl Buck ihnen beibrachte, was sie nicht tun sollten, konnte er ihnen keine Pflicht beibringen.
Čeprav jih je Buck naučil, česa ne smejo početi, jih ni mogel naučiti dolžnosti.

Sie kamen mit dem Leben auf dem Wanderpfad und dem Ziehen von Zügeln und Schlitten nicht gut zurecht.
Niso se dobro prenašali vlečenja ali vleke vajeti in sani.

Nur die Mischlinge versuchten, sich anzupassen, und selbst ihnen fehlte der Kampfgeist.
Le mešanci so se poskušali prilagoditi, pa tudi njim je manjkalo borbenega duha.

Die anderen Hunde waren durch ihr neues Leben verwirrt, geschwächt und gebrochen.
Drugi psi so bili zaradi svojega novega življenja zmedeni, oslabljeni in zlomljeni.

Da die neuen Hunde ahnungslos und die alten erschöpft waren, gab es kaum Hoffnung.
Ker so novi psi bili brez pojma, stari pa izčrpani, je bilo upanje majhno.

Bucks Team hatte zweitausendfünfhundert Meilen eines rauen Pfades zurückgelegt.
Buckova ekipa je prevozila dve tisoč petsto milj zahtevne poti.

Dennoch waren die beiden Männer fröhlich und stolz auf ihr großes Hundegespann.

Kljub temu sta bila moška vesela in ponosna na svojo veliko pasjo ekipo.

Sie dachten, sie würden mit Stil reisen, mit vierzehn Hunden an der Leine.

Mislili so, da potujejo v stilu, s štirinajstimi poročenimi psi.

Sie hatten gesehen, wie Schlitten nach Dawson aufbrachen und andere von dort ankamen.

Videli so sani, ki so odhajale proti Dawsonu, in druge, ki so prihajale od tam.

Aber noch nie hatten sie eins gesehen, das von bis zu vierzehn Hunden gezogen wurde.

Nikoli pa niso videli, da bi ga vleklo kar štirinajst psov.

Es gab einen Grund, warum solche Teams in der arktischen Wildnis selten waren.

Obstajal je razlog, zakaj so bile takšne ekipe redke v arktični divjini.

Kein Schlitten konnte genug Futter transportieren, um vierzehn Hunde für die Reise zu versorgen.

Nobene sani niso mogle prepeljati dovolj hrane, da bi nahranile štirinajst psov na poti.

Aber Charles und Hal wussten das nicht – sie hatten nachgerechnet.

Ampak Charles in Hal tega nista vedela – izračunala sta že sama.

Sie haben das Futter berechnet: so viel pro Hund, so viele Tage, fertig.

Narisali so hrano: toliko na psa, toliko dni, končano.

Mercedes betrachtete ihre Zahlen und nickte, als ob es Sinn machte.

Mercedes je pogledala njihove številke in prikimala, kot da bi bilo smiselno.

Zumindest auf dem Papier erschien ihr alles sehr einfach.

Vse skupaj se ji je zdelo zelo preprosto, vsaj na papirju.

Am nächsten Morgen führte Buck das Team langsam die verschneite Straße hinauf.

Naslednje jutro je Buck počasi vodil ekipo po zasneženi ulici.

Weder er noch die Hunde hinter ihm hatten Energie oder Tatendrang.

Niti v njem niti v psih za njim ni bilo ne energije ne duha.

Sie waren von Anfang an todmüde, es waren keine Reserven mehr vorhanden.

Že od samega začetka so bili smrtno utrujeni – niso imeli več nobene rezerve.

Buck hatte bereits vier Fahrten zwischen Salt Water und Dawson unternommen.

Buck je že opravil štiri vožnje med Salt Waterjem in Dawsonom.

Als er nun erneut vor derselben Spur stand, empfand er nichts als Bitterkeit.

Zdaj, ko se je spet soočil z isto potjo, ni čutil nič drugega kot grenkobo.

Er war nicht mit dem Herzen dabei und die anderen Hunde auch nicht.

Njegovo srce ni bilo pri tem, prav tako ne srca drugih psov.

Die neuen Hunde waren schüchtern und den Huskys fehlte jegliches Vertrauen.

Novi psi so bili plašni, haskiji pa so bili brez kakršnega koli zaupanja.

Buck spürte, dass er sich auf diese beiden Männer oder ihre Schwester nicht verlassen konnte.

Buck je čutil, da se ne more zanesti ne na ta dva moška ne na njuno sestro.

Sie wussten nichts und zeigten auf dem Weg keine Anzeichen, etwas zu lernen.

Niso vedeli ničesar in na poti niso kazali nobenih znakov učenja.

Sie waren unorganisiert und es fehlte ihnen jeglicher Sinn für Disziplin.

Bili so neorganizirani in jim je manjkal vsakršen občutek za disciplino.

Sie brauchten jedes Mal die halbe Nacht, um ein schlampiges Lager aufzubauen.

Vsakič so potrebovali pol noči, da so postavili površen tabor.

Und den halben nächsten Morgen verbrachten sie wieder damit, am Schlitten herumzufummeln.

In polovico naslednjega dopoldneva so spet preživeli v igri s sanmi.

Gegen Mittag hielten sie oft nur an, um die ungleichmäßige Beladung zu korrigieren.

Do poldneva so se pogosto ustavili samo zato, da bi popravili neenakomerno obremenitev.

An manchen Tagen legten sie insgesamt weniger als sechzehn Kilometer zurück.

Nekatere dni so prepotovali skupno manj kot deset milj.

An anderen Tagen schafften sie es überhaupt nicht, das Lager zu verlassen.

Druge dni jim sploh ni uspelo zapustiti tabora.

Sie kamen nie auch nur annähernd an die geplante Nahrungsdistanz heran.

Nikoli se niso niti približali načrtovani razdalji za prevoz hrane.

Wie erwartet ging das Futter für die Hunde sehr schnell aus.

Kot je bilo pričakovati, jim je hrane za pse zelo hitro zmanjkalo.

Sie haben die Sache noch schlimmer gemacht, indem sie in den ersten Tagen zu viel gefüttert haben.

V zgodnjih dneh so stvari še poslabšali s prenajedanjem.

Mit jeder unvorsichtigen Ration rückte der Hungertod näher.

To je z vsakim neprevidnim obrokom približevalo lakoto.

Die neuen Hunde hatten nicht gelernt, mit sehr wenig zu überleben.

Novi psi se niso naučili preživeti z zelo malo.

Sie aßen hungrig, ihr Appetit war zu groß für den Weg.

Jedli so lačno, saj so imeli prevelik apetit za pot.

Als Hal sah, wie die Hunde schwächer wurden, glaubte er, dass das Futter nicht ausreichte.

Ko je videl, kako psi slabijo, je Hal verjel, da hrana ni dovolj.

Er verdoppelte die Rationen und verschlimmerte damit den Fehler noch.

Podvojil je obroke, s čimer je napako še poslabšal.

Mercedes verschärfte das Problem mit Tränen und leisem Flehen.

Mercedes je težavo še poslabšala s solzami in tihim moledovanjem.

Als sie Hal nicht überzeugen konnte, fütterte sie die Hunde heimlich.

Ko Hala ni mogla prepričati, je pse na skrivaj nahranila.

Sie stahl den Fisch aus den Säcken und gab ihn ihnen hinter seinem Rücken.

Ukradla je iz vreč z ribami in jim jih dala za njegovim hrbtom.

Doch was die Hunde wirklich brauchten, war nicht mehr Futter, sondern Ruhe.

Toda psi v resnici niso potrebovali več hrane – potrebovali so počitek.

Sie kamen nur langsam voran, aber der schwere Schlitten schleppte sich trotzdem weiter.

Počasi so se vozili, a težke sani so se še vedno vlekle.

Allein dieses Gewicht zehrte jeden Tag an ihrer verbleibenden Kraft.

Že sama teža jim je vsak dan izčrpala preostalo moč.

Dann kam es zur Phase der Unterernährung, da die Vorräte zur Neige gingen.

Nato je prišla faza podhranjenosti, saj je zalog zmanjkalo.

Eines Morgens stellte Hal fest, dass die Hälfte des Hundefutters bereits weg war.

Hal je nekega jutra ugotovil, da je polovica pasje hrane že izginila.

Sie hatten nur ein Viertel der gesamten Wegstrecke zurückgelegt.

Prepotovali so le četrtino celotne razdalje poti.

Es konnten keine Lebensmittel mehr gekauft werden, egal zu welchem Preis.

Hrane ni bilo mogoče kupiti več, ne glede na ponujeno ceno.

Er reduzierte die Portionen der Hunde unter die normale Tagesration.

Psom je zmanjšal porcije pod standardni dnevni obrok.

Gleichzeitig forderte er längere Reisemöglichkeiten, um die Verluste auszugleichen.

Hkrati je zahteval daljša potovanja, da bi nadomestil izgubo.

Mercedes und Charles unterstützten diesen Plan, scheiterten jedoch bei der Umsetzung.

Mercedes in Charles sta ta načrt podprla, vendar ju ni uspelo izvesti.

Ihr schwerer Schlitten und ihre mangelnden Fähigkeiten machten ein Vorankommen nahezu unmöglich.

Zaradi težkih sani in pomanjkanja spretnosti je bil napredek skoraj nemogoč.

Es war einfach, weniger Futter zu geben, aber unmöglich, mehr Anstrengung zu erzwingen.

Lahko je bilo dati manj hrane, nemogoče pa je bilo prisiliti k večjemu trudu.

Sie konnten weder früher anfangen, noch konnten sie Überstunden machen.

Niso mogli začeti zgodaj, niti potovati dlje časa.

Sie wussten nicht, wie sie mit den Hunden und überhaupt mit sich selbst arbeiten sollten.

Niso znali delati s psi, pa tudi s seboj niso vedeli.

Der erste Hund, der starb, war Dub, der unglückliche, aber fleißige Dieb.

Prvi pes, ki je umrl, je bil Dub, nesrečni, a delav tat.

Obwohl Dub oft bestraft wurde, leistete er ohne zu klagen seinen Beitrag.

Čeprav je bil Dub pogosto kaznovan, je brez pritožb opravljal svojo nalogo.

Seine Schulterverletzung verschlimmerte sich ohne Pflege und nötige Ruhe.

Njegova poškodovana rama se je brez oskrbe ali potrebe po počitku poslabšala.

Schließlich beendete Hal mit dem Revolver Dubs Leiden.

Končno je Hal z revolverjem končal Dubovo trpljenje.

Ein gängiges Sprichwort besagt, dass normale Hunde an der Husky-Ration sterben.

Pogost pregovor pravi, da normalni psi umrejo na obrokih haskijev.

Bucks sechs neue Gefährten bekamen nur die Hälfte des Futteranteils des Huskys.

Buckovih šest novih spremljevalcev je imelo le polovico haskijevega deleža hrane.

Zuerst starb der Neufundländer, dann die drei kurzhaarigen Vorstehhunde.

Najprej je poginil novofundlandski pes, nato pa še trije kratkodlaki ptičarji.

Die beiden Mischlinge hielten länger durch, kamen aber schließlich wie die anderen um.

Dva mešanca sta vztrajala dlje, a sta na koncu poginila tako kot ostali.

Zu diesem Zeitpunkt waren alle Annehmlichkeiten und die Sanftheit des Südens verschwunden.

Do takrat so bile vse ugodnosti in nežnost Južne dežele izginile.

Die drei Menschen hatten die letzten Spuren ihrer zivilisierten Erziehung abgelegt.

Trije ljudje so opustili zadnje sledi svoje civilizirane vzgoje.

Ohne Glamour und Romantik wurde das Reisen in die Arktis zur brutalen Realität.

Brez glamurja in romantike je potovanje po Arktiki postalo brutalno resnično.

Es war eine Realität, die zu hart für ihr Männlichkeits- und Weiblichkeitsgefühl war.

To je bila resničnost prekruta za njihov občutek moškosti in ženskosti.

Mercedes weinte nicht mehr um die Hunde, sondern nur noch um sich selbst.

Mercedes ni več jokala za pse, ampak je zdaj jokala samo še zase.

Sie verbrachte ihre Zeit damit, zu weinen und mit Hal und Charles zu streiten.

Svoj čas je preživljala v joku in prepirih s Halom in Charlesom.

Streiten war das Einzige, wozu sie nie zu müde waren.

Prepir je bila edina stvar, za katero se niso nikoli preveč naveličali.

Ihre Gereiztheit rührte vom Elend her, wuchs mit ihm und übertraf es.

Njihova razdražljivost je izvirala iz bede, z njo rasla in jo presegla.

Die Geduld des Weges, die diejenigen kennen, die sich abmühen und freundlich leiden, kam nie.

Potrpežljivost poti, znana tistim, ki se trudijo in trpijo prijazno, ni nikoli prišla.

Diese Geduld, die die Sprache trotz Schmerzen süß hält, war ihnen unbekannt.

Ta potrpežljivost, ki ohranja govor sladek kljub bolečini, jim je bila neznana.

Sie besaßen nicht die geringste Spur von Geduld und schöpften keine Kraft aus dem anmutigen Leiden.

Niso imeli niti kančka potrpežljivosti, nobene moči, ki bi jo črpali iz trpljenja z milostjo.

Sie waren steif vor Schmerz – ihre Muskeln, Knochen und ihr Herz schmerzten.

Bili so okoreli od bolečin – boleče so jih mišice, kosti in srce.

Aus diesem Grund bekamen sie eine scharfe Zunge und waren schnell im Umgang mit harten Worten.

Zaradi tega so postali ostri na jeziku in hitri v ostrih besedah.

Jeder Tag begann und endete mit wütenden Stimmen und bitteren Klagen.

Vsak dan se je začel in končal z jeznimi glasovi in grenkimi pritožbami.

Charles und Hal stritten sich, wann immer Mercedes ihnen eine Chance gab.

Charles in Hal sta se prepirala vsakič, ko jima je Mercedes dala priložnost.

Jeder Mann glaubte, dass er mehr als seinen gerechten Anteil an der Arbeit geleistet hatte.

Vsak moški je verjel, da je opravil več kot svoj delež dela.

Keiner von beiden ließ es sich je entgehen, dies immer wieder zu sagen.
Niti eden niti drugi nista zamudila priložnosti, da bi to povedala, znova in znova.

Manchmal stand Mercedes auf der Seite von Charles, manchmal auf der Seite von Hal.
Včasih je Mercedes stala na strani Charlesa, včasih na strani Hala.

Dies führte zu einem großen und endlosen Streit zwischen den dreien.
To je privedlo do velikega in neskončnega prepira med tremi.

Ein Streit darüber, wer Brennholz hacken sollte, geriet außer Kontrolle.
Spor o tem, kdo naj seka drva, je ušel izpod nadzora.

Bald wurden Väter, Mütter, Cousins und verstorbene Verwandte genannt.
Kmalu so bili imenovani očetje, matere, bratranci in sestrične ter umrli sorodniki.

Hal's Ansichten über Kunst oder die Theaterstücke seines Onkels wurden Teil des Kampfes.
Halovi pogledi na umetnost ali stričeve igre so postali del boja.

Auch Charles' politische Überzeugungen wurden in die Debatte einbezogen.
V razpravo so vstopila tudi Charlesova politična prepričanja.

Für Mercedes schienen sogar die Gerüchte über die Schwester ihres Mannes relevant zu sein.
Mercedes so se celo trače njene moževe sestre zdele pomembne.

Sie äußerte ihre Meinung dazu und zu vielen Fehlern in Charles' Familie.
Izrazila je mnenja o tem in o številnih pomanjkljivostih Charlesove družine.

Während sie stritten, blieb das Feuer aus und das Lager war halb fertig.
Medtem ko sta se prepirala, je ogenj ostal ugasnjen in tabor napol požgan.

In der Zwischenzeit waren die Hunde unterkühlt und hatten nichts zu fressen.

Medtem so psi ostali premraženi in brez hrane.

Mercedes hegte einen Groll, den sie als zutiefst persönlich betrachtete.

Mercedes je imela zamero, ki jo je imela za globoko osebno.

Sie fühlte sich als Frau misshandelt und fühlte sich ihrer Privilegien beraubt.

Kot ženska se je počutila slabo obravnavano, odrekane so ji bile njene nežne privilegije.

Sie war hübsch und sanft und pflegte ihr ganzes Leben lang ritterliche Gesten.

Bila je lepa in nežna ter vse življenje vajena viteštva.

Doch ihr Mann und ihr Bruder begegneten ihr nun mit Ungeduld.

Toda njen mož in brat sta jo zdaj obravnavala z nestrpnostjo.

Sie hatte die Angewohnheit, sich hilflos zu verhalten, und sie begannen, sich zu beschweren.

Njena navada je bila, da se dela nemočna, in začeli so se pritoževati.

Sie war davon beleidigt und machte ihnen das Leben noch schwerer.

Zaradi tega je užaljena in jim je še bolj otežila življenje.

Sie ignorierte die Hunde und bestand darauf, den Schlitten selbst zu fahren.

Pse je ignorirala in vztrajala, da se bo sama peljala s sanmi.

Obwohl sie von leichter Gestalt war, wog sie fünfundvierzig Kilo.

Čeprav je bila videti rahlo vitka, je tehtala sto dvajset funtov.

Diese zusätzliche Belastung war zu viel für die hungernden, schwachen Hunde.

To dodatno breme je bilo preveč za stradajoče, šibke pse.

Trotzdem ritt sie tagelang, bis die Hunde in den Zügeln zusammenbrachen.

Vseeno je jahala več dni, dokler se psi niso zgrudili pod vajeti.

Der Schlitten stand still und Charles und Hal baten sie, zu laufen.

Sani so stale, Charles in Hal pa sta jo prosila, naj gre peš.

Sie flehten und flehten, aber sie weinte und nannte sie grausam.

Prosili so in rotili, ona pa je jokala in jih imenovala krute.

Einmal zogen sie sie mit purer Kraft und Wut vom Schlitten.

Nekoč so jo s silo in jezo potegnili s sani.

Nach dem, was damals passiert ist, haben sie es nie wieder versucht.

Po tistem, kar se je zgodilo, niso nikoli več poskusili.

Sie wurde schlaff wie ein verwöhntes Kind und setzte sich in den Schnee.

Omahnila je kot razvajen otrok in se usedla v sneg.

Sie gingen weiter, aber sie weigerte sich aufzustehen oder ihnen zu folgen.

Šla sta naprej, a ona ni hotela vstati ali slediti za njima.

Nach drei Meilen hielten sie an, kehrten um und trugen sie zurück.

Po petih kilometrih so se ustavili, vrnili in jo odnesli nazaj.

Sie luden sie wieder auf den Schlitten, wobei sie erneut rohe Gewalt anwandten.

Ponovno so jo naložili na sani, spet z vso močjo.

In ihrem tiefen Elend zeigten sie gegenüber dem Leid der Hunde keine Skrupel.

V svoji globoki bedi so bili brezbrižni do trpljenja psov.

Hal glaubte, man müsse sich abhärten und zwang anderen diesen Glauben auf.

Hal je verjel, da se je treba utrditi, in to prepričanje je vsiljeval drugim.

Er versuchte zunächst, seiner Schwester seine Philosophie zu predigen

Najprej je poskušal svojo filozofijo pridigati sestri

und dann predigte er erfolglos seinem Schwager.

in nato je brez uspeha pridigal svojemu svaku.

Bei den Hunden hatte er mehr Erfolg, aber nur, weil er ihnen weh tat.

Pri psih je imel več uspeha, vendar le zato, ker jih je poškodoval.

Bei Five Fingers ist das Hundefutter komplett ausgegangen.

V Five Fingers je pasji hrani popolnoma zmanjkalo hrane.

Eine zahnlose alte Squaw verkaufte ein paar Pfund gefrorenes Pferdeleder

Brezzoba stara ženska je prodala nekaj kilogramov zamrznjene konjske kože

Hal tauschte seinen Revolver gegen das getrocknete Pferdefell.

Hal je zamenjal svoj revolver za posušeno konjsko kožo.

Das Fleisch stammte von den Pferden der Viehzüchter, die Monate zuvor verhungert waren.

Meso je prišlo od sestradanih konj živinorejcev več mesecev prej.

Gefroren war die Haut wie verzinktes Eisen: zäh und ungenießbar.

Zamrznjena koža je bila kot pocinkano železo; trda in neužitna.

Die Hunde mussten endlos auf dem Fell herumkauen, um es zu fressen.

Psi so morali neskončno žvečiti kožo, da so jo pojedli.

Doch die ledrigen Fäden und das kurze Haar waren kaum Nahrung.

Toda usnjate strune in kratki lasje niso bili ravno hrana.

Das Fell war größtenteils irritierend und kein echtes Nahrungsmittel.

Večina kože je bila dražeča in v pravem pomenu besede ni bila hrana.

Und während all dem taumelte Buck vorne herum, wie in einem Albtraum.

In skoz vse to se je Buck opotekal spredaj, kot v nočni mori.

Er zog, wenn er dazu in der Lage war; wenn nicht, blieb er liegen, bis er mit einer Peitsche oder einem Knüppel hochgehoben wurde.

Vlekel je, kadar je mogel; kadar ni mogel, je ležal, dokler ga ni dvignil bič ali palica.

Sein feines, glänzendes Fell hatte jegliche Steifheit und jeglichen Glanz verloren, den es einst hatte.

Njegova fina, sijoča dlaka je izgubila vso togost in sijaj, ki ga je nekoč imela.

Sein Haar hing schlaff herunter, war zerzaust und mit getrocknetem Blut von den Schlägen verklebt.

Lasje so mu viseli mlahavi, razmršeni in prepojeni s posušeno krvjo od udarcev.

Seine Muskeln schrumpften zu Sehnen und seine Fleischpolster waren völlig abgenutzt.

Njegove mišice so se skrčile v vrvice, vse kožne blazinice pa so bile obrabljene.

Jede Rippe, jeder Knochen war deutlich durch die Falten der runzligen Haut zu sehen.

Vsako rebro, vsaka kost se je jasno videla skozi gube nagubane kože.

Es war herzzerreißend, doch Bucks Herz konnte nicht brechen.

Bilo je srce parajoče, a Buckovo srce se ni moglo zlomiti.

Der Mann im roten Pullover hatte das getestet und vor langer Zeit bewiesen.

Moški v rdečem puloverju je to že zdavnaj preizkusil in dokazal.

So wie es bei Buck war, war es auch bei allen seinen übrigen Teamkollegen.

Tako kot je bilo z Buckom, je bilo tudi z vsemi njegovimi preostalimi soigralci.

Insgesamt waren es sieben, jeder einzelne ein wandelndes Skelett des Elends.

Skupaj jih je bilo sedem, vsak od njih pa je bil hodeče okostje bede.

Sie waren gegenüber den Peitschenhieben taub geworden und spürten nur noch entfernten Schmerz.

Otrpnili so do bičanja in čutili so le oddaljeno bolečino.

Sogar Bild und Ton erreichten sie nur schwach, wie durch dichten Nebel.

Celo vid in zvok sta do njih segala komaj, kot skozi gosto meglo.

Sie waren nicht halb lebendig – es waren Knochen mit schwachen Funken darin.

Niso bili napol živi – bili so kosti z medlimi iskricami v notranjosti.

Als sie angehalten wurden, brachen sie wie Leichen zusammen, ihre Funken waren fast erloschen.

Ko so se ustavili, so se zgrudili kot trupla, njihove iskre so skoraj ugasnile.

Und als die Peitsche oder der Knüppel erneut zuschlug, sprühten schwache Funken.

In ko je bič ali palica znova udarila, so iskre šibko zaplapolale.

Dann erhoben sie sich, taumelten vorwärts und schleiften ihre Gliedmaßen vor sich her.

Nato so vstali, se opotekajoče premaknili naprej in vlekli svoje ude naprej.

Eines Tages stürzte der nette Billee und konnte überhaupt nicht mehr aufstehen.

Nekega dne je prijazni Billee padel in se sploh ni mogel več dvigniti.

Hal hatte seinen Revolver eingetauscht und benutzte stattdessen eine Axt, um Billee zu töten.

Hal je zamenjal svoj revolver, zato je namesto tega uporabil sekiro, da bi ubil Billeeja.

Er schlug ihm auf den Kopf, schnitt dann seinen Körper los und schleifte ihn weg.

Udaril ga je po glavi, nato mu je odrezal telo in ga odvlekel stran.

Buck sah dies und die anderen auch; sie wussten, dass der Tod nahe war.

Buck je to videl, pa tudi drugi; vedeli so, da je smrt blizu.

Am nächsten Tag ging Koona und ließ nur fünf Hunde im hungernden Team zurück.

Naslednji dan je Koona odšla in v stradajoči vpregi je ostalo le pet psov.

Joe war nicht länger gemein, sondern zu weit weg, um überhaupt noch viel mitzubekommen.

Joe, ki ni bil več zloben, je bil preveč zgrešen, da bi se sploh česa zavedal.

Pike täuschte seine Verletzung nicht länger vor und war kaum bei Bewusstsein.

Pike, ki se ni več pretvarjal, da je poškodovan, je bil komaj pri zavesti.

Solleks, der immer noch treu war, beklagte, dass er nicht mehr die Kraft hatte, etwas zu geben.

Solleks, še vedno zvest, je žaloval, da nima moči, ki bi jo lahko dal.

Teek wurde am häufigsten geschlagen, weil er frischer war, aber schnell nachließ.

Teeka so najbolj premagali, ker je bil bolj svež, a je hitro izgubljal na moči.

Und Buck, der immer noch in Führung lag, sorgte nicht länger für Ordnung und setzte sie auch nicht durch.

In Buck, ki je bil še vedno v vodstvu, ni več vzdrževal reda ali ga uveljavljal.

Halb blind vor Schwäche folgte Buck der Spur nur nach Gefühl.

Napol slep od šibkosti je Buck sledil samo po občutku.

Es war schönes Frühlingswetter, aber keiner von ihnen bemerkte es.

Bilo je čudovito pomladno vreme, a nihče od njih tega ni opazil.

Jeden Tag ging die Sonne früher auf und später unter als zuvor.

Vsak dan je sonce vzšlo prej in zašlo kasneje kot prej.

Um drei Uhr morgens dämmerte es, die Dämmerung dauerte bis neun Uhr.

Ob treh zjutraj se je zdanilo; mrak je trajal do devetih.

Die langen Tage waren erfüllt von der vollen Strahlkraft des Frühlingssonnenscheins.

Dolgi dnevi so bili polni žara spomladanskega sonca.

Die gespenstische Stille des Winters hatte sich in ein warmes Murmeln verwandelt.

Zimska tišina se je spremenila v toplo šumenje.

Das ganze Land erwachte und war erfüllt von der Freude am Leben.

Vsa dežela se je prebujala, živa od veselja živih bitij.

Das Geräusch kam von etwas, das den Winter über tot und reglos dagelegen hatte.

Zvok je prihajal iz tistega, kar je pozimi ležalo mrtvo in negibno.

Jetzt bewegten sich diese Dinger wieder und schüttelten den langen Frostschlaf ab.

Zdaj so se te stvari spet premaknile in se otresle dolgega zmrzalnega spanca.

Saft stieg durch die dunklen Stämme der wartenden Kiefern.

Sok se je dvigal skozi temna debla čakajočih borovcev.

An jedem Zweig von Weiden und Espen treiben leuchtende junge Knospen aus.

Vrbe in trepetlike na vsaki vejici poženejo svetle mlade popke.

Sträucher und Weinreben erstrahlten in frischem Grün, als der Wald zum Leben erwachte.

Grmičevje in trta so se sveže ozelenili, ko so gozdovi oživeli.

Nachts zirpten Grillen und in der Sonne krabbelten Käfer.

Ponoči so čivkali črički, na dnevnem soncu pa so se plazile žuželke.

Rebhühner dröhnten und Spechte klopften tief in den Bäumen.

Jerebice so bučale, žolne pa so trkale globoko v drevesih.

Eichhörnchen schnatterten, Vögel sangen und Gänse schnatterten über den Hunden.

Veverice so čebljale, ptice so pele, gosi pa so trobile nad psi.

Das Wildgeflügel kam in scharfen Keilen und flog aus dem Süden heran.

Divje kokoši so prihajale v ostrih klinih, letale so z juga.

Von jedem Hügel ertönte die Musik verborgener, rauschender Bäche.

Z vsakega pobočja je prihajala glasba skritih, deročih potokov.

Alles taute auf, brach, bog sich und geriet wieder in Bewegung.

Vse se je odtalilo, počilo, upognilo in spet začelo gibati.

Der Yukon bemühte sich, die Kälteketten des gefrorenen Eises zu durchbrechen.

Yukon se je naprezal, da bi pretrgal hladne verige zmrznjenega ledu.

Das Eis schmolz von unten, während die Sonne es von oben zum Schmelzen brachte.

Led se je topil spodaj, sonce pa ga je topilo od zgoraj.

Luftlöcher öffneten sich, Risse breiteten sich aus und Brocken fielen in den Fluss.

Odprle so se zračne luknje, razširile so se razpoke in kosi so padali v reko.

Inmitten dieses pulsierenden und lodernden Lebens taumelten die Reisenden.

Sredi vsega tega vrveža in žarečega življenja so se popotniki opotekali.

Zwei Männer, eine Frau und ein Rudel Huskys liefen wie die Toten.

Dva moška, ženska in krdelo haskijev so hodili kot mrtvi.

Die Hunde fielen, Mercedes weinte, fuhr aber immer noch Schlitten.

Psi so padali, Mercedes je jokala, a je še vedno jahala sani.

Hal fluchte schwach und Charles blinzelte mit tränenden Augen.

Hal je slabotno preklinjal, Charles pa je pomežiknil skozi solzne oči.

Sie stolperten in John Thorntons Lager an der Mündung des White River.

Naleteli so na Thorntonov tabor ob ustju Bele reke.

Als sie anhielten, fielen die Hunde flach um, als wären sie alle tot.

Ko so se ustavili, so se psi zgrudili na tla, kot da bi bili vsi mrtvi.

Mercedes wischte sich die Tränen ab und sah zu John Thornton hinüber.

Mercedes si je obrisala solze in pogledala Johna Thorntona.

Charles saß langsam und steif auf einem Baumstamm, mit Schmerzen vom Weg.

Charles je sedel na hlod, počasi in togo, boleč od poti.

Hal redete, während Thornton das Ende eines Axtstiels schnitzte.

Hal je govoril, medtem ko je Thornton rezljal konec ročaja sekire.

Er schnitzte Birkenholz und antwortete mit kurzen, bestimmten Antworten.

Rezal je brezov les in odgovarjal s kratkimi, a odločnimi odgovori.

Wenn man ihn fragte, gab er Ratschläge, war sich jedoch sicher, dass diese nicht befolgt würden.

Ko so ga vprašali, je dal nasvet, prepričan, da ga ne bodo upoštevali.

Hal erklärte: „Sie sagten uns, dass das Eis auf dem Weg schmelzen würde."

Hal je pojasnil: »Rekli so nam, da se led na poti topi.«

„Sie sagten, wir sollten bleiben, wo wir waren – aber wir haben es bis nach White River geschafft."

„Rekli so, naj ostanemo pri miru – ampak prišli smo do Bele reke."

Er schloss mit höhnischem Ton, als wolle er einen Sieg in der Not für sich beanspruchen.

Končal je s posmehljivim tonom, kot da bi želel razglasiti zmago v stiski.

„Und sie haben dir die Wahrheit gesagt", antwortete John Thornton Hal ruhig.

„In povedali so ti resnico," je John Thornton tiho odgovoril Halu.

„Das Eis kann jeden Moment nachgeben – es ist kurz davor, abzufallen."

"Led lahko popusti vsak hip – pripravljen je odpadi."

„Nur durch blindes Glück und ein paar Narren wäre es möglich gewesen, lebend so weit zu kommen."

"Samo slepa sreča in bedaki so lahko prišli tako daleč živi."

„Ich sage es Ihnen ganz offen: Ich würde mein Leben nicht für alles Gold Alaskas riskieren."

"Povem ti naravnost, ne bi tvegal svojega življenja za vse aljaško zlato."

„Das liegt wohl daran, dass Sie kein Narr sind", antwortete Hal.

„To je verjetno zato, ker nisi bedak," je odgovoril Hal.

„Trotzdem fahren wir weiter nach Dawson." Er rollte seine Peitsche ab.

„Vseeno bomo šli naprej do Dawsona." Odvil je bič.

„Komm rauf, Buck! Hallo! Steh auf! Los!", rief er barsch.

„Pojdi gor, Buck! Živjo! Vstani! Kar daj!" je ostro zavpil.

Thornton schnitzte weiter, wohl wissend, dass Narren nicht auf Vernunft hören.

Thornton je kar naprej rezbaril, saj je vedel, da bedaki ne bodo poslušali razuma.

Einen Narren aufzuhalten war sinnlos – und zwei oder drei Narren änderten nichts.

Ustaviti bedaka je bilo zaman – in dva ali trije bedaci niso ničesar spremenili.

Doch als das Team Hal's Befehl hörte, bewegte es sich nicht.

Toda ekipa se ob zvoku Halovega ukaza ni premaknila.

Jetzt konnten sie nur noch durch Schläge wieder auf die Beine kommen und weiterkommen.

Do zdaj so jih lahko le udarci dvignili in potegnili naprej.

Immer wieder knallte die Peitsche über die geschwächten Hunde.

Bič je znova in znova udarjal po oslabelih psih.

John Thornton presste die Lippen fest zusammen und sah schweigend zu.

John Thornton je tesno stisnil ustnice in molče opazoval.

Solleks war der Erste, der unter der Peitsche auf die Beine kam.

Solleks se je prvi pod bičem splazil na noge.

Dann folgte Teek zitternd. Joe schrie auf, als er stolperte.

Nato je Teek trepetajoč sledil. Joe je kriknil, ko se je spotaknil.

Pike versuchte aufzustehen, scheiterte zweimal und stand schließlich unsicher da.

Pike je poskušal vstati, dvakrat mu ni uspelo, nato pa je končno ostal negotov.

Aber Buck blieb liegen, wo er hingefallen war, und bewegte sich dieses Mal überhaupt nicht.

Toda Buck je ležal tam, kjer je padel, tokrat se sploh ni premaknil.

Die Peitsche schlug immer wieder auf ihn ein, aber er gab keinen Laut von sich.

Bič ga je znova in znova bičal, a ni izdal niti glasu.

Er zuckte nicht zusammen und wehrte sich nicht, sondern blieb einfach still und ruhig.

Ni se zdrznil ali upiral, preprosto je ostal pri miru in tiho.

Thornton rührte sich mehr als einmal, als wolle er etwas sagen, tat es aber nicht.

Thornton se je večkrat premaknil, kot da bi hotel spregovoriti, a ni.

Seine Augen wurden feucht und immer noch knallte die Peitsche gegen Buck.

Oči so se mu orosile, bič pa je še vedno prasketal po Bucku.

Schließlich begann Thornton langsam auf und ab zu gehen, unsicher, was er tun sollte.

Končno je Thornton začel počasi hoditi sem ter tja, negotov, kaj naj stori.

Es war das erste Mal, dass Buck versagt hatte, und Hal wurde wütend.

Bucku je prvič spodletelo, Hal pa je postal besen.

Er warf die Peitsche weg und nahm stattdessen die schwere Keule.

Vrgel je bič in namesto tega pograbil težko palico.

Der Holzknüppel schlug hart auf, aber Buck stand immer noch nicht auf, um sich zu bewegen.

Lesena palica je močno udarila, a Buck se še vedno ni dvignil, da bi se premaknil.

Wie seine Teamkollegen war er zu schwach – aber mehr als das.

Tako kot njegovi soigralci je bil prešibak – ampak še več kot to.

Buck hatte beschlossen, sich nicht zu bewegen, egal was als Nächstes passieren würde.

Buck se je odločil, da se ne bo premaknil, ne glede na to, kaj se bo zgodilo potem.

Er spürte, wie etwas Dunkles und Bestimmtes direkt vor ihm schwebte.

Čutil je nekaj temnega in nedvomnega, ki je lebdel tik pred njim.

Diese Angst hatte ihn ergriffen, sobald er das Flussufer erreicht hatte.

Ta strah ga je obšel takoj, ko je prišel do rečnega brega.

Dieses Gefühl hatte ihn nicht verlassen, seit er das Eis unter seinen Pfoten dünner werden fühlte.

Občutek ga ni zapustil, odkar je pod šapami začutil tanek led.

Etwas Schreckliches wartete – er spürte es gleich weiter unten auf dem Weg.

Nekaj groznega ga je čakalo – čutil je to tik ob poti.

Er würde nicht auf das Schreckliche vor ihm zugehen

Ni nameraval hoditi proti tisti grozni stvari pred seboj.

Er würde keinem Befehl gehorchen, der ihn zu diesem Ding führte.

Ni nameraval ubogati nobenega ukaza, ki bi ga pripeljal do tiste stvari.

Der Schmerz der Schläge war für ihn kaum noch spürbar, er war zu weit weg.

Bolečina udarcev ga zdaj komajda ni dotaknila – bil je predaleč.

Der Funke des Lebens flackerte schwach und erlosch unter jedem grausamen Schlag.

Iskra življenja je utripala nizko, zatemnjena pod vsakim krutim udarcem.

Seine Glieder fühlten sich fremd an, sein ganzer Körper schien einem anderen zu gehören.

Njegovi udi so se zdeli oddaljeni; zdelo se je, kot da celo telo pripada nekomu drugemu.

Er spürte eine seltsame Taubheit, als der Schmerz
vollständig nachließ.

Občutil je nenavadno otrplost, ko je bolečina popolnoma
izginila.

Aus der Ferne spürte er, dass er geschlagen wurde, aber er
wusste es kaum.

Od daleč je čutil, da ga pretepajo, a se tega komaj zavedal.

Er konnte die Schläge schwach hören, aber sie taten nicht
mehr wirklich weh.

Rahlo je slišal udarce, vendar ga niso več zares boleli.

Die Schläge trafen, aber sein Körper schien nicht mehr sein
eigener zu sein.

Udarci so sicer priletavali, a njegovo telo se ni več zdelo
njegovo.

Dann stieß John Thornton plötzlich und ohne Vorwarnung
einen wilden Schrei aus.

Nato je nenadoma, brez opozorila, John Thornton divje zavpil.

Es war unartikuliert, eher der Schrei eines Tieres als eines
Menschen.

Bil je neartikuliran, bolj krik zveri kot človeka.

Er sprang mit der Keule auf den Mann zu und stieß Hal
nach hinten.

Skočil je na moškega s palico in Hala podrl nazaj.

Hal flog, als wäre er von einem Baum getroffen worden, und
landete hart auf dem Boden.

Hal je poletel, kot bi ga zadelo drevo, in trdo pristal na tleh.

Mercedes schrie laut vor Panik und umklammerte ihr
Gesicht.

Mercedes je panično zakričala in se prijela za obraz.

Charles sah nur zu, wischte sich die Augen und blieb sitzen.

Karel je samo opazoval, si obrisal oči in ostal sedeti.

Sein Körper war vor Schmerzen zu steif, um aufzustehen
oder beim Kampf mitzuhelfen.

Njegovo telo je bilo preveč otrdelo od bolečine, da bi vstal ali
pomagal v boju.

Thornton stand über Buck, zitterte vor Wut und konnte
nicht sprechen.

Thornton je stal nad Buckom, trepetal od besa in ni mogel govoriti.

Er zitterte vor Wut und kämpfte darum, trotz allem seine Stimme wiederzufinden.

Tresel se je od besa in se trudil najti svoj glas.

„Wenn du den Hund noch einmal schlägst, bringe ich dich um", sagte er schließlich.

„Če še enkrat udariš tega psa, te bom ubil," je končno rekel.

Hal wischte sich das Blut aus dem Mund und kam wieder nach vorne.

Hal si je obrisal kri z ust in spet stopil naprej.

„Es ist mein Hund", murmelte er. „Geh mir aus dem Weg, sonst kriege ich dich wieder in Ordnung."

„To je moj pes," je zamrmral. „Umakni se, sicer te bom popravil."

„Ich gehe nach Dawson und Sie halten mich nicht auf", fügte er hinzu.

„Grem v Dawson in ti me ne boš ustavil," je dodal.

Thornton stand fest zwischen Buck und dem wütenden jungen Mann.

Thornton je trdno stal med Buckom in jeznim mladeničem.

Er hatte nicht die Absicht, zur Seite zu treten oder Hal vorbeizulassen.

Ni imel namena stopiti na stran ali pustiti Hala mimo.

Hal zog sein Jagdmesser heraus, das lang und gefährlich in der Hand lag.

Hal je izvlekel svoj lovski nož, dolg in nevaren v roki.

Mercedes schrie, dann weinte sie und lachte dann in wilder Hysterie.

Mercedes je kričala, nato jokala, nato pa se je divje histerično smejala.

Thornton schlug mit dem Axtstiel hart und schnell auf Hals Hand.

Thornton je močno in hitro udaril Hala po roki z ročajem sekire.

Das Messer wurde aus Hals Griff gerissen und flog zu Boden.

Nož je Halu izpadel iz rok in poletel na tla.

Hal versuchte, das Messer aufzuheben, und Thornton klopfte erneut auf seine Fingerknöchel.

Hal je poskušal dvigniti nož, Thornton pa je spet potrkal s členki.

Dann bückte sich Thornton, griff nach dem Messer und hielt es fest.

Nato se je Thornton sklonil, zgrabil nož in ga držal.

Mit zwei schnellen Hieben des Axtstiels zerschnitt er Bucks Zügel.

Z dvema hitrima zamahoma ročaja sekire je prerezal Buckove vajeti.

Hal hatte keine Kraft mehr, sich zu wehren, und trat von dem Hund zurück.

Hal se ni več mogel boriti in se je umaknil od psa.

Außerdem brauchte Mercedes jetzt beide Arme, um aufrecht zu bleiben.

Poleg tega je Mercedes zdaj potrebovala obe roki, da je ostala pokonci.

Buck war dem Tod zu nahe, um noch einmal einen Schlitten ziehen zu können.

Buck je bil preblizu smrti, da bi lahko spet vlekel sani.

Ein paar Minuten später legten sie ab und fuhren flussabwärts.

Nekaj minut kasneje so se odpeljali in se odpravili po reki navzdol.

Buck hob schwach den Kopf und sah ihnen nach, wie sie die Bank verließen.

Buck je šibko dvignil glavo in jih opazoval, kako odhajajo iz banke.

Pike führte das Team an, mit Solleks am Ende des Feldes.

Pike je vodil ekipo, Solleks pa je bil zadaj na mestu zadnjega kolesarja.

Joe und Teek gingen dazwischen, beide humpelten vor Erschöpfung.

Joe in Teek sta hodila med njimi, oba šepajoča od izčrpanosti.

Mercedes saß auf dem Schlitten und Hal hielt die lange Lenkstange fest.
Mercedes je sedela na saneh, Hal pa se je oklepal dolge palice.
Charles stolperte hinterher, seine Schritte waren unbeholfen und unsicher.
Karel se je opotekal zadaj, njegovi koraki so bili nerodni in negotovi.
Thornton kniete neben Buck und tastete vorsichtig nach gebrochenen Knochen.
Thornton je pokleknil poleg Bucka in nežno pretipal zlomljene kosti.
Seine Hände waren rau, bewegten sich aber mit Freundlichkeit und Sorgfalt.
Njegove roke so bile hrapave, a gibane s prijaznostjo in skrbnostjo.
Bucks Körper wies Blutergüsse auf, wies jedoch keine bleibenden Verletzungen auf.
Buckovo telo je bilo polno modric, vendar ni kazalo trajnih poškodb.
Zurück blieben schrecklicher Hunger und nahezu völlige Schwäche.
Ostala je bila strašna lakota in skoraj popolna šibkost.
Als dies klar wurde, war der Schlitten bereits weit flussabwärts gefahren.
Ko se je to razjasnilo, so sani že daleč odplule po reki.
Mann und Hund sahen zu, wie der Schlitten langsam über das knackende Eis kroch.
Mož in pes sta opazovala, kako se sani počasi plazijo po razpokanem ledu.
Dann sahen sie, wie der Schlitten in eine Mulde sank.
Nato so videli, kako se sani pogrezajo v votlino.
Die Gee-Stange flog in die Höhe, und Hal klammerte sich immer noch vergeblich daran fest.
Palica je poletela navzgor, Hal pa se je še vedno zaman oklepal.
Mercedes' Schrei erreichte sie über die kalte Ferne.
Mercedesin krik jih je dosegel čez hladno razdaljo.

Charles drehte sich um und trat zurück – aber er war zu spät.

Charles se je obrnil in stopil korak nazaj – a je bilo prepozno.

Eine ganze Eisdecke brach nach und sie alle fielen hindurch.

Cela ledena plošča se je umaknila in vsi so padli skozenj.

Hunde, Schlitten und Menschen verschwanden im schwarzen Wasser darunter.

Psi, sani in ljudje so izginili v črni vodi spodaj.

An der Stelle, an der sie vorbeigekommen waren, war nur ein breites Loch im Eis zurückgeblieben.

Kjer so šli mimo, je ostala le široka luknja v ledu.

Der Boden des Pfades war nach unten abgesunken – genau wie Thornton gewarnt hatte.

Dno poti se je udrlo – tako kot je opozoril Thornton.

Thornton und Buck sahen sich einen Moment lang schweigend an.

Thornton in Buck sta se spogledala in za trenutek molčala.

„Du armer Teufel", sagte Thornton leise und Buck leckte ihm die Hand.

„Ubogi hudič," je tiho rekel Thornton in Buck mu je obliznil roko.

Aus Liebe zu einem Mann
Za ljubezen do moškega

John Thornton erfror in der Kälte des vergangenen Dezembers seine Füße.
Johnu Thorntonu so v mrazu prejšnjega decembra zmrznile noge.

Seine Partner machten es ihm bequem und ließen ihn allein genesen.
Njegovi partnerji so mu poskrbeli za udobje in ga pustili, da si sam opomore.

Sie fuhren den Fluss hinauf, um ein Floß mit Sägestämmen für Dawson zu holen.
Šli so po reki navzgor, da bi nabrali splav žagarskih hlodov za Dawsona.

Er humpelte noch leicht, als er Buck vor dem Tod rettete.
Ko je rešil Bucka pred smrtjo, je še vedno rahlo šepal.

Aber bei anhaltend warmem Wetter verschwand sogar dieses Hinken.
Toda s toplim vremenom, ki se je nadaljevalo, je celo to šepanje izginilo.

Buck ruhte sich an langen Frühlingstagen am Flussufer aus.
Buck je v dolgih pomladnih dneh ležal ob rečnem bregu in počival.

Er beobachtete das fließende Wasser und lauschte den Vögeln und Insekten.
Opazoval je tekočo vodo in poslušal ptice in žuželke.

Langsam erlangte Buck unter Sonne und Himmel seine Kraft zurück.
Buck si je pod soncem in nebom počasi povrnil moč.

Nach einer Reise von dreitausend Meilen war eine Pause ein wunderbares Gefühl.
Počitek se je po prepotovanih petih tisoč kilometrih zdel čudovit.

Buck wurde träge, als seine Wunden heilten und sein Körper an Gewicht zunahm.

Buck je postal len, ko so se mu rane zacelile in se mu je telo napolnilo.

Seine Muskeln wurden fester und das Fleisch bedeckte wieder seine Knochen.

Njegove mišice so se utrdile in meso je spet prekrilo njegove kosti.

Sie ruhten sich alle aus – Buck, Thornton, Skeet und Nig.

Vsi so počivali – Buck, Thornton, Skeet in Nig.

Sie warteten auf das Floß, das sie nach Dawson bringen sollte.

Čakali so na splav, ki jih bo odpeljal v Dawson.

Skeet war ein kleiner Irish Setter, der sich mit Buck anfreundete.

Skeet je bil majhen irski seter, ki se je spoprijateljil z Buckom.

Buck war zu schwach und krank, um ihr bei ihrem ersten Treffen Widerstand zu leisten.

Buck je bil prešibak in bolan, da bi se ji na prvem srečanju uprl.

Skeet hatte die Heilereigenschaft, die manche Hunde von Natur aus besitzen.

Skeet je imel zdravilno lastnost, ki jo imajo nekateri psi naravno.

Wie eine Katzenmutter leckte und reinigte sie Bucks offene Wunden.

Kot mama mačka je lizala in čistila Buckove surove rane.

Jeden Morgen nach dem Frühstück wiederholte sie ihre sorgfältige Arbeit.

Vsako jutro po zajtrku je ponovila svoje skrbno delo.

Buck erwartete ihre Hilfe ebenso sehr wie die von Thornton.

Buck je pričakoval njeno pomoč prav toliko kot Thorntonovo.

Nig war auch freundlich, aber weniger offen und weniger liebevoll.

Tudi Nig je bil prijazen, vendar manj odprt in manj ljubeč.

Nig war ein großer schwarzer Hund, halb Bluthund, halb Hirschhund.

Nig je bil velik črn pes, delno krvoslednik in delno jelenji hrt.

Er hatte lachende Augen und eine unendlich gute Seele.

Imel je smejoče se oči in neskončno dobro voljo v duši.

Zu Bucks Überraschung zeigte keiner der Hunde Eifersucht ihm gegenüber.

Na Buckovo presenečenje nobeden od psov ni pokazal ljubosumja do njega.

Sowohl Skeet als auch Nig erfuhren die Freundlichkeit von John Thornton.

Tako Skeet kot Nig sta bila prijazna kot John Thornton.

Als Buck stärker wurde, verleiteten sie ihn zu albernen Hundespielen.

Ko je Buck postajal močnejši, so ga zvabili v neumne pasje igre.

Auch Thornton spielte oft mit ihnen und konnte ihrer Freude nicht widerstehen.

Tudi Thornton se je pogosto igral z njimi, saj se ni mogel upreti njihovemu veselju.

Auf diese spielerische Weise gelang Buck der Übergang von der Krankheit in ein neues Leben.

Na ta igriv način se je Buck iz bolezni premaknil v novo življenje.

Endlich hatte er Liebe gefunden – wahre, brennende und leidenschaftliche Liebe.

Ljubezen – resnična, goreča in strastna ljubezen – je bila končno njegova.

Auf Millers Anwesen hatte er diese Art von Liebe nie erlebt.

Takšne ljubezni na Millerjevem posestvu še ni poznal.

Mit den Söhnen des Richters hatte er Arbeit und Abenteuer geteilt.

S sodnikovimi sinovi si je delil delo in pustolovščine.

Bei den Enkeln sah er steifen und prahlerischen Stolz.

Pri vnukih je videl tog in bahav ponos.

Mit Richter Miller selbst verband ihn eine respektvolle Freundschaft.

S sodnikom Millerjem je imel spoštljivo prijateljstvo.

Doch mit Thornton kam eine Liebe, die Feuer, Wahnsinn und Anbetung war.

Toda ljubezen, ki je bila ogenj, norost in čaščenje, je prišla s Thorntonom.

Dieser Mann hatte Bucks Leben gerettet, und das allein bedeutete sehr viel.

Ta mož je rešil Bucku življenje in že samo to je veliko pomenilo.

Aber darüber hinaus war John Thornton der ideale Meistertyp.

A še več kot to, John Thornton je bil idealen mojster.

Andere Männer kümmerten sich aus Pflichtgefühl oder geschäftlicher Notwendigkeit um Hunde.

Drugi moški so skrbeli za pse iz dolžnosti ali poslovne nujnosti.

John Thornton kümmerte sich um seine Hunde, als wären sie seine Kinder.

John Thornton je skrbel za svoje pse, kot da bi bili njegovi otroci.

Er kümmerte sich um sie, weil er sie liebte und einfach nicht anders konnte.

Skrbelo ga je zanje, ker jih je imel rad in si preprosto ni mogel pomagati.

John Thornton sah sogar weiter, als die meisten Menschen jemals sehen konnten.

John Thornton je videl še dlje, kot je večina moških kdajkoli uspela videti.

Er vergaß nie, sie freundlich zu grüßen oder ein aufmunterndes Wort zu sagen.

Nikoli ni pozabil, da jih prijazno pozdravi ali jim spregovori kakšno spodbudno besedo.

Er liebte es, mit den Hunden zusammenzusitzen und lange zu reden, oder, wie er sagte, „gasy".

Rad je sedel s psi na dolge pogovore ali, kot je rekel, "napihnjen".

Er packte Bucks Kopf gern grob zwischen seinen starken Händen.

Rad je grobo zgrabil Buckovo glavo med svojimi močnimi rokami.

Dann lehnte er seinen Kopf an Bucks und schüttelte ihn sanft.

Nato je naslonil glavo na Buckovo in ga nežno stresel.

Die ganze Zeit über beschimpfte er Buck mit unhöflichen Namen, die für ihn Liebe bedeuteten.

Ves čas je Bucka klical nesramne vzdevke, ki so Bucku pomenile ljubezen.

Buck bereiteten diese grobe Umarmung und diese Worte große Freude.

Bucku sta ta grob objem in te besede prinesla globoko veselje.

Sein Herz schien bei jeder Bewegung vor Glück zu beben.

Zdelo se je, kot da mu srce ob vsakem gibu zaigra od sreče.

Als er anschließend aufsprang, sah sein Mund aus, als würde er lachen.

Ko je zatem skočil pokonci, so se mu usta zdela, kot da se smejijo.

Seine Augen leuchteten hell und seine Kehle zitterte vor unausgesprochener Freude.

Oči so mu žarele in grlo se mu je treslo od neizrečenega veselja.

Sein Lächeln blieb in diesem Zustand der Ergriffenheit und glühenden Zuneigung stehen.

Njegov nasmeh je obstal v tistem stanju čustev in žareče naklonjenosti.

Dann rief Thornton nachdenklich aus: „Gott! Er kann fast sprechen!"

Tedaj je Thornton zamišljeno vzkliknil: »Bog! Skoraj lahko govori!«

Buck hatte eine seltsame Art, Liebe auszudrücken, die beinahe Schmerzen verursachte.

Buck je imel čuden način izražanja ljubezni, ki ga je skoraj bolel.

Er umklammerte Thorntons Hand oft sehr fest mit seinen Zähnen.

Pogosto je Thorntonovo roko zelo močno stisnil z zobmi.

Der Biss würde tiefe Spuren hinterlassen, die noch einige Zeit blieben.

Ugriz naj bi pustil globoke sledi, ki so ostale še nekaj časa zatem.

Buck glaubte, dass diese Eide Liebe waren, und Thornton wusste das auch.

Buck je verjel, da so te prisege ljubezen, in Thornton je vedel enako.

Meistens zeigte sich Bucks Liebe in stiller, fast stummer Verehrung.

Najpogosteje se je Buckova ljubezen kazala v tihem, skoraj neslišnem oboževanju.

Obwohl er sich freute, wenn man ihn berührte oder ansprach, suchte er nicht nach Aufmerksamkeit.

Čeprav je bil navdušen, ko so se ga dotaknili ali se z njim pogovarjali, ni iskal pozornosti.

Skeet schob ihre Nase unter Thorntons Hand, bis er sie streichelte.

Skeet je dregnila smrček pod Thorntonovo roko, dokler je ni pobožal.

Nig kam leise herbei und legte seinen großen Kopf auf Thorntons Knie.

Nig je tiho stopil bližje in naslonil svojo veliko glavo na Thorntonovo koleno.

Buck hingegen war zufrieden damit, aus respektvoller Distanz zu lieben.

Buck pa je bil zadovoljen, da je ljubil s spoštljive razdalje.

Er lag stundenlang zu Thorntons Füßen, wachsam und aufmerksam beobachtend.

Ure in ure je ležal ob Thorntonovih nogah, pozoren in pozorno opazoval.

Buck studierte jedes Detail des Gesichts seines Herrn und jede kleinste Bewegung.

Buck je preučeval vsako podrobnost obraza svojega gospodarja in najmanjši gib.

Oder er blieb weiter weg liegen und betrachtete schweigend die Gestalt des Mannes.

Ali pa je ležal dlje stran in v tišini preučeval moško postavo.

Buck beobachtete jede kleine Bewegung, jede Veränderung seiner Haltung oder Geste.

Buck je opazoval vsako majhno gibanje, vsako spremembo drže ali geste.

Diese Verbindung war so stark, dass sie Thorntons Blick oft auf sich zog.

Ta povezava je bila tako močna, da je pogosto pritegnila Thorntonov pogled.

Er begegnete Bucks Blick ohne Worte, Liebe schimmerte deutlich hindurch.

Brez besed je srečal Buckov pogled, skozi katerega je jasno sijala ljubezen.

Nach seiner Rettung ließ Buck Thornton lange Zeit nicht aus den Augen.

Dolgo časa po tem, ko so ga rešili, Buck ni izpustil Thorntona izpred oči.

Immer wenn Thornton das Zelt verließ, folgte Buck ihm dicht auf den Fersen.

Kadar koli je Thornton zapustil šotor, mu je Buck tesno sledil ven.

All die strengen Herren im Nordland hatten Buck Angst gemacht, zu vertrauen.

Vsi strogi gospodarji na Severu so Bucka prestrašili, da ne bi zaupal.

Er befürchtete, dass kein Mann länger als kurze Zeit sein Herr bleiben könnte.

Bal se je, da nihče ne more ostati njegov gospodar dlje kot kratek čas.

Er befürchtete, dass John Thornton wie Perrault und François verschwinden würde.

Bal se je, da bo John Thornton izginil kot Perrault in François.

Sogar nachts quälte die Angst, ihn zu verlieren, Buck mit unruhigem Schlaf.

Celo ponoči je strah pred izgubo njega preganjal Bucka v nemirnem spanju.

Als Buck aufwachte, kroch er in die Kälte hinaus und ging zum Zelt.

Ko se je Buck zbudil, se je priplazil ven v mraz in odšel do šotora.

Er lauschte aufmerksam auf das leise Geräusch des Atmens in seinem Inneren.

Pozorno je prisluhnil, če bo zaslišal tiho dihanje v sebi.

Trotz Bucks tiefer Liebe zu John Thornton blieb die Wildnis am Leben.

Kljub Buckovi globoki ljubezni do Johna Thorntona je divjina ostala živa.

Dieser im Norden erwachte primitive Instinkt ist nicht verschwunden.

Ta primitivni nagon, prebujen na severu, ni izginil.

Liebe brachte Hingabe, Treue und die warme Verbundenheit des Kaminfeuers.

Ljubezen je prinesla predanost, zvestobo in toplo vez ob ognju.

Aber Buck behielt auch seine wilden Instinkte, scharf und stets wachsam.

Toda Buck je ohranil tudi svoje divje nagone, ostre in vedno pozorne.

Er war nicht nur ein gezähmtes Haustier aus den sanften Ländern der Zivilisation.

Ni bil le udomačen hišni ljubljenček iz mehkih dežel civilizacije.

Buck war ein wildes Wesen, das hereingekommen war, um an Thorntons Feuer zu sitzen.

Buck je bil divje bitje, ki je prišlo sedet k Thorntonovemu ognju.

Er sah aus wie ein Südlandhund, aber in ihm lebte Wildheit.

Izgledal je kot pes iz južne dežele, a v njem je živela divjost.

Seine Liebe zu Thornton war zu groß, um zuzulassen, dass er den Mann bestohlen hätte.

Njegova ljubezen do Thorntona je bila prevelika, da bi mu dovolil krajo.

Aber in jedem anderen Lager würde er dreist und ohne Pause stehlen.

Toda v katerem koli drugem taboru bi kradel pogumno in brez prestanka.

Er war beim Stehlen so geschickt, dass ihn niemand erwischen oder beschuldigen konnte.

Bil je tako spreten pri kraji, da ga nihče ni mogel ujeti ali obtožiti.

Sein Gesicht und sein Körper waren mit Narben aus vielen vergangenen Kämpfen übersät.

Njegov obraz in telo sta bila prekrita z brazgotinami zaradi številnih preteklih bojev.

Buck kämpfte immer noch erbittert, aber jetzt kämpfte er mit mehr List.

Buck se je še vedno srdito boril, a zdaj se je boril z večjo prebrisanostjo.

Skeet und Nig waren zu sanft, um zu kämpfen, und sie gehörten Thornton.

Skeet in Nig sta bila preveč nežna za boj, pa še Thorntonova sta bila.

Aber jeder fremde Hund, egal wie stark oder mutig, wich zurück.

Toda vsak čuden pes, ne glede na to, kako močan ali pogumen je popustil.

Ansonsten kämpfte der Hund gegen Buck und um sein Leben.

Sicer se je pes znašel v boju z Buckom; boril se je za svoje življenje.

Buck kannte keine Gnade, wenn er sich entschied, gegen einen anderen Hund zu kämpfen.

Buck ni imel usmiljenja, ko se je odločil za boj proti drugemu psu.

Er hatte das Gesetz der Keule und des Reißzahns im Nordland gut gelernt.

Dobro se je naučil zakona kija in zoba na Severu.

Er gab nie einen Vorteil auf und wich nie einer Schlacht aus.

Nikoli se ni odpovedal prednosti in se nikoli ni umaknil iz boja.

Er hatte Spitz und die wildesten Post- und Polizeihunde studiert.

Preučeval je Špice in najhujše poštne in policijske pse.

Er wusste genau, dass es im wilden Kampf keinen Mittelweg gab.

Jasno je vedel, da v divjem boju ni srednje poti.

Er musste herrschen oder beherrscht werden; Gnade zu zeigen, hieße, Schwäche zu zeigen.

Moral je vladati ali pa biti podrejen; izkazovanje usmiljenja je pomenilo izkazovanje šibkosti.

In der rauen und brutalen Welt des Überlebens kannte man keine Gnade.

Usmiljenje je bilo v surovem in brutalnem svetu preživetja neznano.

Gnade zu zeigen wurde als Angst angesehen und Angst führte schnell zum Tod.

Izkazovanje usmiljenja je bilo razumljeno kot strah, strah pa je hitro vodil v smrt.

Das alte Gesetz war einfach: töten oder getötet werden, essen oder gefressen werden.

Stari zakon je bil preprost: ubij ali bodi ubit, jej ali bodi pojeden.

Dieses Gesetz stammte aus längst vergangenen Zeiten und Buck befolgte es vollständig.

Ta zakon je prišel iz globin časa in Buck ga je dosledno upošteval.

Buck war älter als sein Alter und die Anzahl seiner Atemzüge.

Buck je bil starejši od svojih let in števila vdihov, ki jih je vdihnil.

Er verband die ferne Vergangenheit klar mit der Gegenwart.

Jasno je povezal davno preteklost s sedanjim trenutkom.

Die tiefen Rhythmen der Zeitalter bewegten sich durch ihn wie die Gezeiten.

Globoki ritmi dob so se gibali skozenj kot plimovanje.

Die Zeit pulsierte in seinem Blut so sicher, wie die Jahreszeiten die Erde bewegen.

Čas mu je v krvi utripoval tako zanesljivo, kot so letni časi premikali zemljo.

Er saß mit starker Brust und weißen Reißzähnen an Thorntons Feuer.

Sedel je ob Thorntonovem ognju, močnih prsi in belih zob.

Sein langes Fell wehte, aber hinter ihm beobachteten ihn die Geister wilder Hunde.

Njegov dolg kožuh se je valovil, a za njim so opazovali duhovi divjih psov.

Halbwölfe und Vollwölfe regten sich in seinem Herzen und seinen Sinnen.

V njegovem srcu in čutilih so se prebudili polvolkovi in pravi volkovi.

Sie probierten sein Fleisch und tranken dasselbe Wasser wie er.

Okusili so njegovo meso in pili isto vodo kot on.

Sie schnupperten neben ihm den Wind und lauschten dem Wald.

Ob njem so vohali veter in poslušali gozd.

Sie flüsterten die Bedeutung der wilden Geräusche in der Dunkelheit.

V temi so si šepetali pomen divjih zvokov.

Sie prägten seine Stimmungen und leiteten jede seiner stillen Reaktionen.

Oblikovali so njegova razpoloženja in usmerjali vsako od njegovih tihih reakcij.

Sie lagen bei ihm, während er schlief, und wurden Teil seiner tiefen Träume.

Ležali so z njim, ko je spal, in postali del njegovih globokih sanj.

Sie träumten mit ihm, über ihn hinaus und bildeten seinen Geist.

Sanjali so z njim, onkraj njega, in sestavljali njegovo dušo.

Die Geister der Wildnis riefen so stark, dass Buck sich hingezogen fühlte.

Divji duhovi so klicali tako močno, da se je Buck počutil privlečenega.

Mit jedem Tag wurden die Menschheit und ihre Ansprüche in Bucks Herzen schwächer.

Vsak dan je človeštvo in njegove zahteve v Buckovem srcu postajalo vse šibkejše.

Tief im Wald würde ein seltsamer und aufregender Ruf erklingen.

Globoko v gozdu se je zaslišal čuden in vznemirljiv klic.

Jedes Mal, wenn er den Ruf hörte, verspürte Buck einen Drang, dem er nicht widerstehen konnte.

Vsakič, ko je zaslišal klic, je Buck začutil potrebo, ki se ji ni mogel upreti.

Er wollte sich vom Feuer und den ausgetretenen menschlichen Pfaden abwenden.

Obrnil se bo stran od ognja in s prehojenih človeških poti.

Er wollte in den Wald eintauchen und weitergehen, ohne zu wissen, warum.

Nameraval se je pognati v gozd, naprej, ne da bi vedel, zakaj.

Er hinterfragte diese Anziehungskraft nicht, denn der Ruf war tief und kraftvoll.

Te privlačnosti ni podvomil, saj je bil klic globok in močan.

Oft erreichte er den grünen Schatten und die weiche, unberührte Erde

Pogosto je dosegel zeleno senco in mehko nedotaknjeno zemljo

Doch dann zog ihn die große Liebe zu John Thornton zurück zum Feuer.

Potem pa ga je močna ljubezen do Johna Thorntona potegnila nazaj k ognju.

Nur John Thornton hatte Bucks wildes Herz wirklich in seiner Gewalt.

Samo John Thornton je zares držal Buckovo divje srce v svojem objemu.

Der Rest der Menschheit hatte für Buck keinen bleibenden Wert oder keine bleibende Bedeutung.

Preostanek človeštva za Bucka ni imel trajne vrednosti ali pomena.

Fremde könnten ihn loben oder ihm mit freundlichen Händen über das Fell streicheln.

Neznanci ga lahko pohvalijo ali pa mu s prijaznimi rokami pobožajo kožuh.

Buck blieb ungerührt und ging vor lauter Zuneigung davon.

Buck je ostal neganjen in je zaradi prevelike naklonjenosti odšel.

Hans und Pete kamen mit dem lange erwarteten Floß

Hans in Pete sta prispela s splavom, ki so ga dolgo čakali

Buck ignorierte sie, bis er erfuhr, dass sie sich in der Nähe von Thornton befanden.

Buck jih je ignoriral, dokler ni izvedel, da so blizu Thorntona.

Danach tolerierte er sie, zeigte ihnen jedoch nie seine volle Zuneigung.

Po tem jih je sicer toleriral, a jim ni nikoli pokazal polne topline.

Er nahm Essen oder Freundlichkeiten von ihnen an, als täte er ihnen einen Gefallen.

Jemal je hrano ali prijaznost od njih, kot da bi jim delal uslugo.

Sie waren wie Thornton – einfach, ehrlich und klar im Denken.

Bili so kot Thornton – preprosti, iskreni in jasnih misli.

Gemeinsam reisten sie zu Dawsons Sägewerk und dem großen Wirbel

Vsi skupaj so odpotovali do Dawsonove žage in velikega vrtinca

Auf ihrer Reise lernten sie Bucks Wesen tiefgründig kennen.

Na svoji poti so se naučili globoko razumeti Buckovo naravo.

Sie versuchten nicht, sich näherzukommen, wie es Skeet und Nig getan hatten.

Nista se poskušala zbližati, kot sta se to storila Skeet in Nig.

Doch Bucks Liebe zu John Thornton wurde mit der Zeit immer stärker.

Toda Buckova ljubezen do Johna Thorntona se je sčasoma le še poglobila.

Nur Thornton könnte Buck im Sommer eine Last auf die Schultern laden.

Samo Thornton je lahko poleti Bucka obremenil.

Was auch immer Thornton befahl, Buck war bereit, es uneingeschränkt zu tun.

Karkoli je Thornton ukazal, je bil Buck pripravljen v celoti storiti.

Eines Tages, nachdem sie Dawson in Richtung der Quellgewässer des Tanana verlassen hatten,

Nekega dne, ko so zapustili Dawson in se odpravili proti izviru Tanane,

die Gruppe saß auf einer Klippe, die dreihundert Fuß bis zum nackten Fels abfiel.

Skupina je sedela na pečini, ki se je spuščala meter globoko do gole skalne podlage.

John Thornton saß nahe der Kante und Buck ruhte sich neben ihm aus.

John Thornton je sedel blizu roba, Buck pa je počival poleg njega.

Thornton hatte plötzlich eine Idee und rief die Männer auf sich aufmerksam.

Thorntonu se je nenadoma posvetila misel in je pritegnil pozornost moških.

Er deutete über den Abgrund und gab Buck einen einzigen Befehl.

Pokazal je čez prepad in dal Bucku en sam ukaz.

„Spring, Buck!", sagte er und schwang seinen Arm über den Abgrund.

„Skoči, Buck!" je rekel in zamahnil z roko čez prepad.

Einen Moment später musste er Buck packen, der sofort lossprang, um zu gehorchen.

V trenutku je moral zgrabiti Bucka, ki je skočil, da bi ga ubogal.

Hans und Pete eilten nach vorne und zogen beide in Sicherheit.

Hans in Pete sta stekla naprej in oba potegnila nazaj na varno.

Nachdem alles vorbei war und sie wieder zu Atem gekommen waren, ergriff Pete das Wort.

Ko se je vse končalo in so si oddahnili, je spregovoril Pete.

„Die Liebe ist unheimlich", sagte er, erschüttert von der wilden Hingabe des Hundes.

„Ljubezen je nenavadna," je rekel, pretresen od pasje divje predanosti.

Thornton schüttelte den Kopf und antwortete mit ruhiger Ernsthaftigkeit.

Thornton je zmajal z glavo in odgovoril z mirno resnostjo.

„Nein, die Liebe ist großartig", sagte er, „aber auch schrecklich."

„Ne, ljubezen je čudovita," je rekel, „ampak tudi grozna."

„Manchmal, das muss ich zugeben, macht mir diese Art von Liebe Angst."

"Včasih moram priznati, da me takšna ljubezen straši."

Pete nickte und sagte: „Ich möchte nicht der Mann sein, der dich berührt."

Pete je prikimal in rekel: »Ne bi se rad dotaknil tebe.«

Er sah Buck beim Sprechen ernst und voller Respekt an.

Medtem ko je govoril, je pogledal Bucka, resno in polno spoštovanja.

„Py Jingo!", sagte Hans schnell. „Ich auch nicht, nein, Sir."

„Py Jingo!" je hitro rekel Hans. „Jaz tudi ne, gospod."

Noch vor Jahresende wurden Petes Befürchtungen in Circle City wahr.

Pred koncem leta so se Peteovi strahovi v Circle Cityju uresničili.

Ein grausamer Mann namens Black Burton hat in der Bar eine Schlägerei angezettelt.

Krut moški po imenu Black Burton se je v baru sprl.

Er war wütend und bösartig und ging auf einen Neuling los.

Bil je jezen in zloben, napadel je novega tekača.

John Thornton schritt ein, ruhig und gutmütig wie immer.

Vstopil je John Thornton, miren in dobrodušen kot vedno.

Buck lag mit gesenktem Kopf in einer Ecke und beobachtete Thornton aufmerksam.

Buck je ležal v kotu s sklonjeno glavo in pozorno opazoval Thorntona.

Burton schlug plötzlich zu und sein Schlag ließ Thornton herumwirbeln.

Burton je nenadoma udaril, Thorntona pa je zavrtel.

Nur die Stangenreling verhinderte, dass er hart auf den Boden stürzte.

Le ograja bara ga je obvarovala pred močnim padcem na tla.

Die Beobachter hörten ein Geräusch, das weder Bellen noch Jaulen war

Opazovalci so slišali zvok, ki ni bil lajanje ali cviljenje

Ein tiefes Brüllen kam von Buck, als er auf den Mann zustürzte.

Buck je zagrmel, ko se je pognal proti moškemu.

Burton riss seinen Arm hoch und rettete nur knapp sein eigenes Leben.

Burton je dvignil roko in si komaj rešil življenje.

Buck prallte gegen ihn und warf ihn flach auf den Boden.

Buck je trčil vanj in ga zbil na tla.

Buck biss tief in den Arm des Mannes und stürzte sich dann auf die Kehle.

Buck je globoko ugriznil v moškega v roko, nato pa se je pognal proti grlu.

Burton konnte den Angriff nur teilweise blocken und sein Hals wurde aufgerissen.

Burton je lahko le delno blokiral, vrat pa si je raztrgal.

Männer stürmten mit erhobenen Knüppeln herein und vertrieben Buck von dem blutenden Mann.

Moški so prihiteli noter z dvignjenimi palicami in odgnali Bucka stran od krvavečega moškega.

Ein Chirurg arbeitete schnell, um den Blutausfluss zu stoppen.

Kirurg je hitro ukrepal, da bi ustavil iztekanje krvi.

Buck ging auf und ab und knurrte, während er immer wieder versuchte anzugreifen.

Buck je hodil sem in tja in renčal ter poskušal znova in znova napasti.

Nur schwingende Knüppel hielten ihn davon ab, Burton zu erreichen.

Le s palicami ni mogel doseči Burtona.

Eine Bergarbeiterversammlung wurde einberufen und noch vor Ort abgehalten.

Sklicali so rudarski zbor in ga odpeljali kar na kraju samem.

Sie waren sich einig, dass Buck provoziert worden war, und stimmten für seine Freilassung.

Strinjali so se, da je bil Buck izzvan, in glasovali za njegovo izpustitev.

Doch Bucks wilder Name hallte nun durch jedes Lager in Alaska.

Toda Buckovo ostro ime je zdaj odmevalo v vsakem taborišču na Aljaski.

Später im Herbst rettete Buck Thornton erneut auf eine neue Art und Weise.

Kasneje iste jeseni je Buck na nov način znova rešil Thorntona.

Die drei Männer steuerten ein langes Boot durch wilde Stromschnellen.

Trije moški so vodili dolg čoln po razburkanih brzicah.

Thornton steuerte das Boot und rief Anweisungen zur Küste.

Thornton je upravljal čoln in klical navodila za pot do obale.

Hans und Pete rannten an Land und hielten sich an einem Seil fest, das sie von Baum zu Baum führte.

Hans in Pete sta tekla po kopnem in se držala za vrv, ki je visela od drevesa do drevesa.

Buck hielt am Ufer Schritt und behielt seinen Herrn immer im Auge.

Buck je držal korak na bregu in ves čas opazoval svojega gospodarja.

An einer ungünstigen Stelle ragten Felsen aus dem schnellen Wasser hervor.

Na enem grdem mestu so izpod hitre vode štrlele skale.

Hans ließ das Seil los und Thornton steuerte das Boot weit.

Hans je spustil vrv in Thornton je čoln usmeril na široko.

Hans sprintete, um das Boot an den gefährlichen Felsen vorbei wieder zu erreichen.

Hans je tekel, da bi spet ujel čoln mimo nevarnih skal.

Das Boot passierte den Felsvorsprung, geriet jedoch in eine stärkere Strömung.

Čoln je prečkal rob, a je zadel močnejši del toka.

Hans griff zu schnell nach dem Seil und brachte das Boot aus dem Gleichgewicht.

Hans je prehitro zgrabil vrv in čoln potegnil iz ravnotežja.

Das Boot kenterte und prallte mit dem Hinterteil nach oben gegen das Ufer.

Čoln se je prevrnil in z dnom navzgor trčil v breg.

Thornton wurde hinausgeworfen und in den wildesten Teil des Wassers geschwemmt.

Thorntona je vrglo ven in ga je odneslo v najbolj divji del vode.

Kein Schwimmer hätte in diesen tödlichen, reißenden Gewässern überleben können.

Noben plavalec ne bi mogel preživeti v teh smrtonosnih, hitrih vodah.

Buck sprang sofort hinein und jagte seinen Herrn den Fluss hinunter.

Buck je takoj skočil noter in zasledoval svojega gospodarja po reki.

Nach dreihundert Metern erreichte er endlich Thornton.

Po tristo metrih je končno dosegel Thornton.

Thornton packte Buck am Schwanz und Buck drehte sich zum Ufer um.

Thornton je zgrabil Bucka za rep in Buck se je obrnil proti obali.

Er schwamm mit voller Kraft und kämpfte gegen den wilden Sog des Wassers an.

Plaval je z vso močjo in se boril proti divjemu vlečenju vode.

Sie bewegten sich schneller flussabwärts, als sie das Ufer erreichen konnten.

Hitreje so se premikali po toku, kot so lahko dosegli obalo.

Vor ihnen toste der Fluss immer lauter und stürzte in tödliche Stromschnellen.

Pred nami je reka glasneje bučala, ko se je zlivala v smrtonosne brzice.

Felsen schnitten durch das Wasser wie die Zähne eines riesigen Kamms.

Kamenje je rezalo vodo kot zobje ogromnega glavnika.

Die Anziehungskraft des Wassers in der Nähe des Tropfens war wild und unausweichlich.

Vlečenje vode blizu padca je bilo divje in neizogibno.

Thornton wusste, dass sie das Ufer nie rechtzeitig erreichen würden.

Thornton je vedel, da nikoli ne bodo mogli pravočasno prispeti na obalo.

Er schrammte über einen Felsen, zerschmetterte einen zweiten,

Strgal je ob eno skalo, razbil ob drugo,

Und dann prallte er gegen einen dritten Felsen, den er mit beiden Händen festhielt.

In potem je trčil v tretjo skalo in se je oklepal z obema rokama.

Er ließ Buck los und übertönte das Gebrüll: „Los, Buck! Los!"

Izpustil je Bucka in zakričal čez rjovenje: "Naprej, Buck! Naprej!"

Buck konnte sich nicht über Wasser halten und wurde von der Strömung mitgerissen.

Buck ni mogel ostati na površju in ga je odnesel tok.

Er kämpfte hart und versuchte, sich umzudrehen, kam aber überhaupt nicht voran.

Močno se je boril, se trudil obrniti, a ni dosegel nobenega napredka.

Dann hörte er, wie Thornton den Befehl über das Tosen des Flusses hinweg wiederholte.

Nato je slišal Thorntona, ki je ponovil ukaz čez bučanje reke.

Buck erhob sich aus dem Wasser und hob den Kopf, als wolle er einen letzten Blick werfen.

Buck se je dvignil iz vode in dvignil glavo, kot da bi ga še zadnjič pogledal.

dann drehte er sich um und gehorchte und schwamm entschlossen auf das Ufer zu.

nato se je obrnil in ubogal ter odločno plaval proti bregu.

Pete und Hans zogen ihn im letzten Moment an Land.

Pete in Hans sta ga v zadnjem možnem trenutku potegnila na obalo.

Sie wussten, dass Thornton sich nur noch wenige Minuten am Felsen festklammern konnte.

Vedeli so, da se Thornton lahko oklepa skale le še nekaj minut.

Sie rannten das Ufer hinauf zu einer Stelle weit oberhalb der Stelle, an der er hing.

Stekli so po bregu do mesta daleč nad mestom, kjer je visel.

Sie befestigten die Bootsleine sorgfältig an Bucks Hals und Schultern.

Vrv čolna so previdno privezali Bucku na vrat in ramena.

Das Seil saß eng, war aber locker genug zum Atmen und für Bewegung.

Vrv je bila tesno pripeta, a dovolj ohlapna za dihanje in gibanje.

Dann warfen sie ihn erneut in den reißenden, tödlichen Fluss.

Nato so ga spet vrgli v deročo, smrtonosno reko.

Buck schwamm mutig, verpasste jedoch seinen Winkel in die Kraft des Stroms.

Buck je pogumno plaval, a je zgrešil svoj kot v sili potoka.

Er sah zu spät, dass er an Thornton vorbeiziehen würde.

Prepozno je videl, da bo zdrsnil mimo Thorntona.

Hans riss das Seil fest, als wäre Buck ein kenterndes Boot.

Hans je sunkovito zategnil vrv, kot da bi bil Buck prevrnjen čoln.

Die Strömung zog ihn nach unten und er verschwand unter der Oberfläche.

Tok ga je potegnil pod površje in izginil je.

Sein Körper schlug gegen das Ufer, bevor Hans und Pete ihn herauszogen.

Njegovo truplo je udarilo v breg, preden sta ga Hans in Pete potegnila ven.

Er war halb ertrunken und sie haben das Wasser aus ihm herausgeprügelt.

Bil je napol utopljen in iz njega so iztisnili vodo.

Buck stand auf, taumelte und brach erneut auf dem Boden zusammen.

Buck je vstal, se opotekel in se spet zgrudil na tla.

Dann hörten sie Thorntons Stimme, die schwach vom Wind getragen wurde.

Nato so zaslišali Thorntonov glas, ki ga je slabo nosil veter.

Obwohl die Worte undeutlich waren, wussten sie, dass er dem Tode nahe war.

Čeprav so bile besede nejasne, so vedeli, da je blizu smrti.

Der Klang von Thorntons Stimme traf Buck wie ein elektrischer Schlag.

Zvok Thorntonovega glasu je Bucka zadel kot električni sunek.

Er sprang auf, rannte das Ufer hinauf und kehrte zum Startpunkt zurück.

Skočil je pokonci in stekel po bregu navzgor, nazaj do izhodišča.

Wieder banden sie Buck das Seil fest und wieder betrat er den Bach.

Spet so privezali vrv na Bucka in spet je vstopil v potok.

Diesmal schwamm er direkt und entschlossen in das rauschende Wasser.

Tokrat je plaval naravnost in odločno v deročo vodo.

Hans ließ das Seil langsam los, während Pete darauf achtete, dass es sich nicht verhedderte.

Hans je enakomerno spuščal vrv, medtem ko je Pete preprečeval, da bi se zapletla.

Buck schwamm schnell, bis er direkt über Thornton auf einer Linie lag.

Buck je močno plaval, dokler se ni poravnal tik nad Thorntonom.

Dann drehte er sich um und raste wie ein Zug mit voller Geschwindigkeit nach unten.

Nato se je obrnil in se pognal navzdol kot vlak s polno hitrostjo.

Thornton sah ihn kommen, machte sich bereit und schlang die Arme um seinen Hals.

Thornton ga je videl prihajati, se pripravil in ga objel okoli vratu.

Hans band das Seil fest um einen Baum, als beide unter Wasser gezogen wurden.

Hans je vrv trdno privezal okoli drevesa, ko sta oba potegnila pod sebe.

Sie stürzten unter Wasser und zerschellten an Felsen und Flusstrümmern.

Padali so pod vodo in se zaletavali v skale in rečne naplavine.

In einem Moment war Buck oben, im nächsten erhob sich Thornton keuchend.

V enem trenutku je bil Buck na vrhu, v naslednjem pa je Thornton vstal, sopejoč.

Zerschlagen und erstickend steuerten sie auf das Ufer zu und waren in Sicherheit.

Pretepeni in zadušeni so se obrnili proti bregu in na varno.

Thornton erlangte sein Bewusstsein wieder und lag quer über einem Treibholzbaumstamm.

Thornton se je zavedel, ko je ležal na naplavljenem hlodcu.

Hans und Pete haben hart gearbeitet, um ihm Atem und Leben zurückzugeben.

Hans in Pete sta trdo delala, da bi mu povrnila sapo in življenje.

Sein erster Gedanke galt Buck, der regungslos und schlaff dalag.

Njegova prva misel je bila na Bucka, ki je negibno in mlahavo ležal.

Nig heulte über Bucks Körper und Skeet leckte sanft sein Gesicht.

Nig je zavil nad Buckovim telesom, Skeet pa mu je nežno polizal obraz.

Thornton, wund und verletzt, untersuchte Buck mit vorsichtigen Händen.

Thornton, boleč in podplut, je s skrbnimi rokami pregledal Bucka.

Er stellte fest, dass der Hund drei Rippen gebrochen hatte, jedoch keine tödlichen Wunden aufwies.

Ugotovil je, da ima tri zlomljena rebra, vendar pri psu ni bilo smrtonosnih ran.

„Damit ist die Sache geklärt", sagte Thornton. „Wir zelten hier." Und das taten sie.

„To je rešeno," je rekel Thornton. „Tukaj bomo taborili." In to so storili.

Sie blieben, bis Bucks Rippen verheilt waren und er wieder laufen konnte.

Ostali so, dokler se Bucku niso zacelila rebra in je spet lahko hodil.

In diesem Winter vollbrachte Buck eine Leistung, die seinen Ruhm noch weiter steigerte.

Tisto zimo je Buck izvedel podvig, ki je še bolj povečal njegovo slavo.

Es war weniger heroisch als Thornton zu retten, aber genauso beeindruckend.

Bilo je manj junaško kot rešitev Thorntona, a prav tako impresivno.

In Dawson benötigten die Partner Vorräte für eine weite Reise.

V Dawsonu so partnerji potrebovali zaloge za oddaljeno potovanje.

Sie wollten nach Osten reisen, in unberührte Wildnisgebiete.

Želeli so potovati na vzhod, v nedotaknjena divja območja.

Bucks Tat im Eldorado Saloon machte diese Reise möglich.

Buckovo dejanje v salonu Eldorado je omogočilo to potovanje.

Es begann damit, dass Männer bei einem Drink mit ihren Hunden prahlten.

Začelo se je z moškimi, ki so se med pijačo hvalili s svojimi psi.

Bucks Ruhm machte ihn zur Zielscheibe von Herausforderungen und Zweifeln.

Buckova slava ga je naredila tarčo izzivov in dvomov.

Thornton blieb stolz und ruhig und verteidigte Bucks Namen standhaft.

Thornton, ponosen in miren, je neomajno branil Buckovo ime.

Ein Mann sagte, sein Hund könne problemlos zweihundertsechsunddreißig kg ziehen.

Neki moški je rekel, da njegov pes z lahkoto vleče dvesto kilogramov.

Ein anderer sagte sechshundert und ein dritter prahlte mit siebenhundert.

Drug je rekel šeststo, tretji pa se je hvalil s sedemsto.

„Pfft!", sagte John Thornton, „Buck kann einen fünfhundert kg schweren Schlitten ziehen."

„Pfft!" je rekel John Thornton, „Buck lahko vleče tisoč funtov težke sani."

Matthewson, ein Bonanza-König, beugte sich vor und forderte ihn heraus.

Matthewson, kralj Bonanze, se je nagnil naprej in ga izzval.

„Glauben Sie, er kann so viel Gewicht in Bewegung setzen?"

"Misliš, da lahko premakne toliko teže?"

„Und Sie glauben, er kann das Gewicht volle hundert Meter weit ziehen?"

"In misliš, da lahko potegne utež celih sto metrov?"

Thornton antwortete kühl: „Ja. Buck ist Hund genug, um das zu tun."

Thornton je hladnokrvno odgovoril: »Da. Buck je dovolj pes, da to stori.«

„Er wird tausend Pfund in Bewegung setzen und es hundert Meter weit ziehen."

"Spravil bo v gibanje tisoč funtov in ga potegnil sto jardov."

Matthewson lächelte langsam und stellte sicher, dass alle Männer seine Worte hörten.

Matthewson se je počasi nasmehnil in poskrbel, da so vsi moški slišali njegove besede.

„Ich habe tausend Dollar, die sagen, dass er es nicht kann. Da ist es."

"Imam tisoč dolarjev, ki pravijo, da ne more. Tukaj je."

Er knallte einen Sack Goldstaub von der Größe einer Wurst auf die Theke.

Na šank je treščil vrečko zlatega prahu, veliko kot klobasa.

Niemand sagte ein Wort. Die Stille um sie herum wurde drückend und angespannt.

Nihče ni rekel niti besede. Tišina okoli njih je postajala vse težja in napetejša.

Thorntons Bluff – wenn es denn einer war – war ernst genommen worden.

Thorntonov blef – če je sploh blef – je bil vzet resno.

Er spürte, wie ihm die Hitze im Gesicht aufstieg und das Blut in seine Wangen schoss.

Čutil je vročino, ki mu je naraščala v obraz, ko mu je kri pritekla v lica.

In diesem Moment war seine Zunge seiner Vernunft voraus.

V tistem trenutku je njegov jezik prehitel razum.

Er wusste wirklich nicht, ob Buck fünfhundert kg bewegen konnte.

Resnično ni vedel, če Buck lahko premakne tisoč funtov.

Eine halbe Tonne! Allein die Größe ließ ihm das Herz schwer werden.

Pol tone! Že sama velikost mu je stisnilo srce.

Er hatte Vertrauen in Bucks Stärke und hielt ihn für fähig.

Verjel je v Buckovo moč in mislil, da je sposoben.

Doch einer solchen Herausforderung war er noch nie begegnet, nicht auf diese Art und Weise.

Vendar se še nikoli ni soočil s tovrstnim izzivom, ne s takim.

Ein Dutzend Männer beobachteten ihn still und warteten darauf, was er tun würde.

Ducat mož ga je tiho opazovalo in čakalo, kaj bo storil.

Er hatte das Geld nicht – Hans und Pete auch nicht.

Ni imel denarja – niti Hans niti Pete.

„Ich habe draußen einen Schlitten", sagte Matthewson kalt und direkt.

„Zunaj imam sani," je hladno in neposredno rekel Matthewson.

„Es ist mit zwanzig Säcken zu je fünfzig Pfund beladen, alles Mehl.

„Naloženo je z dvajsetimi vrečami, vsaka po petdeset funtov, vse moke."

Lassen Sie sich also jetzt nicht von einem fehlenden Schlitten als Ausrede ausreden", fügte er hinzu.

"Zato naj vam manjkajoče sani zdaj ne bodo izgovor," je dodal.

Thornton stand still da. Er wusste nicht, was er sagen sollte.

Thornton je molčal. Ni vedel, katere besede naj ponudi.

Er blickte sich die Gesichter an, ohne sie deutlich zu erkennen.

Ozrl se je po obrazih, ne da bi jih jasno videl.

Er sah aus wie ein Mann, der in Gedanken erstarrt war und versuchte, neu zu starten.

Videti je bil kot človek, zamrznjen v mislih, ki poskuša znova začeti.

Dann sah er Jim O'Brien, einen Freund aus der Mastodon-Zeit.

Potem je zagledal Jima O'Briena, prijatelja iz časov Mastodonta.

Dieses vertraute Gesicht gab ihm Mut, von dem er nicht wusste, dass er ihn hatte.

Ta znani obraz mu je vlil pogum, za katerega ni vedel, da ga ima.

Er drehte sich um und fragte mit leiser Stimme: „Können Sie mir tausend leihen?"

Obrnil se je in tiho vprašal: »Mi lahko posodiš tisoč?«

„Sicher", sagte O'Brien und ließ bereits einen schweren Sack neben dem Gold fallen.

„Seveda," je rekel O'Brien in že spustil težko vrečo poleg zlata.

„Aber ehrlich gesagt, John, ich glaube nicht, dass das Biest das tun kann."

"Ampak resnici na ljubo, John, ne verjamem, da zver to zmore."

Alle im Eldorado Saloon strömten nach draußen, um sich die Veranstaltung anzusehen.

Vsi v salonu Eldorado so stekli ven, da bi si ogledali dogodek.

Sie ließen Tische und Getränke zurück und sogar die Spiele wurden unterbrochen.

Zapustili so mize in pijačo, celo igre so bile začasno ustavljene.

Dealer und Spieler kamen, um das Ende der kühnen Wette mitzuerleben.

Krupjeji in igralci na srečo so prišli, da bi bili priča koncu drzne stave.

Hunderte versammelten sich auf der vereisten Straße um den Schlitten.

Na ledeni ulici se je okoli sani zbralo na stotine ljudi.

Matthewsons Schlitten stand mit einer vollen Ladung Mehlsäcke da.

Matthewsonove sani so stale polne vreč moke.

Der Schlitten stand stundenlang bei Minustemperaturen.

Sani so ure stale pri minus temperaturah.

Die Kufen des Schlittens waren fest am festgetretenen Schnee festgefroren.

Tekači sani so bili tesno primrznjeni v zbit sneg.

Die Männer wetteten zwei zu eins, dass Buck den Schlitten nicht bewegen könne.

Moški so stavili dve proti ena, da Buck ne bo mogel premakniti sani.

Es kam zu einem Streit darüber, was „ausbrechen" eigentlich bedeutet.

Izbruhnil je spor o tem, kaj "izbruh" v resnici pomeni.

O'Brien sagte, Thornton solle die festgefrorene Basis des Schlittens lösen.

O'Brien je rekel, da bi moral Thornton zrahljati zamrznjeno podlago sani.

Buck könnte dann aus einem soliden, bewegungslosen Start „ausbrechen".

Buck se je nato lahko "izbil" iz trdnega, negibnega začetka.

Matthewson argumentierte, dass der Hund auch die Läufer befreien müsse.

Matthewson je trdil, da mora pes tudi osvoboditi tekače.

Die Männer, die von der Wette gehört hatten, stimmten Matthewsons Ansicht zu.

Možje, ki so slišali stavo, so se strinjali z Matthewsonovim stališčem.

Mit dieser Entscheidung stiegen die Chancen auf drei zu eins gegen Buck.

S to odločitvijo so se kvote proti Bucku povečale na tri proti ena.

Niemand trat vor, um die wachsende Drei-zu-eins-Chance auf sich zu nehmen.

Nihče se ni odločil izkoristiti naraščajoče kvote tri proti ena.

Kein einziger Mann glaubte, dass Buck diese große Leistung vollbringen könnte.

Nihče ni verjel, da bi Buck lahko izvedel ta veliki podvig.

Thornton war zu der Wette gedrängt worden, obwohl er voller Zweifel war.

Thorntona so v stavo prisilili, polnega dvomov.

Nun blickte er auf den Schlitten und das zehnköpfige Hundegespann daneben.

Zdaj je pogledal sani in desetpse vprego poleg njih.

Als ich die Realität der Aufgabe sah, erschien sie noch unmöglicher.

Ko sem videl realnost naloge, se je zdela še bolj nemogoča.

Matthewson war in diesem Moment voller Stolz und Selbstvertrauen.

Matthewson je bil v tistem trenutku poln ponosa in samozavesti.

„Drei zu eins!", rief er. „Ich wette noch tausend, Thornton!"

„Tri proti ena!" je zavpil. „Stavim še tisoč, Thornton!"

Was sagst du dazu?", fügte er laut genug hinzu, dass es alle hören konnten.

„Kaj praviš?" je dodal dovolj glasno, da so ga vsi slišali.

Thorntons Gesicht zeigte seine Zweifel, aber sein Geist war aufgeblüht.

Thorntonov obraz je kazal dvome, a njegov duh se je dvignil.

Dieser Kampfgeist ignorierte alle Widrigkeiten und fürchtete sich überhaupt nicht.

Ta borbeni duh je prezrl ovire in se ni bal ničesar.

Er forderte Hans und Pete auf, ihr gesamtes Bargeld auf den Tisch zu bringen.

Poklical je Hansa in Peta, da prineseta ves svoj denar na mizo.

Ihnen blieb nicht mehr viel übrig – insgesamt nur zweihundert Dollar.

Ostalo jim je malo – skupaj le dvesto dolarjev.

Diese kleine Summe war ihr gesamtes Vermögen in schweren Zeiten.

Ta majhna vsota je bila njihovo celotno bogastvo v težkih časih.

Dennoch setzten sie ihr gesamtes Vermögen auf Matthewsons Wette.

Vseeno so stavili vse premoženje proti Matthewsonovi stavi.

Das zehnköpfige Hundegespann wurde abgekoppelt und vom Schlitten wegbewegt.

Vprega desetih psov je bila odvezana in se odmaknila od sani.

Buck wurde in die Zügel genommen und trug sein vertrautes Geschirr.

Bucka so posadili na vajeti in ga oprli v svoj znani oprsnik.

Er hatte die Energie der Menge aufgefangen und die Spannung gespürt.

Ujel je energijo množice in začutil napetost.

Irgendwie wusste er, dass er etwas für John Thornton tun musste.

Nekako je vedel, da mora nekaj storiti za Johna Thorntona.

Die Leute murmelten voller Bewunderung über die stolze Gestalt des Hundes.

Ljudje so občudovali ponosno postavo psa in mrmrali z občudovanjem.

Er war schlank und stark und hatte kein einziges Gramm Fleisch zu viel.

Bil je suh in močan, brez enega samega odvečnega koščka mesa.

Sein Gesamtgewicht von hundertfünfzig Pfund bestand nur aus Kraft und Ausdauer.

Njegova polna teža sto petdeset funtov je bila vsa moč in vzdržljivost.

Bucks Fell glänzte wie Seide und strotzte vor Gesundheit und Kraft.

Buckov kožuh se je lesketal kot svila, poln zdravja in moči.

Das Fell an seinem Hals und seinen Schultern schien sich aufzurichten und zu sträuben.

Dlaka vzdolž njegovega vratu in ramen se je zdela dvignjena in naježena.

Seine Mähne bewegte sich leicht, jedes Haar war voller Energie.

Njegova griva se je rahlo premaknila, vsak las je bil živahen od njegove velike energije.

Seine breite Brust und seine starken Beine passten zu seinem schweren, robusten Körperbau.

Njegova široka prsa in močne noge so se ujemale z njegovo težko, žilavo postavo.

Unter seinem Mantel spannten sich Muskeln, straff und fest wie geschmiedetes Eisen.

Mišice so se mu pod plaščem valovile, napete in čvrste kot okovano železo.

Männer berührten ihn und schworen, er sei gebaut wie eine Stahlmaschine.

Moški so se ga dotikali in prisegali, da je bil grajen kot jeklen stroj.

Die Quoten sanken leicht auf zwei zu eins gegen den großen Hund.

Kvota se je nekoliko znižala na dva proti ena proti velikemu psu.

Ein Mann von den Skookum Benches drängte sich stotternd nach vorne.

Moški s klopi Skookum se je jecljajoč prerival naprej.

„Gut, Sir! Ich biete achthundert für ihn – vor der Prüfung, Sir!"

„Dobro, gospod! Ponujam osemsto zanj – pred preizkusom, gospod!"

„Achthundert, so wie er jetzt dasteht!", beharrte der Mann.

„Osemsto, kot je zdaj!" je vztrajal moški.

Thornton trat vor, lächelte und schüttelte ruhig den Kopf.

Thornton je stopil naprej, se nasmehnil in mirno zmajal z glavo.

Matthewson schritt schnell mit warnender Stimme und einem Stirnrunzeln ein.

Matthewson je hitro vstopil z opozorilnim glasom in se namrščil.

„Sie müssen Abstand von ihm halten", sagte er. „Geben Sie ihm Raum."

„Moraš se od njega umakniti," je rekel. „Daj mu prostor."

Die Menge verstummte; nur die Spieler boten noch zwei zu eins.

Množica je utihnila; le še igralci na srečo so ponujali stave dva proti ena.

Alle bewunderten Bucks Körperbau, aber die Last schien zu groß.

Vsi so občudovali Buckovo postavo, toda tovor je bil videti prevelik.

Zwanzig Säcke Mehl – jeder fünfzig Pfund schwer – schienen viel zu viel.

Dvajset vreč moke – vsaka tehtala je petdeset funtov – se je zdelo preveč.

Niemand war bereit, seinen Geldbeutel zu öffnen und sein Geld zu riskieren.

Nihče ni bil pripravljen odpreti torbice in tvegati svojega denarja.

Thornton kniete neben Buck und nahm seinen Kopf in beide Hände.

Thornton je pokleknil poleg Bucka in mu z rokami prijel glavo.

Er drückte seine Wange an Bucks und sprach in sein Ohr.

Pritisnil je lice k Buckovemu in mu govoril na uho.

Es gab jetzt kein spielerisches Schütteln oder geflüsterte liebevolle Beleidigungen.

Zdaj ni bilo več igrivega stresanja ali šepetanja ljubečih žaljivk.

Er murmelte nur leise: „So sehr du mich liebst, Buck."

Le tiho je zamrmral: »Čeprav me ljubiš, Buck.«

Buck stieß ein leises Winseln aus, seine Begierde konnte er kaum zurückhalten.

Buck je tiho zacvilil, komaj zadrževal svojo vnemo.

Die Zuschauer beobachteten neugierig, wie Spannung in der Luft lag.

Opazovalci so z radovednostjo opazovali, kako je v zraku naraščala napetost.

Der Moment fühlte sich fast unwirklich an, wie etwas jenseits der Vernunft.

Trenutek se je zdel skoraj neresničen, kot nekaj onkraj razuma.

Als Thornton aufstand, nahm Buck sanft seine Hand zwischen die Kiefer.

Ko je Thornton vstal, ga je Buck nežno prijel za roko.

Er drückte mit den Zähnen nach unten und ließ dann langsam und sanft los.

Pritisnil je z zobmi, nato pa počasi in nežno spustil.

Es war eine stille Antwort der Liebe, nicht ausgesprochen, aber verstanden.

Bil je tihi odgovor ljubezni, ne izrečen, ampak razumljen.

Thornton trat weit von dem Hund zurück und gab das Signal.

Thornton se je precej oddaljil od psa in dal znak.

„Jetzt, Buck", sagte er und Buck antwortete mit konzentrierter Ruhe.

„No, Buck," je rekel, Buck pa je odgovoril z osredotočenim mirom.

Buck spannte die Leinen und lockerte sie dann um einige Zentimeter.

Buck je zategnil sledi, nato pa jih je za nekaj centimetrov zrahljal.

Dies war die Methode, die er gelernt hatte; seine Art, den Schlitten zu zerbrechen.

To je bila metoda, ki se je je naučil; njegov način, kako uničiti sani.

„Mensch!", rief Thornton mit scharfer Stimme in der schweren Stille.

„Joj!" je zavpil Thornton z ostrim glasom v težki tišini.

Buck drehte sich nach rechts und stürzte sich mit seinem gesamten Gewicht nach vorn.

Buck se je obrnil v desno in se z vso težo pognal naprej.

Das Spiel verschwand und Bucks gesamte Masse traf die straffen Leinen.

Ohlapnost je izginila in Buckova vsa masa je zadela tesne proge.

Der Schlitten zitterte und die Kufen machten ein knackendes, knisterndes Geräusch.

Sani so se tresle, tekači pa so izdali hrustljav pokajoč zvok.

„Haw!", befahl Thornton und änderte erneut Bucks Richtung.

„Hau!" je ukazal Thornton in spet spremenil Buckovo smer.

Buck wiederholte die Bewegung und zog diesmal scharf nach links.

Buck je ponovil gib, tokrat ostro potegnil v levo.

Das Knacken des Schlittens wurde lauter, die Kufen knackten und verschoben sich.

Sani so pokale glasneje, tekači so škripali in se premikali.

Die schwere Last rutschte leicht seitwärts über den gefrorenen Schnee.

Težak tovor je rahlo drsel postrani po zmrznjenem snegu.

Der Schlitten hatte sich aus der Umklammerung des eisigen Pfades gelöst!

Sani so se osvobodile iz primeža ledene poti!

Die Männer hielten den Atem an, ohne zu merken, dass sie nicht einmal atmeten.

Moški so zadrževali dih, ne da bi se zavedali, da sploh ne dihajo.

„Jetzt ZIEHEN!", rief Thornton durch die eisige Stille.

„Zdaj pa POVLECI!" je zavpil Thornton čez ledeno tišino.

Thorntons Befehl klang scharf wie ein Peitschenknall.

Thorntonov ukaz je odmeval ostro, kot bič.

Buck stürzte sich mit einem heftigen und heftigen Ausfallschritt nach vorne.

Buck se je z divjim in sunkovitim skokom pognal naprej.

Sein ganzer Körper war aufgrund der enormen Belastung angespannt und verkrampft.

Celotno telo se mu je napelo in stisnilo pri močni obremenitvi.

Unter seinem Fell spannten sich Muskeln wie lebendig werdende Schlangen.

Mišice so se mu pod kožuhom valovile kot kače, ki oživljajo.

Seine breite Brust war tief, der Kopf nach vorne zum Schlitten gestreckt.

Njegove široke prsi so bile nizke, glava pa iztegnjena naprej proti sanem.

Seine Pfoten bewegten sich blitzschnell und seine Krallen zerschnitten den gefrorenen Boden.

Njegove šape so se premikale kot blisk, kremplji pa so rezali po zmrznjeni tleh.

Er kämpfte um jeden Zentimeter Bodenhaftung und hinterließ tiefe Rillen.

Utori so bili globoko zarezani, ko se je boril za vsak centimeter oprijema.

Der Schlitten schaukelte, zitterte und begann eine langsame, unruhige Bewegung.

Sani so se zibale, tresle in začele počasi, nemirno gibati.

Ein Fuß rutschte aus und ein Mann in der Menge stöhnte laut auf.

Ena noga mu je zdrsnila in moški v množici je glasno zastokal.

Dann machte der Schlitten mit einer ruckartigen, heftigen Bewegung einen Satz nach vorne.

Nato so se sani sunkovito, grobo pognale naprej.

Es hörte nicht wieder auf – noch einen halben Zoll ... einen Zoll ... zwei Zoll mehr.

Ni se spet ustavilo – pol palca ... centimeter ... dva palca več.

Die Stöße wurden kleiner, als der Schlitten an Geschwindigkeit zunahm.

Sunki so postajali vse manjši, ko so sani začele pridobivati hitrost.

Bald zog Buck mit sanfter, gleichmäßiger Rollkraft.

Kmalu je Buck vlekel z gladko, enakomerno, kotalno močjo.

Die Männer schnappten nach Luft und erinnerten sich schließlich wieder daran zu atmen.

Moški so zavzdihnili in se končno spomnili, da morajo spet dihati.

Sie hatten nicht bemerkt, dass ihnen vor Ehrfurcht der Atem stockte.

Niso opazili, da jim je od strahospoštovanja zastal dih.

Thornton rannte hinterher und rief kurze, fröhliche Befehle.

Thornton je tekel za njim in vzklikal kratke, vesele ukaze.

Vor uns lag ein Stapel Brennholz, der die Entfernung markierte.

Pred nami je bil kup drv, ki je označeval razdaljo.

Als Buck sich dem Haufen näherte, wurde der Jubel immer lauter.

Ko se je Buck bližal kupu, je vzklikanje postajalo vse glasnejše.

Der Jubel schwoll zu einem Brüllen an, als Buck den Endpunkt passierte.

Navijanje se je stopnjevalo v rjovenje, ko je Buck prečkal končno točko.

Männer sprangen auf und schrien, sogar Matthewson grinste.

Moški so skakali in kričali, celo Matthewson se je nasmehnil.

Hüte flogen durch die Luft, Fäustlinge wurden gedankenlos und ziellos herumgeworfen.

Klobuki so leteli v zrak, palčniki so bili metani brez premisleka in cilja.

Männer packten einander und schüttelten sich die Hände, ohne zu wissen, wer es war.

Moški so se prijeli in se rokovali, ne da bi vedeli, kdo.

Die ganze Menge war in wilder, freudiger Stimmung.

Vsa množica je brenčala v divjem, veselem praznovanju.

Thornton fiel mit zitternden Händen neben Buck auf die Knie.

Thornton je s tresočimi rokami padel na kolena poleg Bucka.

Er drückte seinen Kopf an Bucks und schüttelte ihn sanft hin und her.

Pritisnil je glavo k Buckovi in ga nežno stresal sem ter tja.

Diejenigen, die näher kamen, hörten, wie er den Hund mit stiller Liebe verfluchte.

Tisti, ki so se približali, so ga slišali, kako je s tiho ljubeznijo preklinjal psa.

Er beschimpfte Buck lange – leise, herzlich und emotional.

Dolgo je preklinjal Bucka – tiho, toplo, ganjeno.

„Gut, Sir! Gut, Sir!", rief der König der Skookum-Bank hastig.

„Dobro, gospod! Dobro, gospod!" je naglo zavpil kralj skookumske klopi.

„Ich gebe Ihnen tausend – nein, zwölfhundert – für diesen Hund, Sir!"

„Dal vam bom tisoč – ne, dvesto dvesto – za tega psa, gospod!"

Thornton stand langsam auf, seine Augen glänzten vor Emotionen.

Thornton se je počasi dvignil na noge, oči so mu žarele od čustev.

Tränen strömten ihm ohne jede Scham über die Wangen.

Solze so mu odkrito tekle po licih brez kakršnega koli sramu.

„Sir", sagte er zum König der Skookum-Bank, ruhig und bestimmt

„Gospod," je rekel kralju klopi Skookum, mirno in odločno

„Nein, Sir. Sie können zur Hölle fahren, Sir. Das ist meine endgültige Antwort."

"Ne, gospod. Lahko greste k vragu, gospod. To je moj končni odgovor."

Buck packte Thorntons Hand sanft mit seinen starken Kiefern.

Buck je nežno zgrabil Thorntonovo roko s svojimi močnimi čeljustmi.

Thornton schüttelte ihn spielerisch, ihre Bindung war so tief wie eh und je.

Thornton ga je igrivo stresel, njuna vez je bila globoka kot vedno.

Die Menge, bewegt von diesem Moment, trat schweigend zurück.

Množica, ganjena nad trenutkom, se je v tišini umaknila.

Von da an wagte es niemand mehr, diese heilige Zuneigung zu unterbrechen.

Od takrat naprej si nihče ni upal prekiniti te svete
naklonjenosti.

Der Klang des Rufs
Zvok klica

**Buck hatte in fünf Minuten Sechzehnhundert Dollar
verdient.**
Buck je v petih minutah zaslužil tisoč tisoč dolarjev.
**Mit dem Geld konnte John Thornton einen Teil seiner
Schulden begleichen.**
Denar je Johnu Thorntonu omogočil, da je odplačal nekaj
svojih dolgov.
**Mit dem restlichen Geld machte er sich mit seinen Partnern
auf den Weg nach Osten.**
Z ostalim denarjem se je s partnerji odpravil na vzhod.
**Sie suchten nach einer sagenumwobenen verlorenen Mine,
die so alt ist wie das Land selbst.**
Iskali so legendarni izgubljeni rudnik, star kot sama država.
**Viele Männer hatten nach der Mine gesucht, aber nur
wenige hatten sie je gefunden.**
Mnogi moški so iskali rudnik, a le redki so ga kdaj našli.
**Während der gefährlichen Suche waren nicht wenige
Männer verschwunden.**
Med nevarnim iskanjem je izginilo več kot nekaj mož.
**Diese verlorene Mine war sowohl in Geheimnisse als auch
in eine alte Tragödie gehüllt.**
Ta izgubljeni rudnik je bil zavit v skrivnost in staro tragedijo.
**Niemand wusste, wer der erste Mann war, der die Mine
entdeckt hatte.**
Nihče ni vedel, kdo je bil prvi, ki je odkril rudnik.
**In den ältesten Geschichten wird niemand namentlich
erwähnt.**
Najstarejše zgodbe ne omenjajo nikogar po imenu.
Dort hatte immer eine alte, baufällige Hütte gestanden.

Tam je vedno stala stara, razpadajoča koča.

Sterbende Männer hatten geschworen, dass sich neben dieser alten Hütte eine Mine befand.

Umirajoči moški so prisegli, da je poleg tiste stare koče rudnik.

Sie bewiesen ihre Geschichten mit Gold, wie es nirgendwo sonst zu finden ist.

Svoje zgodbe so dokazali z zlatom, kakršnega ni mogoče najti nikjer drugje.

Keine lebende Seele hatte den Schatz von diesem Ort jemals geplündert.

Še nikoli ni živa duša izplenila zaklada s tistega kraja.

Die Toten waren tot, und Tote erzählen keine Geschichten.

Mrtvi so bili mrtvi, mrtveci pa ne pripovedujejo zgodb.

Also machten sich Thornton und seine Freunde auf den Weg in den Osten.

Tako so se Thornton in njegovi prijatelji odpravili na Vzhod.

Pete und Hans kamen mit Buck und sechs starken Hunden.

Pete in Hans sta se pridružila in pripeljala Bucka ter šest močnih psov.

Sie begaben sich auf einen unbekannten Weg, an dem andere gescheitert waren.

Odpravili so se po neznani poti, kjer so drugi spodleteli.

Sie rodelten siebzig Meilen den zugefrorenen Yukon River hinauf.

S sankami so se peljali sedemdeset milj po zamrznjeni reki Yukon navzgor.

Sie bogen links ab und folgten dem Pfad bis zum Stewart.

Zavili so levo in sledili poti v reko Stewart.

Sie passierten Mayo und McQuestion und drängten weiter.

Peljali so se mimo Mayoja in McQuestiona ter nadaljevali pot.

Der Stewart schrumpfte zu einem Strom, der sich durch zerklüftete Gipfel schlängelte.

Stewart se je skrčil v potok, ki se je vijugal čez nazobčane vrhove.

Diese scharfen Gipfel markierten das Rückgrat des Kontinents.

Ti ostri vrhovi so označevali hrbtenico celine.

John Thornton verlangte wenig von den Menschen oder der Wildnis.

John Thornton je od ljudi ali divjine zahteval malo.

Er fürchtete nichts in der Natur und begegnete der Wildnis mit Leichtigkeit.

V naravi se ni bal ničesar in se je z divjino soočal z lahkoto.

Nur mit Salz und einem Gewehr konnte er reisen, wohin er wollte.

Samo s soljo in puško je lahko potoval, kamor je želel.

Wie die Eingeborenen jagte er auf seiner Reise nach Nahrung.

Tako kot domorodci je med potovanjem lovil hrano.

Wenn er nichts fing, machte er weiter und vertraute auf sein Glück.

Če ni ničesar ujel, je nadaljeval pot in zaupal v srečo.

Auf dieser langen Reise war Fleisch die Hauptnahrungsquelle.

Na tej dolgi poti je bilo meso glavna stvar, ki so jo jedli.

Der Schlitten enthielt Werkzeuge und Munition, jedoch keinen strengen Zeitplan.

Sani so imele orodje in strelivo, vendar ni bilo strogega urnika.

Buck liebte dieses Herumwandern, die endlose Jagd und das Fischen.

Buck je oboževal to potepanje; neskončen lov in ribolov.

Wochenlang waren sie Tag für Tag unterwegs.

Tedne za tednom so potovali, dan za dnem.

Manchmal schlugen sie Lager auf und blieben wochenlang dort.

Drugič so si postavili tabore in ostali pri miru več tednov.

Die Hunde ruhten sich aus, während die Männer im gefrorenen Dreck gruben.

Psi so počivali, medtem ko so moški kopali po zmrznjeni zemlji.

Sie erwärmten Pfannen über dem Feuer und suchten nach verborgenem Gold.

Greli so ponve na ognju in iskali skrito zlato.

An manchen Tagen hungerten sie, an anderen feierten sie Feste.

Nekatere dni so stradali, druge dni pa so imeli pojedine.

Ihre Mahlzeiten hingen vom Wild und vom Jagdglück ab.

Njihovi obroki so bili odvisni od divjadi in sreče pri lovu.

Als der Sommer kam, trugen Männer und Hunde schwere Lasten auf ihren Rücken.

Ko je prišlo poletje, so moški in psi naložili tovor na hrbte.

Sie fuhren mit dem Floß über blaue Seen, die in Bergwäldern versteckt waren.

Splavali so po modrih jezerih, skritih v gorskih gozdovih.

Sie segelten in schmalen Booten auf Flüssen, die noch nie von Menschen kartiert worden waren.

Pluli so z ozkimi čolni po rekah, ki jih še nihče ni preslikal.

Diese Boote wurden aus Bäumen gebaut, die sie in der Wildnis gesägt haben.

Te čolne so zgradili iz dreves, ki so jih žagali v divjini.

Die Monate vergingen und sie schlängelten sich durch die wilden, unbekannten Länder.

Meseci so minevali in vijugali so se skozi divje neznane dežele.

Es waren keine Männer dort, doch alte Spuren deuteten darauf hin, dass Männer dort gewesen waren.

Tam ni bilo moških, vendar so stare sledi namigovale, da so moški bili.

Wenn die verlorene Hütte echt war, dann waren einst andere hier entlang gekommen.

Če je Izgubljena koča resnična, so nekoč tukaj prišli tudi drugi.

Sie überquerten hohe Pässe bei Schneestürmen, sogar im Sommer.

Visoke prelaze so prečkali v snežnih metežih, celo poleti.

Sie zitterten unter der Mitternachtssonne auf kahlen Berghängen.

Tresli so se pod polnočnim soncem na golih gorskih pobočjih.

Zwischen der Baumgrenze und den Schneefeldern stiegen sie langsam auf.

Med gozdno mejo in snežnimi polji so se počasi vzpenjali.

In warmen Tälern schlugen sie nach Schwärmen aus Mücken und Fliegen.

V toplih dolinah so odganjali oblake komarjev in muh.

Sie pflückten süße Beeren in der Nähe von Gletschern in voller Sommerblüte.

V bližini ledenikov, ki so bili v polnem poletnem razcvetu, so nabirali sladke jagode.

Die Blumen, die sie fanden, waren genauso schön wie die im Süden.

Rože, ki so jih našli, so bile tako lepe kot tiste v Južni deželi.

Im Herbst erreichten sie eine einsame Region voller stiller Seen.

Tisto jesen so dosegli samotno območje, polno tihih jezer.

Das Land war traurig und leer, einst voller Vögel und Tiere.

Dežela je bila žalostna in prazna, nekoč polna ptic in zveri.

Jetzt gab es kein Leben mehr, nur noch den Wind und das Eis, das sich in Pfützen bildete.

Zdaj ni bilo življenja, le veter in led, ki se je tvoril v tolmunih.

Mit einem sanften, traurigen Geräusch schlugen die Wellen gegen die leeren Ufer.

Valovi so z mehkim, žalostnim zvokom pljuskali ob prazne obale.

Ein weiterer Winter kam und sie folgten erneut schwachen, alten Spuren.

Prišla je še ena zima in spet so sledili šibkim, starim potem.

Dies waren die Spuren von Männern, die schon lange vor ihnen gesucht hatten.

To so bile poti mož, ki so iskali že dolgo pred njimi.

Einmal fanden sie einen Pfad, der tief in den dunklen Wald hineinreichte.

Nekoč so našli pot, ki je vrezana globoko v temen gozd.

Es war ein alter Pfad und sie hatten das Gefühl, dass die verlorene Hütte ganz in der Nähe war.

Bila je stara pot in menili so, da je izgubljena koča blizu.

Doch die Spur führte nirgendwo hin und verlor sich im dichten Wald.

Toda pot ni vodila nikamor in se je izgubljala v gostem gozdu.

Wer auch immer die Spur angelegt hat und warum, das wusste niemand.

Kdorkoli je naredil pot in zakaj jo je naredil, nihče ni vedel.

Später fanden sie das Wrack einer Hütte, versteckt zwischen den Bäumen.

Kasneje so med drevesi našli razbitine koče.

Verrottende Decken lagen verstreut dort, wo einst jemand geschlafen hatte.

Gnijoče odeje so ležale raztresene tam, kjer je nekoč nekdo spal.

John Thornton fand darin ein Steinschlossgewehr mit langem Lauf.

John Thornton je v notranjosti našel zakopano dolgocevno kremenčno puško.

Er wusste, dass es sich um eine Waffe von Hudson Bay aus den frühen Handelstagen handelte.

Vedel je, da je to top iz Hudsonovega zaliva, še iz zgodnjih trgovskih dni.

Damals wurden solche Gewehre gegen Stapel von Biberfellen eingetauscht.

V tistih časih so takšne puške menjali za kupe bobrovih kož.

Das war alles – von dem Mann, der die Hütte gebaut hatte, gab es keine Spur mehr.

To je bilo vse – o človeku, ki je zgradil kočo, ni ostalo nobenega namiga.

Der Frühling kam wieder und sie fanden keine Spur von der verlorenen Hütte.

Pomlad je spet prišla in Izgubljene koče niso našli nobenega sledu.

Stattdessen fanden sie ein breites Tal mit einem seichten Bach.

Namesto tega so našli široko dolino s plitvim potokom.

Gold lag wie glatte, gelbe Butter auf dem Pfannenboden.

Zlato je ležalo na dnu ponve kot gladko, rumeno maslo.

Sie hielten dort an und suchten nicht weiter nach der Hütte.

Tam so se ustavili in niso več iskali koče.

Jeden Tag arbeiteten sie und fanden Tausende in Goldstaub.

Vsak dan so delali in v zlatem prahu našli na tisoče.

Sie packten das Gold in Säcke aus Elchhaut, jeder Fünfzig Pfund schwer.

Zlato so pakirali v vreče iz losove kože, vsako po petdeset funtov.

Die Säcke waren wie Brennholz vor ihrer kleinen Hütte gestapelt.

Vreče so bile zložene kot drva pred njihovo majhno kočo.

Sie arbeiteten wie Giganten und die Tage vergingen wie im Flug.

Delali so kot velikani in dnevi so minevali kot hitre sanje.

Sie häuften Schätze an, während die endlosen Tage schnell vorbeizogen.

Kopičili so zaklad, medtem ko so neskončni dnevi hitro minevali.

Außer ab und zu Fleisch zu schleppen, gab es für die Hunde nicht viel zu tun.

Psi niso imeli kaj dosti početi, razen da so občasno nosili meso.

Thornton jagte und tötete das Wild, und Buck lag am Feuer.

Thornton je lovil in ubijal divjad, Buck pa je ležal ob ognju.

Er verbrachte viele Stunden schweigend, versunken in Gedanken und Erinnerungen.

Dolge ure je preživel v tišini, izgubljen v mislih in spominih.

Das Bild des haarigen Mannes kam Buck immer häufiger in den Sinn.

Podoba kosmatega moža se je Bucku vedno pogosteje porajala v mislih.

Jetzt, wo es kaum noch Arbeit gab, träumte Buck, während er ins Feuer blinzelte.

Zdaj, ko je bilo dela malo, je Buck sanjaril, medtem ko je mežikal proti ognju.

In diesen Träumen wanderte Buck mit dem Mann in eine andere Welt.

V teh sanjah je Buck taval z moškim v drugem svetu.

Angst schien das stärkste Gefühl in dieser fernen Welt zu sein.

Strah se je zdel najmočnejši občutek v tistem oddaljenem svetu.

Buck sah, wie der haarige Mann mit gesenktem Kopf schlief.

Buck je videl kosmatega moža, kako spi z nizko sklonjeno glavo.

Seine Hände waren gefaltet und sein Schlaf war unruhig und unterbrochen.

Roke je imel stisnjene, spanec pa nemiren in prekinjen.

Er wachte immer ruckartig auf und starrte ängstlich in die Dunkelheit.

Zbudil se je z grozo in prestrašeno strmel v temo.

Dann warf er mehr Holz ins Feuer, um die Flamme hell zu halten.

Nato je na ogenj naložil še več drv, da je plamen ostal močan.

Manchmal spazierten sie an einem Strand entlang, der an einem grauen, endlosen Meer entlangführte.

Včasih so se sprehajali po plaži ob sivem, neskončnem morju.

Der haarige Mann sammelte Schalentiere und aß sie im Gehen.

Kosmati mož je med hojo nabiral školjke in jih jedel.

Seine Augen suchten immer nach verborgenen Gefahren in den Schatten.

Njegove oči so vedno iskale skrite nevarnosti v sencah.

Seine Beine waren immer bereit, beim ersten Anzeichen einer Bedrohung loszusprinten.

Njegove noge so bile vedno pripravljene na šprint ob prvem znaku grožnje.

Sie schlichen still und vorsichtig Seite an Seite durch den Wald.

Prikradla sta se skozi gozd, tiha in previdna, drug ob drugem.

Buck folgte ihm auf den Fersen und beide blieben wachsam.

Buck mu je sledil za petami in oba sta ostala pozorna.

Ihre Ohren zuckten und bewegten sich, ihre Nasen schnüffelten in der Luft.

Ušesa so se jim trzala in premikala, nosovi so vohali zrak.

Der Mann konnte den Wald genauso gut hören und riechen wie Buck.

Moški je slišal in vohal gozd prav tako ostro kot Buck.

Der haarige Mann schwang sich mit plötzlicher Geschwindigkeit durch die Bäume.

Kosmati moški se je z nenadno hitrostjo zanihal med drevesi.

Er sprang von Ast zu Ast, ohne jemals den Halt zu verlieren.

Skakal je z veje na vejo in se nikoli ne zmotil.

Er bewegte sich über dem Boden genauso schnell wie auf ihm.

Premikal se je tako hitro nad tlemi kot po njih.

Buck erinnerte sich an lange Nächte, in denen er unter den Bäumen Wache hielt.

Buck se je spominjal dolgih noči pod drevesi, ko je bil na straži.

Der Mann schlief auf seiner Stange in den Zweigen und klammerte sich fest.

Moški je spal skrit med vejami in se jih tesno oklepal.

Diese Vision des haarigen Mannes war eng mit dem tiefen Ruf verbunden.

Ta vizija kosmatega moškega je bila tesno povezana z globokim klicem.

Der Ruf klang noch immer mit eindringlicher Kraft durch den Wald.

Klic je še vedno odmeval skozi gozd z grozljivo močjo.

Der Anruf erfüllte Buck mit Sehnsucht und einem rastlosen Gefühl der Freude.

Klic je Bucka napolnil s hrepenenjem in nemirnim občutkom veselja.

Er spürte seltsame Triebe und Regungen, die er nicht benennen konnte.

Čutil je čudne vzgibe in vzgibe, ki jih ni mogel poimenovati.

Manchmal folgte er dem Ruf tief in die Stille des Waldes.

Včasih je sledil klicu globoko v tihi gozd.

Er suchte nach dem Ruf und bellte dabei leise oder scharf.

Iskal je klic, med potjo tiho ali ostro lajal.

Er roch am Moos und der schwarzen Erde, wo die Gräser
wuchsen.
Povohal je mah in črno zemljo, kjer so rasle trave.
Er schnaubte entzückt über den reichen Geruch der tiefen
Erde.
Od veselja je smrkal ob bogatih vonjavah globoke zemlje.
Er hockte stundenlang hinter pilzbefallenen Baumstämmen.
Ure in ure se je skrival za debli, prekritimi z glivicami.
Er blieb still und lauschte mit großen Augen jedem noch so
kleinen Geräusch.
Ostal je pri miru in z odprtimi očmi prisluhnil vsakemu, še
tako majhnemu zvoku.
Vielleicht hoffte er, das Wesen, das den Ruf auslöste, zu
überraschen.
Morda je upal, da bo presenetil tisto stvar, ki je poklicala.
Er wusste nicht, warum er so handelte – er tat es einfach.
Ni vedel, zakaj je tako ravnal – preprosto je vedel.
Die Triebe kamen aus der Tiefe, jenseits von Denken und
Vernunft.
Vzgibi so prihajali globoko v sebi, onkraj misli ali razuma.
Unwiderstehliche Triebe überkamen Buck ohne
Vorwarnung oder Grund.
Bucka so brez opozorila ali razloga prevzeli neustavljivi
nagoni.
Manchmal döste er träge im Lager in der Mittagshitze.
Včasih je lenobno dremal v taboru pod opoldansko vročino.
Plötzlich hob er den Kopf und stellte aufmerksam die Ohren
auf.
Nenadoma je dvignil glavo in ušesa so mu bila napeta.
Dann sprang er auf und stürmte ohne Pause in die Wildnis.
Nato je skočil pokonci in brez prestanka stekel v divjino.
Er rannte stundenlang durch Waldwege und offene Flächen.
Ure in ure je tekel po gozdnih poteh in odprtih prostorih.
Er liebte es, trockenen Bachläufen zu folgen und Vögel in
den Bäumen zu beobachten.
Rad je sledil suhim strugam potokov in vohunil za pticami na
drevesih.

Er könnte den ganzen Tag versteckt liegen und den Rebhühnern beim Herumstolzieren zusehen.

Lahko bi ves dan ležal skrit in opazoval jerebice, ki so se sprehajale naokoli.

Sie trommelten und marschierten, ohne Bucks Anwesenheit zu bemerken.

Bobnali so in korakali, ne da bi se zavedali Buckove prisotnosti.

Doch am meisten liebte er das Laufen in der Sommerdämmerung.

Najbolj pa je imel rad tek v mraku poleti.

Das schwache Licht und die schläfrigen Waldgeräusche erfüllten ihn mit Freude.

Pridušena svetloba in zaspani gozdni zvoki so ga napolnili z veseljem.

Er las die Zeichen des Waldes so deutlich, wie ein Mann ein Buch liest.

Gozdne znake je bral tako jasno, kot človek bere knjigo.

Und er suchte immer nach dem seltsamen Ding, das ihn rief.

In vedno je iskal tisto čudno stvar, ki ga je klicala.

Dieser Ruf hörte nie auf – er erreichte ihn im Wachzustand und im Schlaf.

Ta klic ni nikoli prenehal – dosegel ga je buden ali speč.

Eines Nachts erwachte er mit einem Ruck, die Augen waren scharf und die Ohren gespitzt.

Neke noči se je zbudil z ostrim pogledom in napetimi ušesi.

Seine Nasenlöcher zuckten, während seine Mähne in Wellen sträubte.

Nozdrve so se mu trzale, ko se mu je griva naježila v valovih.

Aus der Tiefe des Waldes ertönte erneut der alte Ruf.

Iz globin gozda se je spet zaslišal zvok, stari klic.

Diesmal war der Ton klar und deutlich zu hören, ein langes, eindringliches, vertrautes Heulen.

Tokrat je zvok odmeval jasno, dolgo, pretresljivo, znano zavijanje.

Es klang wie der Schrei eines Huskys, aber mit einem seltsamen und wilden Ton.

Bilo je kot krik haskija, vendar nenavadnega in divjega tona.

Buck erkannte das Geräusch sofort – er hatte das genaue Geräusch vor langer Zeit gehört.

Buck je zvok takoj prepoznal – natanko tak zvok je slišal že zdavnaj.

Er sprang durch das Lager und verschwand schnell im Wald.

Skočil je skozi tabor in hitro izginil v gozdu.

Als er sich dem Geräusch näherte, wurde er langsamer und bewegte sich vorsichtig.

Ko se je bližal zvoku, je upočasnil in se premikal previdno.

Bald erreichte er eine Lichtung zwischen dichten Kiefern.

Kmalu je prišel do jase med gostimi borovci.

Dort saß aufrecht auf seinen Hinterbeinen ein großer, schlanker Timberwolf.

Tam, pokonci na zadnjici, je sedel visok, suh gozdni volk.

Die Nase des Wolfes zeigte zum Himmel und hallte noch immer den Ruf wider.

Volkov nos je bil usmerjen proti nebu in še vedno je odmeval klic.

Buck hatte keinen Laut von sich gegeben, doch der Wolf blieb stehen und lauschte.

Buck ni izdal niti glasu, vendar se je volk ustavil in prisluhnil.

Der Wolf spürte etwas, spannte sich an und suchte die Dunkelheit ab.

Volk je nekaj začutil, se je napel in preiskal temo.

Buck schlich ins Blickfeld, mit gebeugtem Körper und ruhigen Füßen auf dem Boden.

Buck se je priplazil na vidiku, s telesom navzdol, z nogami mirno na tleh.

Sein Schwanz war gerade, sein Körper vor Anspannung zusammengerollt.

Njegov rep je bil raven, telo pa tesno zvito od napetosti.

Er zeigte sowohl eine bedrohliche als auch eine Art raue Freundschaft.

Pokazal je tako grožnjo kot nekakšno grobo prijateljstvo.

Es war die vorsichtige Begrüßung, die wilde Tiere einander entgegenbrachten.

To je bil previden pozdrav, ki si ga delijo divje zveri.

Aber der Wolf drehte sich um und floh, sobald er Buck sah.

Toda volk se je obrnil in zbežal takoj, ko je zagledal Bucka.

Buck nahm die Verfolgung auf und sprang wild um sich, begierig darauf, es einzuholen.

Buck se je pognal v lov, divje skakal in ga želel prehiteti.

Er folgte dem Wolf in einen trockenen Bach, der durch einen Holzstau blockiert war.

Sledil je volku v suh potok, ki ga je zamašila lesena zastoja.

In die Enge getrieben, wirbelte der Wolf herum und blieb stehen.

Volk, stisnjen v kot, se je obrnil in obstal.

Der Wolf knurrte und schnappte wie ein gefangener Husky im Kampf.

Volk je renčal in škripal kot ujeti haski v boju.

Die Zähne des Wolfes klickten schnell, sein Körper strotzte vor wilder Wut.

Volkovi zobje so hitro skočili, njegovo telo pa je ščetinasto jezno.

Buck griff nicht an, sondern umkreiste den Wolf mit vorsichtiger Freundlichkeit.

Buck ni napadel, ampak je volka previdno in prijazno obkrožil.

Durch langsame, harmlose Bewegungen versuchte er, seine Flucht zu verhindern.

S počasnimi, neškodljivimi gibi je poskušal preprečiti pobeg.

Der Wolf war vorsichtig und verängstigt – Buck war dreimal so schwer wie er.

Volk je bil previden in prestrašen – Buck ga je trikrat pretehtal.

Der Kopf des Wolfes reichte kaum bis zu Bucks massiver Schulter.

Volčja glava je komaj segala do Buckove mogočne rame.

Der Wolf hielt Ausschau nach einer Lücke, rannte los und die Jagd begann von neuem.

Volk je iskal vrzel, pobegnil in zasledovanje se je znova začelo.

Buck drängte ihn mehrere Male in die Enge und der Tanz wiederholte sich.

Buck ga je večkrat stisnil v kot in ples se je ponovil.

Der Wolf war dünn und schwach, sonst hätte Buck ihn nicht fangen können.

Volk je bil suh in šibek, sicer ga Buck ne bi mogel ujeti.

Jedes Mal, wenn Buck näher kam, wirbelte der Wolf herum und sah ihn voller Angst an.

Vsakič, ko se je Buck približal, se je volk obrnil in se mu v strahu postavil v oči.

Dann rannte er bei der ersten Gelegenheit erneut in den Wald.

Nato je ob prvi priložnosti spet stekel v gozd.

Aber Buck gab nicht auf und schließlich fasste der Wolf Vertrauen zu ihm.

Toda Buck se ni vdal in volk mu je končno začel zaupati.

Er schnüffelte an Bucks Nase und die beiden wurden verspielt und aufmerksam.

Povohal je Buckov nos in oba sta postala igriva in pozorna.

Sie spielten wie wilde Tiere, wild und doch schüchtern in ihrer Freude.

Igrali so se kot divje živali, divji, a hkrati sramežljivi v svojem veselju.

Nach einer Weile trabte der Wolf zielstrebig und ruhig davon.

Čez nekaj časa je volk mirno in odločno odkorakal stran.

Er machte Buck deutlich, dass er beabsichtigte, verfolgt zu werden.

Bucku je jasno pokazal, da mu namerava slediti.

Sie rannten Seite an Seite durch die Dämmerung.

Tekla sta drug ob drugem skozi mrak.

Sie folgten dem Bachbett hinauf in die felsige Schlucht.

Sledili so strugi potoka navzgor v skalnato sotesko.

Sie überquerten eine kalte Wasserscheide, wo der Bach entsprungen war.

Prečkala sta hladno pregrado, kjer se je potok začel.

Am gegenüberliegenden Hang fanden sie ausgedehnte Wälder und viele Bäche.

Na skrajnem pobočju so našli širok gozd in veliko potokov.

Durch dieses weite Land rannten sie stundenlang ohne Pause.

Skozi to prostrano deželo so ure in ure tekli brez postanka.

Die Sonne stieg höher, die Luft wurde wärmer, aber sie rannten weiter.

Sonce se je dvignilo višje, zrak se je ogrel, a so tekli naprej.

Buck war voller Freude – er wusste, dass er seiner Berufung folgte.

Bucka je preplavilo veselje – vedel je, da odgovarja na svoj klic.

Er rannte neben seinem Waldbruder her, näher an die Quelle des Rufs.

Tekel je poleg svojega gozdnega brata, bližje viru klica.

Alte Gefühle kehrten zurück, stark und schwer zu ignorieren.

Stari občutki so se vrnili, močni in težko jih je bilo prezreti.

Dies waren die Wahrheiten hinter den Erinnerungen aus seinen Träumen.

To so bile resnice, ki so se skrivale za spomini iz njegovih sanj.

All dies hatte er schon einmal in einer fernen, schattenhaften Welt getan.

Vse to je že počel v oddaljenem in senčnem svetu.

Jetzt tat er es wieder und rannte wild herum, während der Himmel über ihm frei war.

Zdaj je to storil spet, divje je tekel pod odprtim nebom nad seboj.

Sie hielten an einem Bach an, um aus dem kalten, fließenden Wasser zu trinken.

Ustavili so se ob potoku, da bi se napili hladne tekoče vode.

Während er trank, erinnerte sich Buck plötzlich an John Thornton.

Medtem ko je pil, se je Buck nenadoma spomnil Johna Thorntona.

Er saß schweigend da, hin- und hergerissen zwischen der Anziehungskraft der Loyalität und der Berufung.

Tiho je sedel, razdiran od privlačnosti zvestobe in poklica.

Der Wolf trabte weiter, kam aber zurück, um Buck anzutreiben.

Volk je tekel naprej, a se je vrnil, da bi spodbudil Bucka naprej.

Er rümpfte die Nase und versuchte, ihn mit sanften Gesten zu beruhigen.

Povohal je nos in ga poskušal prepričati z nežnimi kretnjami.

Aber Buck drehte sich um und machte sich auf den Rückweg.

Toda Buck se je obrnil in se odpravil nazaj po isti poti, kot je prišel.

Der Wolf lief lange Zeit neben ihm her und winselte leise.

Volk je dolgo tekel ob njem in tiho cvilil.

Dann setzte er sich hin, hob die Nase und stieß ein langes Heulen aus.

Nato se je usedel, dvignil nos in dolgo zavpil.

Es war ein trauriger Schrei, der leiser wurde, als Buck wegging.

Bil je žalosten krik, ki se je omehčal, ko je Buck odhajal.

Buck lauschte, als der Schrei langsam in der Stille des Waldes verklang.

Buck je poslušal, kako je zvok krika počasi izginjal v gozdni tišini.

John Thornton aß gerade zu Abend, als Buck ins Lager stürmte.

John Thornton je večerjal, ko je Buck vdrl v tabor.

Buck sprang wild auf ihn zu, leckte, biss und warf ihn um.

Buck je divje skočil nanj, ga lizajoč, grizejoč in prevračajoč.

Er warf ihn um, kletterte darauf und küsste sein Gesicht.

Zvrnil ga je, splezal nanj in ga poljubil na obraz.

Thornton nannte dies liebevoll „den allgemeinen Narren spielen".

Thornton je to z naklonjenostjo poimenoval »igranje splošnega norca«.

Die ganze Zeit verfluchte er Buck sanft und schüttelte ihn hin und her.

Ves čas je nežno preklinjal Bucka in ga stresal sem ter tja.

Zwei ganze Tage und Nächte lang verließ Buck das Lager kein einziges Mal.

Dva cela dneva in noči Buck ni niti enkrat zapustil tabora.

Er blieb in Thorntons Nähe und ließ ihn nie aus den Augen.

Ostal je blizu Thorntona in ga ni nikoli spustil izpred oči.

Er folgte ihm bei der Arbeit und beobachtete ihn beim Essen.

Sledil mu je med delom in ga opazoval med jedjo.

Er begleitete Thornton abends in seine Decken und jeden Morgen wieder heraus.

Thorntona je ponoči spremljal v odejah in vsako jutro zunaj.

Doch bald kehrte der Ruf des Waldes zurück, lauter als je zuvor.

Toda kmalu se je gozdni klic vrnil, glasnejši kot kdaj koli prej.

Buck wurde wieder unruhig, aufgewühlt von Gedanken an den wilden Wolf.

Buck je spet postal nemiren, prebuden od misli na divjega volka.

Er erinnerte sich an das offene Land und daran, wie sie Seite an Seite gelaufen waren.

Spomnil se je odprte pokrajine in teka drug ob drugem.

Er begann erneut, allein und wachsam in den Wald zu wandern.

Spet se je začel sprehajati po gozdu, sam in buden.

Aber der wilde Bruder kam nicht zurück und das Heulen war nicht zu hören.

Toda divji brat se ni vrnil in zavijanja ni bilo slišati.

Buck begann, draußen zu schlafen und blieb tagelang weg.

Buck je začel spati zunaj in se je več dni izogibal.

Einmal überquerte er die hohe Wasserscheide, wo der Bach entsprungen war.

Nekoč je prečkal visok razvod, kjer se je začel potok.

Er betrat das Land des dunklen Waldes und der breiten, fließenden Ströme.

Vstopil je v deželo temnega gozda in široko tekočih potokov.

Eine Woche lang streifte er umher und suchte nach Spuren seines wilden Bruders.

Teden dni je taval in iskal znake divjega brata.

Er tötete sein eigenes Fleisch und reiste mit langen, unermüdlichen Schritten.

Ubil je svoje meso in potoval z dolgimi, neutrudnimi koraki.

Er fischte in einem breiten Fluss, der bis ins Meer reichte, nach Lachs.

Lososa je lovil v široki reki, ki je segala v morje.

Dort kämpfte er gegen einen von Insekten verrückt gewordenen Schwarzbären und tötete ihn.

Tam se je boril in ubil črnega medveda, ki ga je razjezila žuželka.

Der Bär war beim Angeln und rannte blind durch die Bäume.

Medved je lovil ribe in je slepo tekel med drevesi.

Der Kampf war erbittert und weckte Bucks tiefen Kampfgeist.

Bitka je bila huda in je prebudila Buckov globok borbeni duh.

Als Buck zwei Tage später zurückkam, fand er Vielfraße an seiner Beute vor.

Dva dni kasneje se je Buck vrnil in pri svojem plenu našel volkodlake.

Ein Dutzend von ihnen stritten sich lautstark und wütend um das Fleisch.

Ducat se jih je v glasni besu prepiralo zaradi mesa.

Buck griff an und zerstreute sie wie Blätter im Wind.

Buck je planil in jih raztresel kot listje v vetru.

Zwei Wölfe blieben zurück – still, leblos und für immer regungslos.

Dva volka sta ostala zadaj – tiha, brez življenja in za vedno negibna.

Der Blutdurst wurde stärker denn je.

Žeja po krvi je bila močnejša kot kdaj koli prej.

Buck war ein Jäger, ein Killer, der sich von Lebewesen ernährte.

Buck je bil lovec, morilec, ki se je hranil z živimi bitji.

Er überlebte allein und verließ sich auf seine Kraft und seine scharfen Sinne.

Preživel je sam, zanašal se je na svojo moč in ostre čute.

Er gedieh in der Wildnis, wo nur die Zähesten überleben konnten.

Uspeval je v divjini, kjer so lahko živeli le najtrdoživejši.

Daraus erwuchs ein großer Stolz, der Bucks ganzes Wesen erfüllte.

Iz tega se je dvignil velik ponos in napolnil celotno Buckovo bitje.

Sein Stolz war in jedem seiner Schritte und in der Anspannung jedes einzelnen Muskels zu erkennen.

Njegov ponos se je kazal v vsakem koraku, v valovanju vsake mišice.

Sein Stolz war so deutlich wie seine Sprache und spiegelte sich in seiner Haltung wider.

Njegov ponos je bil jasen kot beseda, kar se je videlo v tem, kako se je obnašal.

Sogar sein dickes Fell sah majestätischer aus und glänzte heller.

Celo njegov debel kožuh je bil videti bolj veličasten in se je svetleje lesketal.

Man hätte Buck mit einem riesigen Timberwolf verwechseln können.

Bucka bi lahko zamenjali za velikanskega gozdnega volka.

Außer dem Braun an seiner Schnauze und den Flecken über seinen Augen.

Razen rjave barve na gobcu in lis nad očmi.

Und der weiße Fellstreifen, der mitten auf seiner Brust verlief.

In bela dlaka, ki se je raztezala po sredini njegovih prsi.

Er war sogar größer als der größte Wolf dieser wilden Rasse.

Bil je celo večji od največjega volka te divje pasme.

Sein Vater, ein Bernhardiner, verlieh ihm Größe und einen schweren Körperbau.

Njegov oče, bernard, mu je dal velikost in težko postavo.

Seine Mutter, eine Schäferin, formte diesen Körper zu einer wolfsähnlichen Gestalt.

Njegova mati, pastirica, je to maso oblikovala v volčjo obliko.

Er hatte die lange Schnauze eines Wolfes, war allerdings schwerer und breiter.

Imel je dolg volčji gobec, čeprav težji in širši.

Sein Kopf war der eines Wolfes, aber von massiver, majestätischer Gestalt.

Njegova glava je bila volčja, vendar masivna, veličastna.

Bucks List war die List des Wolfes und der Wildnis.

Buckova zvitost je bila zvitost volka in divjine.

Seine Intelligenz hat er sowohl vom Deutschen Schäferhund als auch vom Bernhardiner.

Njegova inteligenca je izvirala tako od nemškega ovčarja kot od bernardinca.

All dies und harte Erfahrungen machten ihn zu einer furchterregenden Kreatur.

Vse to, skupaj s težkimi izkušnjami, ga je naredilo za strašljivo bitje.

Er war so furchterregend wie jedes andere Tier, das in der Wildnis des Nordens umherstreifte.

Bil je tako mogočen kot katera koli zver, ki je tavala po severni divjini.

Buck ernährte sich ausschließlich von Fleisch und erreichte den Höhepunkt seiner Kraft.

Živel je samo od mesa in dosegel vrhunec svoje moči.

Jede Faser seines Körpers strotzte vor Kraft und männlicher Stärke.

V vsakem vlaknu je prekipeval od moči in moške sile.

Als Thornton seinen Rücken streichelte, funkelten seine Haare vor Energie.

Ko ga je Thornton pogladil po hrbtu, so se mu dlake zaiskrile od energije.

Jedes Haar knisterte, aufgeladen durch die Berührung lebendigen Magnetismus.

Vsak las je prasketal, nabit z dotikom živega magnetizma.

Sein Körper und sein Gehirn waren auf die höchstmögliche Tonhöhe eingestellt.

Njegovo telo in možgani so bili uglašeni na najfinejši možen ton.

Jeder Nerv, jede Faser und jeder Muskel arbeitete in perfekter Harmonie.

Vsak živec, vlakno in mišica je delovala v popolni harmoniji.

Auf jedes Geräusch oder jeden Anblick, der eine Aktion erforderte, reagierte er sofort.

Na vsak zvok ali prizor, ki je zahteval ukrepanje, se je odzval takoj.

Wenn ein Husky zum Angriff ansetzte, konnte Buck doppelt so schnell springen.

Če bi haski skočil v napad, bi Buck lahko skočil dvakrat hitreje.

Er reagierte schneller, als andere es sehen oder hören konnten.

Odzval se je hitreje, kot so ga drugi sploh lahko videli ali slišali.

Wahrnehmung, Entscheidung und Handlung erfolgten alle in einem fließenden Moment.

Zaznavanje, odločitev in dejanje so se zgodili v enem samem tekočem trenutku.

Tatsächlich geschahen diese Handlungen getrennt voneinander, aber zu schnell, um es zu bemerken.

V resnici so bila ta dejanja ločena, vendar prehitra, da bi jih opazili.

Die Abstände zwischen diesen Akten waren so kurz, dass sie wie ein einziger Akt wirkten.

Presledki med temi dejanji so bili tako kratki, da so se zdeli kot eno.

Seine Muskeln und sein Körper waren wie straff gespannte Federn.

Njegove mišice in bitje so bili kot tesno napete vzmeti.

Sein Körper strotzte vor Leben, wild und freudig in seiner Kraft.

Njegovo telo je kipelo od življenja, divje in radostno v svoji moči.

Manchmal hatte er das Gefühl, als würde die Kraft völlig aus ihm herausbrechen.

Včasih se mu je zdelo, kot da ga bo ta sila povsem izpustila.

„So einen Hund hat es noch nie gegeben", sagte Thornton eines ruhigen Tages.

»Nikoli ni bilo takega psa,« je nekega mirnega dne rekel Thornton.

Die Partner sahen zu, wie Buck stolz aus dem Lager schritt.

Partnerja sta opazovala Bucka, ki je ponosno korakal iz tabora.

„Als er erschaffen wurde, veränderte er, was ein Hund sein kann", sagte Pete.

"Ko je bil ustvarjen, je spremenil, kaj pes lahko je," je dejal Pete.

„Bei Gott! Das glaube ich auch", stimmte Hans schnell zu.

„Pri Jezusu! Tudi jaz tako mislim," se je Hans hitro strinjal.

Sie sahen ihn abmarschieren, aber nicht die Veränderung, die danach kam.

Videli so ga oditi, ne pa tudi spremembe, ki je prišla zatem.

Sobald er den Wald betrat, verwandelte sich Buck völlig.

Takoj ko je vstopil v gozd, se je Buck popolnoma preobrazil.

Er marschierte nicht mehr, sondern bewegte sich wie ein wilder Geist zwischen den Bäumen.

Ni več korakal, ampak se je premikal kot divji duh med drevesi.

Er wurde still, katzenpfotenartig, ein Flackern, das durch die Schatten huschte.

Postal je tih, mačje noge so se premikale, kot blisk, ki je švignil skozi sence.

Er nutzte die Deckung geschickt und kroch wie eine Schlange auf dem Bauch.

Spretno se je skrival in se plazil po trebuhu kot kača.

Und wie eine Schlange konnte er lautlos nach vorne springen und zuschlagen.

In kot kača je lahko skočil naprej in udaril v tišini.

Er könnte ein Schneehuhn direkt aus seinem versteckten Nest stehlen.

Lahko bi ukradel belorepo naravnost iz njenega skritega gnezda.

Er tötete schlafende Kaninchen, ohne ein einziges Geräusch zu machen.

Speče zajce je ubil brez enega samega glasu.

Er konnte Streifenhörnchen mitten in der Luft fangen, wenn sie zu langsam flohen.

Veverice je lahko ujel v zraku, saj so bežale prepočasi.

Selbst Fische in Teichen konnten seinen plötzlichen Angriffen nicht entkommen.

Celo ribe v tolmunih se niso mogle izogniti njegovim nenadnim napadom.

Nicht einmal schlaue Biber, die Dämme reparierten, waren vor ihm sicher.

Niti pametni bobri, ki so popravljali jezove, niso bili varni pred njim.

Er tötete, um Nahrung zu bekommen, nicht zum Spaß – aber seine eigene Beute gefiel ihm am besten.

Ubijal je za hrano, ne za zabavo – a najraje je ubijal sam.

Dennoch war bei manchen seiner stillen Jagden ein hintergründiger Humor spürbar.

Vseeno pa je skozi nekatere njegove tihe love prežemal pridih pretkanega humorja.

Er schlich sich dicht an Eichhörnchen heran, ließ sie aber dann entkommen.

Priplazil se je blizu veveric, le da bi jih pustil pobegniti.

Sie wollten in die Bäume fliehen und schnatterten voller Angst und Empörung.

Zbežali so med drevesa in se prestrašeno in besno klepetali.

Mit dem Herbst kamen immer mehr Elche.

Z nastopom jeseni so se losi začeli pojavljati v večjem številu.

Sie zogen langsam in die tiefer gelegenen Täler, um dem Winter entgegenzukommen.

Počasi so se premikali v nizke doline, da bi pričakali zimo.

Buck hatte bereits ein junges, streunendes Kalb erlegt.

Buck je že uplenil enega mladega, potepuškega teliča.

Doch er sehnte sich danach, einer größeren, gefährlicheren Beute gegenüberzutreten.

Vendar si je hrepenel po soočenju z večjim, nevarnejšim plenom.

Eines Tages fand er an der Wasserscheide, an der Quelle des Baches, seine Chance.

Nekega dne na razvodju, na izviru potoka, je našel svojo priložnost.

Eine Herde von zwanzig Elchen war aus bewaldeten Gebieten herübergekommen.

Čreda dvajsetih losov je prečkala gozdnate predele.

Unter ihnen war ein mächtiger Stier, der Anführer der Gruppe.

Med njimi je bil mogočen bik; vodja skupine.

Der Bulle war über ein Meter achtzig Meter groß und sah grimmig und wild aus.

Bik je bil visok več kot šest metrov in je bil videti divji in divji.

Er warf sein breites Geweih hin und her, dessen vierzehn Enden sich nach außen verzweigten.

Vrgel je svoje široke rogove, ki so se razvejali navzven s štirinajstimi konicami.

Die Spitzen dieser Geweihe hatten einen Durchmesser von sieben Fuß.

Konice teh rogov so se raztezale dva metra v širino.

Seine kleinen Augen brannten vor Wut, als er Buck in der Nähe entdeckte.

Njegove majhne oči so gorele od besa, ko je v bližini opazil Bucka.

Er stieß ein wütendes Brüllen aus und zitterte vor Wut und Schmerz.

Izpustil je besen rjoveč glas, trepetajoč od besa in bolečine.

Nahe seiner Flanke ragte eine gefiederte und scharfe Pfeilspitze hervor.

Blizu njegovega boka je štrlela konica puščice, pernata in ostra.

Diese Wunde trug dazu bei, seine wilde, verbitterte Stimmung zu erklären.

Ta rana je pomagala razložiti njegovo divje, zagrenjeno razpoloženje.

Buck, geleitet von seinem uralten Jagdinstinkt, machte seinen Zug.

Buck, voden od starodavnega lovskega nagona, je naredil svojo potezo.

Sein Ziel war es, den Bullen vom Rest der Herde zu trennen.

Njegov cilj je bil ločiti bika od preostale črede.

Dies war keine leichte Aufgabe – es erforderte Schnelligkeit und messerscharfe List.

To ni bila lahka naloga – zahtevala je hitrost in izjemno zvitost.

Er bellte und tanzte in der Nähe des Stiers, gerade außerhalb seiner Reichweite.

Lajal je in plesal blizu bika, tik izven dosega.

Der Elch stürzte sich mit riesigen Hufen und tödlichem Geweih auf ihn.

Los se je pognal z ogromnimi kopiti in smrtonosnimi rogovji.

Ein Schlag hätte Bucks Leben im Handumdrehen beenden können.

En sam udarec bi lahko Buckovo življenje končal v trenutku.

Der Stier konnte die Bedrohung nicht hinter sich lassen und wurde wütend.

Bik se ni mogel znebiti grožnje in je postal besen.

Er stürmte wütend auf ihn zu, doch Buck entkam ihm jedes Mal.

V besu je planil, a Buck se je vedno izmuznil.

Buck täuschte Schwäche vor und lockte ihn weiter von der Herde weg.

Buck se je pretvarjal, da je slab, in ga zvabil dlje od črede.

Doch die jungen Bullen wollten zurückstürmen, um den Anführer zu beschützen.

Toda mladi biki so se nameravali vrniti v napad, da bi zaščitili vodjo.

Sie zwangen Buck zum Rückzug und den Bullen, sich wieder der Gruppe anzuschließen.

Prisilili so Bucka, da se umakne, bika pa, da se ponovno pridruži skupini.

In der Wildnis herrscht eine tiefe und unaufhaltsame Geduld.

V divjini obstaja potrpežljivost, globoka in neustavljiva.

Eine Spinne wartet unzählige Stunden bewegungslos in ihrem Netz.

Pajek negibno čaka v svoji mreži nešteto ur.

Eine Schlange rollt sich ohne zu zucken zusammen und wartet, bis es Zeit ist.

Kača se zvije brez trzanja in čaka, da pride čas.

Ein Panther liegt auf der Lauer, bis der Moment gekommen ist.

Panter preži v zasedi, dokler ne pride pravi trenutek.

Dies ist die Geduld von Raubtieren, die jagen, um zu überleben.

To je potrpežljivost plenilcev, ki lovijo, da bi preživeli.

Dieselbe Geduld brannte in Buck, als er in seiner Nähe blieb.

Ista potrpežljivost je gorela v Bucku, ko je ostal blizu.

Er blieb in der Nähe der Herde, verlangsamte ihren Marsch und schürte Angst.

Ostal je blizu črede, upočasnjeval njen korak in vzbujal strah.

Er ärgerte die jungen Bullen und schikanierte die Mutterkühe.

Dražil je mlade bike in nadlegoval krave matere.

Er trieb den verwundeten Stier in eine noch tiefere, hilflose Wut.

Ranjenega bika je spravil v še globljo, nemočno jezo.

Einen halben Tag lang zog sich der Kampf ohne Pause hin.

Pol dneva se je boj vlekel brez počitka.

Buck griff aus jedem Winkel an, schnell und wild wie der Wind.

Buck je napadel z vseh strani, hiter in divji kot veter.

Er hinderte den Stier daran, sich auszuruhen oder sich bei seiner Herde zu verstecken.

Preprečeval je biku, da bi se počival ali skrival s svojo čredo.

Buck zermürbte den Willen des Elchs schneller als seinen Körper.

Buck je losovo voljo izčrpal hitreje kot njegovo telo.

Der Tag verging und die Sonne sank tief am nordwestlichen Himmel.

Dan je minil in sonce je nizko zašlo na severozahodnem nebu.

Die jungen Bullen kehrten langsamer zurück, um ihrem Anführer zu helfen.

Mladi biki so se počasneje vračali, da bi pomagali svojemu vodji.

Die Herbstnächte waren zurückgekehrt und die Dunkelheit dauerte nun sechs Stunden.

Jesenske noči so se vrnile in tema je zdaj trajala šest ur.

Der Winter drängte sie bergab in sicherere, wärmere Täler.

Zima jih je gnala navzdol v varnejše, toplejše doline.

Aber sie konnten dem Jäger, der sie zurückhielt, immer noch nicht entkommen.

Vendar še vedno niso mogli pobegniti lovcu, ki jih je zadrževal.

Es stand nur ein Leben auf dem Spiel – nicht das der Herde, sondern nur das ihres Anführers.

Na kocki je bilo samo eno življenje – ne življenje črede, ampak le življenje njihovega vodje.

Dadurch wurde die Bedrohung in weite Ferne gerückt und ihre dringende Sorge wurde aufgehoben.

Zaradi tega je bila grožnja oddaljena in ni bila njihova nujna skrb.

Mit der Zeit akzeptierten sie diesen Preis und überließen Buck die Übernahme des alten Bullen.

Sčasoma so sprejeli to ceno in pustili Bucku, da vzame starega bika.

Als die Dämmerung hereinbrach, stand der alte Bulle mit gesenktem Kopf da.

Ko se je spustil mrak, je stari bik stal s sklonjeno glavo.

Er sah zu, wie die Herde, die er geführt hatte, im schwindenden Licht verschwand.

Gledal je, kako čreda, ki jo je vodil, izginja v bledeči svetlobi.

Es gab Kühe, die er gekannt hatte, Kälber, deren Vater er einst gewesen war.

Bile so krave, ki jih je poznal, teleta, katerih oče je bil nekoč.

Es gab jüngere Bullen, gegen die er in vergangenen Saisons gekämpft und die er beherrscht hatte.

V preteklih sezonah se je boril in vladal z mlajšimi biki.

Er konnte ihnen nicht folgen, denn vor ihm kauerte Buck wieder.

Ni jim mogel slediti – pred njim se je spet sklanjal Buck.

Der gnadenlose Schrecken mit den Reißzähnen versperrte ihm jeden Weg.

Neusmiljena groza z zobmi mu je blokirala vsako pot, ki bi jo lahko ubral.

Der Bulle brachte mehr als drei Zentner geballte Kraft auf die Waage.

Bik je tehtal več kot tristo kilogramov goste moči.

Er hatte ein langes Leben geführt und in einer Welt voller Kämpfe hart gekämpft.

Živel je dolgo in se trdo boril v svetu bojev.

Doch nun, am Ende, kam der Tod von einem Tier, das weit unter ihm stand.

Pa vendar je zdaj, na koncu, smrt prišla od zveri, ki je bila daleč pod njim.

Bucks Kopf erreichte nicht einmal die riesigen, mit Knöcheln besetzten Knie des Bullen.

Buckova glava se ni dvignila niti do bikovih ogromnih, s členki prekriženih kolen.

Von diesem Moment an blieb Buck Tag und Nacht bei dem Bullen.

Od tistega trenutka naprej je Buck ostal z bikom noč in dan.

Er gönnte ihm keine Ruhe, erlaubte ihm nie zu grasen oder zu trinken.

Nikoli mu ni dal počitka, nikoli mu ni dovolil pasti ali piti.

Der Stier versuchte, junge Birkentriebe und Weidenblätter zu fressen.

Bik je poskušal jesti mlade brezove poganjke in vrbove liste.

Aber Buck verjagte ihn, immer wachsam und immer angreifend.

Toda Buck ga je odgnal, vedno pozoren in vedno napadajoč.

Sogar an plätschernden Bächen blockte Buck jeden durstigen Versuch ab.

Tudi ob tekočih potokih je Buck blokiral vsak žejni poskus.

Manchmal floh der Stier aus Verzweiflung mit voller Geschwindigkeit.

Včasih je bik v obupu zbežal s polno hitrostjo.

Buck ließ ihn laufen und lief ruhig direkt hinter ihm her, nie weit entfernt.

Buck ga je pustil teči, mirno je tekel tik za njim, nikoli preveč daleč.

Als der Elch innehielt, legte sich Buck hin, blieb aber bereit.

Ko se je los ustavil, se je Buck ulegel, a ostal pripravljen.

Wenn der Bulle versuchte zu fressen oder zu trinken, schlug Buck mit voller Wut zu.

Če je bik poskušal jesti ali piti, je Buck udaril z vso jezo.

Der große Kopf des Stiers sank tiefer unter sein gewaltiges Geweih.

Bikova velika glava se je pod ogromnimi rogovi povesila še nižje.

Sein Tempo verlangsamte sich, der Trab wurde schwerfällig, ein stolpernder Schritt.

Njegov tempo se je upočasnil, kas je postal težak; spotikajoča se hoja.

Er stand oft still mit hängenden Ohren und der Nase am Boden.

Pogosto je stal pri miru s povešenimi ušesi in smrčkom do tal.

In diesen Momenten nahm sich Buck Zeit zum Trinken und Ausruhen.

V teh trenutkih si je Buck vzel čas za pijačo in počitek.

Mit heraushängender Zunge und starrem Blick spürte Buck, wie sich das Land veränderte.

Z iztegnjenim jezikom in uprtim pogledom je Buck čutil, da se dežela spreminja.

Er spürte, wie sich etwas Neues durch den Wald und den Himmel bewegte.

Čutil je nekaj novega, kako se premika skozi gozd in nebo.

Mit der Rückkehr der Elche kehrten auch andere Wildtiere zurück.

Ko so se vrnili losi, so se vrnila tudi druga divja bitja.

Das Land fühlte sich lebendig an, mit einer Präsenz, die man nicht sieht, aber deutlich wahrnimmt.

Dežela je bila živa od prisotnosti, nevidna, a močno znana.

Buck wusste dies weder am Geräusch, noch am Anblick oder am Geruch.

Buck tega ni vedel ne po zvoku, ne po vidu, ne po vonju.

Ein tieferes Gefühl sagte ihm, dass neue Kräfte im Gange waren.

Globlji čut mu je govoril, da se premikajo nove sile.

In den Wäldern und entlang der Bäche herrschte seltsames Leben.

Čudno življenje se je prebijalo po gozdovih in ob potokih.

Er beschloss, diesen Geist zu erforschen, nachdem die Jagd beendet war.

Odločil se je, da bo po končanem lovu raziskal tega duha.

Am vierten Tag erlegte Buck endlich den Elch.

Četrti dan je Buck končno ujel losa.

Er blieb einen ganzen Tag und eine ganze Nacht bei der Beute, fraß und ruhte sich aus.

Cel dan in noč je ostal ob plenu, se hranil in počival.

Er aß, schlief dann und aß dann wieder, bis er stark und satt war.

Jedel je, nato spal, nato spet jedel, dokler ni bil močan in sit.

Als er fertig war, kehrte er zum Lager und nach Thornton zurück.

Ko je bil pripravljen, se je obrnil nazaj proti taboru in Thorntonu.

Mit gleichmäßigem Tempo begann er die lange Heimreise.

Z enakomernim tempom se je podal na dolgo pot domov.

Er rannte in seinem unermüdlichen Galopp Stunde um Stunde, ohne auch nur ein einziges Mal vom Weg abzukommen.

Tekel je v svojem neutrudnem skakanju, uro za uro, nikoli ne skrenil z poti.

Durch unbekannte Länder bewegte er sich schnurgerade wie eine Kompassnadel.

Skozi neznane dežele se je gibal naravnost kot igla kompasa.

Sein Orientierungssinn ließ Mensch und Karte im Vergleich schwach erscheinen.

Njegov občutek za orientacijo je v primerjavi z njim delal človeka in zemljevid šibka.

Während Buck rannte, spürte er die Bewegung in der Wildnis stärker.

Ko je Buck tekel, je močneje čutil gibanje v divjini.

Es war eine neue Art zu leben, anders als in den ruhigen Sommermonaten.

Bilo je novo življenje, drugačno od tistega v mirnih poletnih mesecih.

Dieses Gefühl kam nicht länger als subtile oder entfernte Botschaft.

Ta občutek ni več prihajal kot subtilno ali oddaljeno sporočilo.

Nun sprachen die Vögel von diesem Leben und Eichhörnchen plapperten darüber.

Zdaj so ptice govorile o tem življenju, veverice pa so klepetale o njem.

Sogar die Brise flüsterte Warnungen durch die stillen Bäume.

Celo vetrič je šepetal opozorila skozi tiha drevesa.

Mehrmals blieb er stehen und schnupperte die frische Morgenluft.

Nekajkrat se je ustavil in povohal svež jutranji zrak.

Dort las er eine Nachricht, die ihn schneller nach vorne springen ließ.

Tam je prebral sporočilo, zaradi katerega je hitreje skočil naprej.

Ein starkes Gefühl der Gefahr erfüllte ihn, als wäre etwas schiefgelaufen.

Preplavil ga je močan občutek nevarnosti, kot da bi šlo nekaj narobe.

Er befürchtete, dass ein Unglück bevorstünde – oder bereits eingetreten war.

Bal se je, da prihaja nesreča – ali pa je že prišla.

Er überquerte den letzten Bergrücken und betrat das darunterliegende Tal.

Prečkal je zadnji greben in vstopil v dolino spodaj.

Er bewegte sich langsamer und war bei jedem Schritt aufmerksamer und vorsichtiger.

Premikal se je počasneje, pozoren in previden z vsakim korakom.

Drei Meilen weiter fand er eine frische Spur, die ihn erstarren ließ.

Tri milje stran je našel svežo sled, ki ga je otrdela.

Die Haare in seinem Nacken stellten sich auf und sträubten sich vor Schreck.

Dlake vzdolž njegovega vratu so se naježile in nakostrile od prestrašenosti.

Die Spur führte direkt zum Lager, wo Thornton wartete.

Pot je vodila naravnost proti taboru, kjer je čakal Thornton.

Buck bewegte sich jetzt schneller, seine Schritte waren lautlos und schnell zugleich.

Buck se je zdaj premikal hitreje, njegov korak je bil hkrati tih in hiter.

Seine Nerven lagen blank, als er Zeichen las, die andere übersehen würden.

Živci so se mu napeli, ko je prebral znake, ki jih bodo drugi spregledali.

Jedes Detail der Spur erzählte eine Geschichte – außer dem letzten Stück.

Vsaka podrobnost na poti je pripovedovala zgodbo – razen zadnjega dela.

Seine Nase erzählte ihm von dem Leben, das hier vorbeigezogen war.

Njegov nos mu je pripovedoval o življenju, ki je minilo to pot.

Der Duft vermittelte ihm ein wechselndes Bild, als er dicht hinter ihm folgte.

Vonj mu je dal spreminjajočo se sliko, ko mu je sledil tesno za hrbtom.

Doch im Wald selbst war es still geworden, unnatürlich still.

Toda gozd sam je utihnil; nenaravno miren.

Die Vögel waren verschwunden, die Eichhörnchen hatten sich versteckt, waren still und ruhig.

Ptice so izginile, veverice so bile skrite, tihe in mirne.

Er sah nur ein einziges Grauhörnchen, das flach auf einem toten Baum lag.

Videl je samo eno sivo veverico, ki je ležala na mrtvem drevesu.

Das Eichhörnchen fügte sich steif und reglos in den Wald ein.

Veverica se je zlila z nami, toga in negibna kot del gozda.

Buck bewegte sich wie ein Schatten, lautlos und sicher durch die Bäume.

Buck se je premikal kot senca, tiho in samozavestno skozi drevesa.

Seine Nase zuckte zur Seite, als würde sie von einer unsichtbaren Hand gezogen.

Njegov nos se je sunkovito nagnil vstran, kot bi ga potegnila nevidna roka.

Er drehte sich um und folgte der neuen Spur tief in ein Dickicht hinein.

Obrnil se je in sledil novemu vonju globoko v goščavo.

Dort fand er Nig tot daliegend, von einem Pfeil durchbohrt.

Tam je našel Niga, ki je ležal mrtev, preboden s puščico.

Der Schaft durchdrang seinen Körper, die Federn waren noch zu sehen.

Strela je prešla skozi njegovo telo, perje je bilo še vedno vidno.

Nig hatte sich dorthin geschleppt, war jedoch gestorben, bevor er Hilfe erreichen konnte.

Nig se je tja privlekel, a je umrl, preden je prišel na pomoč.

Hundert Meter weiter fand Buck einen weiteren Schlittenhund.

Sto metrov naprej je Buck našel še enega vlečnega psa.

Es war ein Hund, den Thornton in Dawson City gekauft hatte.

Bil je pes, ki ga je Thornton kupil v Dawson Cityju.

Der Hund befand sich in einem tödlichen Kampf und schlug heftig auf dem Weg um sich.

Pes se je boril na smrt in se močno prebijal po poti.

Buck ging um ihn herum, blieb nicht stehen und richtete den Blick nach vorne.

Buck je šel okoli njega, se ni ustavil, z očmi, uprtimi predse.

Aus Richtung des Lagers ertönte in der Ferne ein rhythmischer Gesang.

Iz smeri tabora se je slišalo oddaljeno, ritmično petje.

Die Stimmen schwoll in einem seltsamen, unheimlichen Singsangton an und ab.

Glasovi so se dvigovali in spuščali v nenavadnem, srhljivem, pojočem tonu.

Buck kroch schweigend zum Rand der Lichtung.

Buck se je molče plazil naprej do roba jase.

Dort sah er Hans mit dem Gesicht nach unten liegen, von vielen Pfeilen durchbohrt.

Tam je zagledal Hansa, ki je ležal z obrazom navzdol, preboden s številnimi puščicami.

Sein Körper sah aus wie der eines Stachelschweins und war mit gefiederten Schäften bestückt.

Njegovo telo je bilo videti kot ježevec, poln pernatih dlak.

Im selben Moment blickte Buck in Richtung der zerstörten Hütte.

V istem trenutku je Buck pogledal proti porušeni koči.

Bei diesem Anblick stellten sich ihm die Nacken- und Schulterhaare auf.

Ob pogledu se mu je naježil las na vratu in ramenih.

Ein Sturm wilder Wut durchfuhr Bucks ganzen Körper.

Bucka je preplavil izbruh divje jeze.

Er knurrte laut, obwohl er nicht wusste, dass er es getan hatte.

Glasno je zarenčal, čeprav tega ni vedel.

Der Klang war rau, erfüllt von furchterregender, wilder Wut.

Zvok je bil surov, poln grozljive, divje jeze.

Zum letzten Mal in seinem Leben verlor Buck den Verstand und die Gefühle.

Buck je zadnjič v življenju izgubil razum za čustva.

Es war die Liebe zu John Thornton, die seine sorgfältige Kontrolle brach.

Ljubezen do Johna Thorntona je bila tista, ki je zlomila njegov skrbni nadzor.

Die Yeehats tanzten um die zerstörte Fichtenhütte.

Yeehati so plesali okoli porušene smrekove koče.

Dann ertönte ein Brüllen – und ein unbekanntes Tier stürmte auf sie zu.

Nato se je zaslišalo rjovenje – in neznana zver se je pognala proti njim.

Es war Buck, eine aufbrausende Furie, ein lebendiger Sturm der Rache.

Bil je Buck; bes v gibanju; živa nevihta maščevanja.

Wahnsinnig vor Tötungsdrang stürzte er sich mitten unter sie.

Vrgel se je mednje, nor od potrebe po ubijanju.

Er sprang auf den ersten Mann, den Yeehat-Häuptling, und traf zielsicher.

Skočil je na prvega moža, poglavarja Yeehatov, in udaril naravnost v polno.

Seine Kehle war aufgerissen und Blut spritzte in einem Strom.

Grlo mu je bilo raztrgano in kri je brizgala v curku.

Buck blieb nicht stehen, sondern riss dem nächsten Mann mit einem Sprung die Kehle durch.

Buck se ni ustavil, ampak je z enim skokom pretrgal grlo naslednjemu moškemu.

Er war nicht aufzuhalten – er riss, schlug und machte nie eine Pause, um sich auszuruhen.

Bil je neustavljiv – trgal je, sekal in se nikoli ni ustavil, da bi počival.

Er schoss und sprang so schnell, dass ihre Pfeile ihn nicht treffen konnten.

Tako hitro je skočil in poskočil, da ga njihove puščice niso mogle doseči.

Die Yeehats waren in ihrer eigenen Panik und Verwirrung gefangen.

Yeehate je ujela lastna panika in zmeda.

Ihre Pfeile verfehlten Buck und trafen stattdessen einander.

Njune puščice so zgrešile Bucka in namesto tega zadele druga drugo.

Ein Jugendlicher warf einen Speer nach Buck und traf einen anderen Mann.

Neki mladenič je vrgel sulico v Bucka in zadel drugega moškega.

Der Speer durchbohrte seine Brust und die Spitze durchbohrte seinen Rücken.

Sulica mu je zadela prsi, konica pa mu je prebila hrbet.

Die Yeehats wurden von Panik erfasst und zogen sich umgehend zurück.

Yeehate je preplavil groza in so se začeli popolnoma umikati.

Sie schrien vor dem bösen Geist und flohen in die Schatten des Waldes.

Zakričali so zaradi zlega duha in zbežali v gozdne sence.

Buck war wirklich wie ein Dämon, als er die Yeehats jagte.

Resnično, Buck je bil kot demon, ko je preganjal Yeehatse.

Er raste hinter ihnen durch den Wald her und erlegte sie wie Rehe.

Drvel je za njimi skozi gozd in jih podiral na tla kakor jelene.

Für die verängstigten Yeehats wurde es ein Tag des Schicksals und des Terrors.

Za prestrašene Yeehate je postal dan usode in groze.

Sie zerstreuten sich über das Land und flohen in alle Richtungen.

Razkropili so se po deželi in bežali daleč na vse strani.

Eine ganze Woche verging, bevor sich die letzten Überlebenden in einem Tal trafen.

Minil je cel teden, preden so se zadnji preživeli srečali v dolini.

Erst dann zählten sie ihre Verluste und sprachen über das Geschehene.

Šele nato so prešteli svoje izgube in spregovorili o tem, kaj se je zgodilo.

Nachdem Buck die Jagd satt hatte, kehrte er zum zerstörten Lager zurück.

Buck se je, potem ko se je navelíčal zasledovanja, vrnil v porušen tabor.

Er fand Pete, noch in seine Decken gehüllt, getötet beim ersten Angriff.

Peta je našel ubitega v prvem napadu, še vedno v odejah.

Spuren von Thorntons letztem Kampf waren im Dreck in der Nähe zu sehen.

Sledi Thorntonovega zadnjega boja so bili vidni v bližnji umazaniji.

Buck folgte jeder Spur und erschnüffelte jede Markierung bis zum letzten Punkt.

Buck je sledil vsaki sledi in jo vohal do končne točke.

Am Rand eines tiefen Teichs fand er den treuen Skeet, der still dalag.

Na robu globokega tolmuna je našel zvestega Skeeta, ki je mirno ležal.

Skeets Kopf und Vorderpfoten lagen regungslos im Wasser, er lag tot da.

Skeetova glava in sprednje šape so bile v vodi, negibne kot smrt.

Der Teich war schlammig und durch das Abwasser aus den Schleusenkästen verunreinigt.

Bazen je bil blaten in onesnažen z odtokom iz zapornic.

Seine trübe Oberfläche verbarg, was darunter lag, aber Buck kannte die Wahrheit.

Njegova oblačna površina je skrivala, kar je ležalo spodaj, toda Buck je poznal resnico.

Er folgte Thorntons Spur bis in den Pool – doch die Spur führte nirgendwo anders hin.

Sledil je Thorntonovemu vonju v bazen – toda vonj ga ni vodil nikamor drugam.

Es gab keinen Geruch, der hinausführte – nur die Stille des tiefen Wassers.

Noben vonj ni vodil ven – le tišina globoke vode.

Den ganzen Tag blieb Buck in der Nähe des Teichs und ging voller Trauer im Lager auf und ab.

Ves dan je Buck ostal blizu tolmuna in žalosten hodil po taboru.

Er wanderte ruhelos umher oder saß regungslos da, in tiefe Gedanken versunken.

Nemirno je taval ali pa je sedel v tišini, zatopljen v težke misli.

Er kannte den Tod, das Ende des Lebens, das Verschwinden aller Bewegung.

Poznal je smrt; konec življenja; izginotje vsega gibanja.

Er verstand, dass John Thornton weg war und nie wieder zurückkehren würde.

Razumel je, da je John Thornton odšel in se ne bo nikoli vrnil.

Der Verlust hinterließ eine Leere in ihm, die wie Hunger pochte.

Izguba je v njem pustila prazen prostor, ki je utripal kot lakota.

Doch dieser Hunger konnte durch Essen nicht gestillt werden, egal, wie viel er aß.

Ampak to je bila lakota, ki je hrana ni mogla potešiti, ne glede na to, koliko jo je pojedel.

Manchmal, wenn er die toten Yeehats ansah, ließ der Schmerz nach.

Včasih je bolečina popustila, ko je pogledal mrtve Yeehate.

Und dann stieg ein seltsamer Stolz in ihm auf, wild und vollkommen.

In potem se je v njem dvignil čuden ponos, silovit in popoln.

Er hatte den Menschen getötet, das höchste und gefährlichste Wild von allen.

Ubil je človeka, kar je bila najvišja in najnevarnejša igra od vseh.

Er hatte unter Missachtung des alten Gesetzes von Keule und Reißzahn getötet.

Ubijal je v nasprotju s starodavnim zakonom palice in zob.

Buck schnüffelte neugierig und nachdenklich an ihren leblosen Körpern.

Buck je radoveden in zamišljen ovohal njihova neživega telesa.

Sie waren so leicht gestorben – viel leichter als ein Husky in einem Kampf.

Tako zlahka so umrli – veliko lažje kot haski v boju.

Ohne ihre Waffen waren sie weder wirklich stark noch stellten sie eine Bedrohung dar.

Brez orožja niso imeli ne prave moči ne grožnje.

Buck würde sie nie wieder fürchten, es sei denn, sie wären bewaffnet.

Buck se jih ne bo nikoli več bal, razen če bodo oboroženi.

Nur wenn sie Keulen, Speere oder Pfeile trugen, war er vorsichtig.

Le če so nosili kije, sulice ali puščice, je bil previden.

Die Nacht brach herein und ein Vollmond stieg hoch über die Baumwipfel.

Padla je noč in polna luna se je dvignila visoko nad vrhovi dreves.

Das blasse Licht des Mondes tauchte das Land in einen sanften, geisterhaften Schein wie am Tag.

Bleda lunina svetloba je obsijala zemljo z mehkim, duhovitim sijem, podobnim dnevu.

Als die Nacht hereinbrach, trauerte Buck noch immer am stillen Teich.

Ko se je noč zgostila, je Buck še vedno žaloval ob tihem tolmunu.

Dann bemerkte er eine andere Regung im Wald.

Potem je zaznal drugačno gibanje v gozdu.

Die Aufregung kam nicht von den Yeehats, sondern von etwas Älterem und Tieferem.

Vznemirjenje ni prihajalo od Yeehatov, temveč od nečesa starejšega in globljega.

Er stand auf, spitzte die Ohren und prüfte vorsichtig mit der Nase die Brise.

Vstal je, privzdignil ušesa in previdno z nosom preizkusil vetrič.

Aus der Ferne ertönte ein schwacher, scharfer Aufschrei, der die Stille durchbrach.

Od daleč se je zaslišal rahel, oster krik, ki je prerezal tišino.

Dann folgte dicht auf den ersten ein Chor ähnlicher Schreie.

Nato se je tik za prvim zaslišal zbor podobnih krikov.

Das Geräusch kam näher und wurde mit jedem Augenblick lauter.

Zvok se je bližal in z vsakim trenutkom postajal glasnejši.

Buck kannte diesen Schrei – er kam aus dieser anderen Welt in seiner Erinnerung.

Buck je poznal ta krik – prihajal je iz tistega drugega sveta v njegovem spominu.

Er ging in die Mitte des offenen Platzes und lauschte aufmerksam.

Stopil je do središča odprtega prostora in pozorno prisluhnil.

Der Ruf ertönte vielstimmig und kraftvoller denn je.

Klic se je razlegel, mnogoglasen in močnejši kot kdaj koli prej.

Und jetzt war Buck mehr denn je bereit, seiner Berufung zu folgen.

In zdaj, bolj kot kdaj koli prej, je bil Buck pripravljen odgovoriti na svoj klic.

John Thornton war tot und hatte keine Bindung mehr an die Menschheit.

John Thornton je bil mrtev in v njem ni ostalo nobene vezi s človekom.

Der Mensch und alle menschlichen Ansprüche waren verschwunden – er war endlich frei.

Človek in vse človeške zahteve so izginile – končno je bil svoboden.

Das Wolfsrudel jagte Fleisch, wie es einst die Yeehats getan hatten.

Volčji krdelo je lovilo meso, tako kot so to nekoč počeli Yeehati.

Sie waren Elchen aus den Waldgebieten gefolgt.

Sledili so losom iz gozdnatih območij.

Nun überquerten sie, wild und hungrig nach Beute, sein Tal.

Zdaj so, divji in lačni plena, prečkali njegovo dolino.

Sie kamen auf die mondbeschienene Lichtung und flossen wie silbernes Wasser.

Prišli so na mesečino obsijano jaso, tekoči kot srebrna voda.

Buck stand regungslos in der Mitte und wartete auf sie.

Buck je negibno stal na sredini in jih čakal.

Seine ruhige, große Präsenz versetzte das Rudel in Erstaunen und ließ es kurz verstummen.

Njegova mirna, velika prisotnost je osupnila krdelo v kratek molk.

Dann sprang der kühnste Wolf ohne zu zögern direkt auf ihn zu.

Nato je najdrznejši volk brez oklevanja skočil naravnost vanj.

Buck schlug schnell zu und brach dem Wolf mit einem einzigen Schlag das Genick.

Buck je udaril hitro in z enim samim udarcem zlomil volku vrat.

Er stand wieder regungslos da, während der sterbende Wolf sich hinter ihm wand.

Spet je negibno stal, ko se je umirajoči volk zvil za njim.

Drei weitere Wölfe griffen schnell nacheinander an.

Še trije volkovi so hitro napadli, drug za drugim.

Jeder von ihnen zog sich blutend zurück, die Kehle oder die Schultern waren aufgeschlitzt.

Vsak se je umaknil krvaveč, s prerezanim grlom ali rameni.

Das reichte aus, um das ganze Rudel zu einem wilden Angriff zu provozieren.

To je bilo dovolj, da je celoten trop sprožil divji napad.

Sie stürmten gemeinsam hinein, waren zu eifrig und zu dicht gedrängt, um einen guten Schlag zu erzielen.

Skupaj so planili noter, preveč zagnani in natrpani, da bi dobro udarili.

Dank seiner Schnelligkeit und Geschicklichkeit war Buck in der Lage, dem Angriff immer einen Schritt voraus zu sein.

Buckova hitrost in spretnost sta mu omogočila, da je ostal pred napadom.

Er drehte sich auf seinen Hinterbeinen und schnappte und schlug in alle Richtungen.

Vrtel se je na zadnjih nogah, škljajal in udarjal v vse smeri.

Für die Wölfe schien es, als ob seine Verteidigung nie geöffnet oder ins Wanken geraten wäre.
Volkovom se je zdelo, kot da se njegova obramba nikoli ni odprla ali omahovala.
Er drehte sich um und schlug so schnell zu, dass sie nicht hinter ihn gelangen konnten.
Obrnil se je in tako hitro zamahnil, da mu niso mogli za hrbet.
Dennoch zwang ihn ihre Übermacht zum Nachgeben und Zurückweichen.
Kljub temu ga je njihovo število prisililo, da je popustil in se umaknil.
Er ging am Teich vorbei und hinunter in das steinige Bachbett.
Premaknil se je mimo tolmuna in se spustil v skalnato strugo potoka.
Dort stieß er auf eine steile Böschung aus Kies und Erde.
Tam je naletel na strm breg, poln gramoza in zemlje.
Er ist bei den alten Grabungen der Bergleute in einen Eckeinschnitt geraten.
Med starim kopanjem rudarjev se je zaril v kotni rez.
Jetzt war Buck von drei Seiten geschützt und stand nur noch dem vorderen Wolf gegenüber.
Zdaj, zaščiten s treh strani, se je Buck soočal le s sprednjim volkom.
Dort stand er in der Enge, bereit für die nächste Angriffswelle.
Tam je stal na varni razdalji, pripravljen na naslednji val napada.
Buck blieb so hartnäckig standhaft, dass die Wölfe zurückwichen.
Buck je tako vztrajno vztrajal, da so se volkovi umaknili.
Nach einer halben Stunde waren sie erschöpft und sichtlich besiegt.
Po pol ure so bili izčrpani in vidno poraženi.
Ihre Zungen hingen heraus, ihre weißen Reißzähne glänzten im Mondlicht.

Njihovi jeziki so viseli, njihovi beli zobje so se lesketali v mesečini.

Einige Wölfe legten sich mit erhobenem Kopf hin und spitzten die Ohren in Richtung Buck.

Nekaj volkov je leglo, dvignjenih glav in ušesa, napeta proti Bucku.

Andere standen still, waren wachsam und beobachteten jede seiner Bewegungen.

Drugi so stali pri miru, pozorni in opazovali vsak njegov gib.

Einige gingen zum Pool und schlürften kaltes Wasser.

Nekaj jih je odšlo do bazena in si napilo hladne vode.

Dann schlich ein großer, schlanker grauer Wolf sanft heran.

Nato se je dolg, suh siv volk nežno priplazil naprej.

Buck erkannte ihn – es war der wilde Bruder von vorhin.

Buck ga je prepoznal – bil je tisti divji brat od prej.

Der graue Wolf winselte leise und Buck antwortete mit einem Winseln.

Sivi volk je tiho cvilil, Buck pa je odgovoril s cviljenjem.

Sie berührten ihre Nasen, leise und ohne Drohung oder Angst.

Dotaknila sta se nosov, tiho in brez grožnje ali strahu.

Als nächstes kam ein älterer Wolf, hager und von vielen Kämpfen gezeichnet.

Sledil je starejši volk, shujšan in brazgotinjen od številnih bitk.

Buck wollte knurren, hielt aber inne und schnüffelte an der Nase des alten Wolfes.

Buck je začel renčati, a se je ustavil in povohal starega volka skozi nos.

Der Alte setzte sich, hob die Nase und heulte den Mond an.

Starec se je usedel, dvignil nos in zavil v luno.

Der Rest des Rudels setzte sich und stimmte in das langgezogene Heulen ein.

Preostali del krdela se je usedel in se pridružil dolgemu tuljenju.

Und nun ertönte der Ruf an Buck, unmissverständlich und stark.

In zdaj je Buck zaslišal klic, nedvoumen in močan.

Er setzte sich, hob den Kopf und heulte mit den anderen.
Sedel je, dvignil glavo in zavpil skupaj z drugimi.
Als das Heulen aufhörte, trat Buck aus seinem felsigen Unterschlupf.
Ko je tuljenje ponehalo, je Buck stopil iz svojega skalnatega zavetja.
Das Rudel umringte ihn und beschnüffelte ihn zugleich freundlich und vorsichtig.
Krdelo se je stisnilo okoli njega in prijazno in previdno ovohavalo.
Dann stießen die Anführer einen lauten Schrei aus und rannten in den Wald.
Nato so vodje kriknili in stekli v gozd.
Die anderen Wölfe folgten und jaulten im Chor, wild und schnell in der Nacht.
Drugi volkovi so jim sledili in v noči divje in hitro cvilili v zboru.
Buck rannte mit ihnen, neben seinem wilden Bruder her, und heulte dabei.
Buck je tekel z njimi, poleg svojega divjega brata, in med tekom tulil.

Hier geht die Geschichte von Buck gut zu Ende.
Tukaj se zgodba o Bucku dobro konča.
In den folgenden Jahren bemerkten die Yeehats seltsame Wölfe.
V naslednjih letih so Yeehati opazili čudne volkove.
Einige hatten braune Flecken auf Kopf und Schnauze und weiße Flecken auf der Brust.
Nekateri so imeli rjavo barvo na glavi in gobcu, belo na prsih.
Doch noch mehr fürchteten sie sich vor einer geisterhaften Gestalt unter den Wölfen.
Še bolj pa so se bali duhovne postave med volkovi.
Sie sprachen flüsternd vom Geisterhund, dem Anführer des Rudels.
Šepetaje so govorili o duhovnem psu, vodji krdela.

Dieser Geisterhund war schlauer als der kühnste Yeehat-Jäger.

Ta pes duhov je bil bolj zvit kot najdrznejši lovec Yeehat.

Der Geisterhund stahl im tiefsten Winter aus Lagern und riss ihre Fallen auseinander.

Pes duh je sredi zime kradel iz taborišč in jim raztrgal pasti.

Der Geisterhund tötete ihre Hunde und entkam ihren Pfeilen spurlos.

Pes duh je ubil njihove pse in brez sledu pobegnil pred njihovimi puščicami.

Sogar ihre tapfersten Krieger hatten Angst, diesem wilden Geist gegenüberzutreten.

Celo njihovi najpogumnejši bojevniki so se bali soočiti s tem divjim duhom.

Nein, die Geschichte wird im Laufe der Jahre in der Wildnis immer düsterer.

Ne, zgodba postaja še temnejša, ko leta minevajo v divjini.

Manche Jäger verschwinden und kehren nie in ihre entfernten Lager zurück.

Nekateri lovci izginejo in se nikoli več ne vrnejo v svoje oddaljene tabore.

Andere werden mit aufgerissener Kehle erschlagen im Schnee gefunden.

Druge najdejo z raztrganimi grli, pobite v snegu.

Um ihren Körper herum sind Spuren – größer als sie ein Wolf hinterlassen könnte.

Okoli njihovih teles so sledi – večje od tistih, ki bi jih lahko naredil kateri koli volk.

Jeden Herbst folgen die Yeehats der Spur des Elchs.

Vsako jesen Yeehati sledijo losu.

Aber ein Tal meiden sie, weil ihnen die Angst tief im Herzen eingegraben ist.

Vendar se eni dolini izogibajo s strahom, globoko vrezanim v njihova srca.

Man sagt, dass der böse Geist dieses Tal als seine Heimat ausgewählt hat.

Pravijo, da si je dolino za svoj dom izbral Zli duh.

Und wenn die Geschichte erzählt wird, weinen einige Frauen am Feuer.

In ko se zgodba pripoveduje, nekatere ženske jokajo ob ognju.

Aber im Sommer kommt ein Besucher in dieses ruhige, heilige Tal.

Toda poleti pride v tisto tiho, sveto dolino en obiskovalec.

Die Yeehats wissen nichts von ihm und können es auch nicht verstehen.

Yeehati ga ne poznajo in ga tudi ne morejo razumeti.

Der Wolf ist großartig und mit einer Pracht überzogen wie kein anderer seiner Art.

Volk je velik, s slavo v dlaki, kakršnega ni v njegovi vrsti.

Er allein überquert den grünen Wald und betritt die Waldlichtung.

Sam prečka zelen gozd in vstopi na gozdno jaso.

Dort sickert goldener Staub aus Elchhautsäcken in den Boden.

Tam se zlati prah iz vreč iz losove kože pronica v zemljo.

Gras und alte Blätter haben das Gelb vor der Sonne verborgen.

Trava in staro listje sta skrila rumeno barvo pred soncem.

Hier steht der Wolf still, denkt nach und erinnert sich.

Tukaj volk stoji v tišini, razmišlja in se spominja.

Er heult einmal – lang und traurig – bevor er sich zum Gehen umdreht.

Enkrat zavije – dolgo in žalostno – preden se obrne, da odide.

Doch er ist nicht immer allein im Land der Kälte und des Schnees.

Vendar ni vedno sam v deželi mraza in snega.

Wenn lange Winternächte über die tiefer gelegenen Täler hereinbrechen.

Ko se dolge zimske noči spustijo na spodnje doline.

Wenn die Wölfe dem Wild durch Mondlicht und Frost folgen.

Ko volkovi sledijo divjadi skozi mesečino in zmrzal.

Dann rennt er mit großen, wilden Sprüngen an der Spitze des Rudels entlang.

Nato steče na čelu krdela, visoko in divje skače.

Seine Gestalt überragt die anderen, aus seiner Kehle erklingt Gesang.

Njegova postava se dviga nad drugimi, njegovo grlo živo od pesmi.

Es ist das Lied der jüngeren Welt, die Stimme des Rudels.

To je pesem mlajšega sveta, glas krdela.

Er singt, während er rennt – stark, frei und für immer wild.

Med tekom poje – močan, svoboden in večno divji.